증보판

정책학담론

윤은기

박영사

머리말

정/책/학/담/론/

정책학은 공평성과 공정성 정책의 실현과 함께 사회문제들의 해결 방안으로 가치 지향적인 정책의 개념과 내용을 제시하고 있다. 정부실패와 시장실패의 현상에서 보듯이 정부와 시장 모두 완전하지 못하며 오류를 범할 수 있다는 사실을 인식해야 한다. 정부 정책의 방향에서 정책의 새로운 대안의 모색과 함께 정부와 시장을 분리하는 대립 관계가 아닌 동반자 관계로서, 정부와 기업의 상호 보완적인 관계를 강조하고 있다. 큰 정부와 작은 정부의 대립적인 논의와 같은 정부의 범위와 규모의 논쟁이 필요한 것이 아니라 좋은 거버넌스의 구현을 위한 정부의 능력이 중요하다.

이 책은 총 13장으로 구성되어 있다. 이 책은 필자가 대학 교재용으로 집필했던 원고와 학술지에 게재된 원고들을 토대로 작성되었고, 정책학의 중요한 개념과 내용들을 정리하였고, 정책학의 담론적인 논의들을 기술하였다. 구체적으로, 제1장에서 정책의 의의와 제2장에서 정책유형과 분석을 설명하였다. 제3장에서 정책수단과 대안기준을 기술하고, 제4장에서 정책의제와 형성을 다루고 제5장의 정책의제 설정이론에서 의사결정론과 무의사결정론, 코브와 엘더의 모형, 코브와 로즈의 모형, 이스턴의 체제이론, 엘리트주의, 다원주의와 조합주의를 논의하였다. 제6장의 정책결정모형에서 합리모형, 만족모형, 점증모형, 혼합주사모형, 최적모형, 관료정치모형, 회사모형, 쓰레기통모형, 담론적 접근모형과 제7장의 정책결정과 참여자에서 대통령, 관료, 입법부, 이익집단, 정당, 언론, 시민단체와 시민정신들에 관한 담론들을 논의하였다. 제8장에서 정책집행, 제9장에서 정책평가, 제10장에서 정책변동의 개념, 이론, 내용들을 소개하였다. 제11장의 정책과 행정 및 정치 이론의 담론에서 공공선택이론, 신공공관리이론, 뉴거버넌스이론, 신자유주의이론, 신국가주의이론, 신제도주의이론들을 논의하였고, 제12장의 정책과 환경에서 정책과 부패, 정책과 사회적 자본, 정책과 문화와 제13장의 정책과 공익에서 정의, 행정의 정신과 가치, 관료의 행정윤리, 복지의 정책, 큰 정부와 작은 정부의 정책과 공익에 대한 담론들을 논의하였다.

정부와 공공부문의 공정하지 못한 정책들은 정부에 대한 불신의 원인이 되고 있다. 정부제도 혹은 국가권력이 공정하게 기능하지 않을 때 사회 전체적으로 신뢰를 확보하기가 쉽지 않다. 사회자본이론가들의 주장대로 일반적으로 개방적이고 수평적인 신뢰(horizontal trust)는 민주주의 기능에 긍정적인 역할을 하는 반면, 연고주의와 혈연주의 중심의 일차 사회적 관계를 가지고 있는 폐쇄적이고 수직적인 신뢰(vertical trust)는 민주적 거버넌스에 도움이 되지 않는다. 정치 발전을 달성한 선진 서구국가들의 경우에 정책 결정 참여자의 합리적인 역할과 정부신뢰의 증대가 중요하다는 것을 인식할 수 있다. 사회갈등의 부재와 함께 가치적인 정책을 지향하는 국가에서 정부신뢰가 높다는 것이다. 좋은 정부는 본질적으로 신뢰에 근거하고 있는데, 공정하지 못한 정책으로 인한 비용 증가와 공공서비스의 질적 수준 저하가 시민에 대한 정부 대응성을 저하시켜 정부능력에 대한 불신으로 이어지고 있다. 이 책의 내용에서 논의하고 있는 가치 있는 정책들의 구현으로 정부능력과 정부신뢰의 증가와 함께 국가 경쟁력의 향상을 기대해 본다.

앞으로 다양한 의견들의 수렴과 검토과정을 통해 향후 개정판에서 책의 내용들을 수정, 보완해 나갈 예정이다. 이 책의 출판을 수락해 주신 박영사의 안종만 회장님, 안상준 대표님과 마케팅팀 정성혁 대리님께 감사의 마음을 드린다. 또한, 책의 편집과정에서 수고해 주신 양수정 선생과 디자인 및 제작 담당 실무자분들께 감사의 말씀을 전한다. 사정이 변화할 때마다 바뀌는 세상사를 표현하는 '세태염량(世態炎凉)' 세태 속에서 책과 학문이 주는 즐거움도 있다고 생각한다. 이 기회를 빌려 소중한 자산인 신뢰와 믿음, 그리고 따뜻한 보살핌과 격려를 아끼지 않았던 내자(內子)를 비롯한 가족들에게 고마운 마음을 전한다. 특히 필자의 유학시절 헌신적인 뒤받침을 해주신, 지금은 고인이 되신 부모님께 이 책을 바치며, 오늘날 학자의 길을 가게 해주신 부모님의 아들에 대한 무한한 사랑과 헌신을 깊이 되새겨 본다.

윤 은 기

2022년 8월

차 례

정/책/학/담/론/

제 1 장
정책의 의의

1 정책의 개념

정책(policy)은 그리스어인 polis의 도시국가를 의미하는 어원으로부터 기원을 찾을 수 있다. 1951년에 라스웰(H. D. Lasswell)은 정책지향이라는 논문에서 처음으로 정책의 개념을 제시하였고, 정책을 "미래탐색을 위한 가치와 행동의 복합체 혹은 목표와 실제수단을 담고 있는 예정된 계획"이라고 규정함으로써 "정책의 미래지향성, 목표체계, 가치함축성" 등을 강조하였다. 라스웰의 '정책지향'의 논문에서, 1930년대부터 1940년대까지 '행태주의'가 행정과 정치의 방법론에 대한 실증주의 연구와 사회과학의 과학성을 높이는 데에 기여하였지만, 사회문제들의 해결에 대한 무관심의 문제점들을 지적하고, 형평성과 공평성의 개념들의 강조와 함께 과학은 사회 상황의 개선에 기여해야 한다는 가치 지향적인 정책학의 개념을 제시하였다. 정책학의 목적은 "사회 속에서 인간이 봉착하는 근본문제(The fundamental problems of man in society)"와 "인간의 존엄성에 보다 충실한 실현(The fuller realization of human dignity)"을 위한 민주주의 정책학을 구현하는 것이다. 결과적으로, 효율적인 민주주의 정책의 산출과정에서 바람직한 정책결정, 정책집행, 정책평가를 위하여 필요한 지식과 정보들을 제공하는 것이 필요하다는 것이다.

또한, 시스템이론을 주창했던 정치학자 이스턴(Easton)은 정책과 정치를 동일한 개념으로 보고 정책을 사회 전체를 위한 다양한 가치의 권위 있는 배분이라 정의하였다. 구체적으로, 이스턴은 정책을 "사회전체를 위한 가치의 권위적인 배분" 혹은 "정치체제가 내린 권위적인 결정"이라고 정의하고, 정치체제의 산출(output)과 효과(outcome)를 구별해야 한다고 강조"하였다. 정책은 특정한 가치를 실현하고자 하는 것으로, 특정시대, 특정국가, 특정사회가 추구하는 규범적·공익적 가치를 추구하여야 하고, 정부가 가치를 배분하는 공적인 수단이 된다. 공공정책(公共政策)의 관점에서 정책은 정부 또는 공공기관이 공적 목표(公的目標)인 공익을 달성하기 위하여 마련한 장기적인 행동지침이다. 정책은 공공문제를 해결하고자 정부에 의해 결정된 행동방침을 말한다. 정책은 법률·정책·사업·사업계획·정부방침·정책지침·결의사항과 같이 여러 형태로 표현될 수 있는데, 정책에는 정부의 결정과 방침에 순응하지 않을 때는 벌금·제재·규제 등의 조치들을 포함하는 합법적 강제력을 수반하는 권위가 부여된다.

정책이란 이스턴(Easton, 1953)의 말처럼 "사회를 위해 가치를 권위적으로 배분하는 활동"이다. 정책의 개념은 여러 가지 측면에서 규정할 수 있으나, 일반적으로 "바람직한 목표와 그것을 달성하기 위한 수단 또는 행동"으로 간주될 수 있다. 티트무쓰(Titmuss, 1974: 25)는 정책을 "주어진 목표에 지향된 행동을 지배하는 원칙들"이라고 규정하며, 라스웰과 카플란(Lasswell and Kaplan, 1970: 71)은 "목표, 가치 및 실천에 관한 프로그램"으로 서술하고 있고, 맥뢰와 와일드(MacRae and Wilde, 1979: 3)는 "많은 사람들에게 영향을 미치는 선택된 행동 지침"으로 정의하며, 프레스맨과 윌다브스키(Pressman and Wildavsky, 1979: xx−xxi)는 "목표 및 그것을 실천하기 위한 행동 지침"으로 규정하고 있다.

보편적으로, 정책은 가치를 배분하는 활동이다. 가치의 배분은 권위적이다. 그 정책은 사회를 위한 것이다. 첫째, 정책은 "가치를 배분하는 활동"이다. 우리나라에서 FTA 체결을 통한 농수산물 개방 정책과 공산품 수출 정책의 사례에서, 정부가 농수산물 수입 개방의 불허를 통해 우리나라 농어민들의 이익은 보호를 받을 수 있지만 반대로 공산품 수출은 불이익을 받을 것이다. 만약 우리나라의 전자와 자동차 산업을 육성하기 위해 외국의 농수산물 수입을 개방한다면, 전자와 자동차 회사의 수익은 증가할 수 있지만 우리나라의 농어민들은 외국의 값싼 농수산물이 수입됨으로써 피해를 입을 것이다. FTA 체결과정에서 농수산물 수입 정책의 결정과정은 농수산물 수입과 공산품 수출 정책의 이해관계 사이에서 손익 계산을 통해 사회와 국가 전체의 이익이 극대화되는 점을 찾아 결정하는 것이다. 이와 같이, 정부의 농수산물 개방 정책과 공산품 수출 정책의 사이에 이해관계가 상충될 수 있고, 정책이란 가치를 사회 구성원들에게 어떻게 배분하는가에 관한 것이다.

둘째, 정책은 가치의 권위적 배분 활동이다. 가치의 배분 활동 과정에서 정책은 권위적인 활동이다. 엄격한 의미에서 권위적이란 의미는 농어민이나 자동차 산업에 종사하는 사람들이 정부의 가치 배분 활동을 자발적으로 수용하는 것을 말한다. 로위(Lowi, 1970: 315)는 정책의 정치 체제가 가지고 있는 공권력에 의한 강압과 강제(coercion)적인 측면을 중시한다. 이런 관점에서, 이스턴의 견해와 다르게 정책은 사회 구성원이 자발적으로 수용하든 혹은 수용하지 않든 간에 강제성을 띤다는 점이다. 다른 이익집단들의 요구들을 조화시킬 수 있는 가치의 배분 활동이 이해당사자들에 의하여 수용되어 질 때 권위적이라는 용어를 사용한다. 따라서 정책 결정 과정은 이해관계자들 사이의 갈등에 대한 협상과 조정을 통하여 해소되는 절차이다.

셋째, 정책은 사회를 위한 가치의 권위적 배분 활동이다. 정책은 이해당사자와 사회를 구성하는 모든 사회 구성원들을 위하여 가치를 권위적으로 배분하는 활동이다. 궁극적으로, 정책이란 어느 특정 개인과 집단을 위하여 존재하는 것이 아니라, 전체 사회를 위하여 존재하는 것이다. 사회를 위한 정책의 가치는 행정과 정치의 방법론에 대한 실증주의적 연구를 지향하는 행태주의에 근거한 사회문제들의 실제적 해결에 대한 무관심을 비판하고, 전체 사회 상황의 개선을 위한 후기행태주의에 근거한 가치 지향적인 정책들을 강조한다.

2 정책의 성격

일반적으로, 정책의 성격들은 다음과 같이 여러 가지 측면에서 설명될 수 있다. 첫째로, 정책은 "마땅히 있어야 할 것" 그리고 "당연히 바람직한 것"을 찾아서 구현시키려는 의도로 당위성(當爲性)이 포함된다. 둘째로, 정책은 그 행동의 주체가 정부 또는 공공기관이기 때문에 정치성(政治性)과 권력성(權力性)을 내포하게 된다. 셋째로, 정책은 당면한 현재 문제만을 해결하려는 것이 아니고, 미래의 바람직한 사회를 목표로 하는 미래지향성이 포함된다. 넷째로, 정책은 장래의 바람직한 상태를 달성하기 위한 의도적인 행동인 행동지향성이 포함되고, 이 행동에는 작위(作爲)와 부작위(不作爲)의 행동까지 포함된다. 부작위는 의도적으로 정책을 마련하지 않겠다는 의사결정이므로 무의사결정(nondecision making)이라 한다. 다섯째로, 정책은 국민들에게 서로 상반되는 영향을 미치는 경우가 있고, 정책의 결정과 집행에 따른 수혜자와 피해자가 있게 되는데 정책 영향의 양면성이 포함되어 있다.

결과적으로, 정책이 지향하는 성격들은 공정사회의 목표 지향성, 공정사회를 만드는 방법들의 수단지향성, 이익집단들의 갈등해결을 위한 가치배분성, 사회문제 해결지향성, 합리적 분석 선택의 협상의 최적행동노선 등이 포함되어야 한다. 정책학은 정책연구의 결과로 산출된 지식들을 체계화시킨 학문 분야로 "정부의 정책 분야에 관하여 정책분석이나 연구를 통해 개발된 정책 과정 및 정책 활동에 관한 지식, 구체적인 정책 내용에 관한 지식, 실제적인 정책 결정에 필요한 정보의 창조, 분배 및 사용에 관한 학문 분야"로 정의하여 사용할 수 있다.

정책학은 다른 사회과학과 여러 가지 관점에서 유사점과 차이점은 다음과 같이 설명될 수 있다. 유사점으로는 정책학은 다른 사회과학과 같이 기존의 사회과학적 지식이 제시해 주는 연구 방법이나 분석 기법을 사용하는 전문 활동이라는 점에서 동일하다. 또한, 정책학은 외계의 현상을 연구 대상으로 삼는 자연과학과는 다르게 사람을 연구 대상으로 삼는다는 점에서 정책학은 사회과학의 한 분야이다.

여러 가지 차이점들은 다음과 같이 설명될 수 있다. 첫째, 정책에 관한 연구는 다른 행태주의적 사회과학보다 가치의 중요성을 강조한다. 정책학은 가치의 문제를 중요시 하고 있는데, 정책의 연구는 이해 관계자들의 영향의 배제와 객관적 태도에 근거해서 공익성의 가치를 위한 연구 결과를 산출하는 것이다.

둘째, 정책연구의 결과는 실제 정책에 활용될 수 있기 때문에, 정책에 관한 연구는 다른 사회과학과는 달리 보편적 진리의 탐구보다는 필요한 정보의 산출에 주안점을 두고, 근본적으로 정책분석 및 정책연구의 응용과학적 성격으로 간주한다.

셋째, 정책에 관한 연구는 종합 과학적 성격을 띤다. 정책학은 다른 사회과학으로부터 다양한 지식과 이론에 근거해서 이론의 발전과 지식을 체계화해 나간다. 정책학에서 체계화되는 지식들은 정책 문제, 정책 과정, 정책분석에 관한 전문 지식들이 포함된다. 사회 문제에 관한 지식은 사회학, 경제학, 법학 등으로부터 학제 간 연구가 필요하고, 정책 과정에 관한 지식은 정치학, 행정학, 사회복지학 이론 등의 적용 등이 요구되고, 정책분석 기술이나 방법은 경제학, 통계학, 조사방법론 등에서 발전시킨 것들을 사용 한다. 이런 점에서 볼 때, 정책학은 주위의 인접 사회과학 분야와의 학제 간 연구의 영역으로 인식되고 있다.

정책을 연구하는 이유는 학문적 목적과 실천적 목적으로 구분될 수 있는데, 학문적 목적은 "과학적이고 일반적인 정책이론"들을 수립하는 것이고 실천적 목적은 "인간의 존엄성을 구현하기 위한 바람직한 정책결정, 성공적인 정책집행, 신뢰적인 정책평가"를 추구하는 것이다. 정책의 효과적인 결정과 집행을 위해 신뢰성의 확보, 대응성의 증진, 합리성의 확보, 공정성의 적용 등이 요구된다.

결과적으로, 정책학의 특성과 성격은 첫째로 문제지향성(problem-oriented)의 문제해결 중심적 성격으로 사회문제의 원인 및 대안들을 분석을 통해 이익단체의 갈등과 대립의 과정에서 최대의 효용을 마련하는 것이다. 둘째로 가치의 문제를 포함하는 후기행태주의의 연구에 근거한 규범적 관점의 학문으로, 인간의 존엄성, 효과성과 능률성, 공평성과 형평성들을 모색하는 것이다. 셋째로 다 학문적 접근의 학제적 연구로 사회과학적 · 자연과학적 연구들을 포함하는 것이다.

3 정책의 가치와 접근방법

정책학의 발달과정에서, 라스웰은 민주주의 정책학(policy sciences of democracy)에서 "정책학이 현실의 문제를 대처하는 데 급급할 것이 아니라 인간이 봉착하는 근본적인 문제를 해결하여 인간의 존엄성을 실현하기 위한 지식의 개발"이라고 주장하였다. 이스턴(Easton)은 "행태주의(behaviorism)는 논리적 실증주의(logical positivism)를 바탕으로 하여 가치와 사실을 분리(seperation between value and fact)하는 계량적이고 과학적인 접근방법(quantitative and scientific approach)"들을 비판하고, 인류 가치의 보호와 사회의 개혁을 위해 정책이 필요하고 현존하는 사회문제 해결에 적합한 연구로 "사실뿐만 아니라 가치문제도 연구대상에 포함"해야 한다고 주장하였다. 드로어(Y. Dror)는 정책과학의 설계(Design for Policy Sciences)에서 정책학 특성을 순수연구와 응용연구의 통합, 학제간 연구, 거시적 관점과 분석, 초정책결정(Meta-Policymaking)의 중시, 가치의 중요성, 창조성과 쇄신성 등을 강조하였다. 정책연구가 정책과학으로 과학적 지식의 실용화의 정책처방으로 간주되고, 가치연구는 정책철학으로 철학적 지식의 실용화를 위한 정책처방으로 인식되고 있다.

목표 가치의 범주들은 개인지향적 가치, 집단지향적 가치, 환경지향적 가치 등이 포함되는데, 개인지향적 가치들은 생리적 욕구(physiological need), 안전욕구(safety need), 생존욕구(existence need), 우정, 지위, 명예, 책임감, 자아실현, 업적, 권력 등이 포함되고, 집단지향적 가치들은 집단

생활에 참여, 개인의 책임과 도덕성이 강조되고, 환경지향적 가치들은 사회적, 문화적, 경제적 환경들이 포함된다(김형렬, 1997: 53-54).

정책결정의 가치들은 상대적인 개념들이 상존하는데, 자유(liberty) vs 정의(justice), 능력(ability) vs 형평(equality), 개인주의(individualism) vs 집단주의(collectivism), 자율(autonomy) vs 규제(regulation) 등이 논의될 수 있다(김형렬, 1997: 55-78). 이와 같이, 자유, 정의, 능력, 형평, 자율, 규제, 개인주의, 전체주의, 보수주의, 자유주의, 사회민주주의, 국영화, 민영화, 자율, 규제, 성장, 균형 등과 같은 이념적인 개념들이 정책과정에 적용된다(김형렬, 1997: 54).

첫째로, 자유 vs 정의의 개념에서, 자유는 개인적 권리를 강조하고 정의는 공정한 것(fairness)과 불편부당한 것(impartiality)을 논의하며 자유의 강조는 불평등 심화, 자유의 제한은 개인과 사회발전의 둔화를 야기할 수 있다는 논쟁이 포함된다. 둘째로, 효율 vs 형평의 개념에서, 효율성의 정책에서는 각자의 능력의 차이를 인정하고 불평등을 용인하며, 형평성의 정책에서는 정치권력의 배분과정에서 소외된 자들을 포함하는 정치적 차원에서의 소외자, 그리고 저소득층과 근로자들을 포함하는 경제적 차원에서의 소외자, 또한 노인, 아동, 여성을 포함하는 사회적 차원에서의 소외자들에게 형평성의 정책을 통해 사회적 불평등을 축소시키기 위한 정책들을 모색한다. 셋째로, 개인주의 vs 집단주의의 개념에서, 개인주의는 사유재산의 권리를 핵심으로 간주하고 반면에 집단주의는 개인보다는 집단의 가치를 핵심으로 인식한다. 넷째로, 자율 vs 규제의 개념에서, 자율적 발전은 독점기업의 현상과 같이 국민의 이익을 보존하고 증진시키는데 장애가 되기도 하지만, 한편 규제는 창의성의 저하를 가져올 수 있다는 논의가 포함된다.

정책학, 정치학, 행정학의 구분에서 정치학은 "정책학의 모태로 많은 부분을 공유"하고 있고, "전통적인 정치학은 현실 문제에 관여하기보다는 이론 중심적 사고로 실용적인 측면을 간과"하고, 정책학은 "다양한 학문분야의 지식을 통한 실질적인 문제 해결"들을 강조한다. 행정학은 정치학으로부터 분리되어 행정 원리에 입각한 조직, 재무, 인사 등과 같은 공공관리에 초점을 두지만 정책학은 문제해결을 위한 합리적 방법을 포괄적으로 고려하는 실용성에 초점을 둔다.

콜렘뷰스키(Golembiewski, 1977)는 "정책학을 정치와 행정을 연계하는 중간영역"으로 간주하고, 사이몬(Simon, 1947)은 "정책학을 정치학과 행정학의 모든 사회과학을 포괄적으로 통합하여 사회문제를 해결하는 초학문"으로 상호보완적인 관계로 간주하고 있다. 정책학은 정책과정의 외부적 단계(external stages)인 정책환경과 정책과정의 관계에 초점을 두면 정치학의 범주로 간주되고, 정책과정의 내부적 단계(internal stages)인 정책 결정과 정책 집행되는 정부 내의 과정에 초점을 두면 행정학의 범주로 인식한다. 정책학은 "정치학과 행정학이 서로 만나는 접합점"으로 인식하고 있다.

정책결정론, 정책의제설정이론, 정책결정론 중에서 특히 1980년대 후반부터 현재까지 정책학자들의 관심은 정책결정론 분야에 초점을 두었는데, "정책결정론은 행정학자들에 연구된 정책결정모형인 의사결정론", "정치학자들에 의해 연구된 정책결정과정에 대한 정치제도론 및 이익 집단론", "재정학자·정책학자들에 의해 연구된 정책결정 요인론 등 다양한 연구"들이 포함된다.

정책결정요인론의 주요 접근 방법(major approach method of the factor of policy−decision)으로 사회체제적 접근(societal system approach), 정치체제적 접근(political system approach), 정부체제적 접근(government system approach) 등으로 구분한다.

사회체제적 접근(societal system approach)에서 "정책의 내용과 변화는 사회경제적 환경요인의 변화"에 의해 설명되고, 연구 사례의 경우에 와그너(A.H.G. Wagner, 1987)는 정부지출을 결정하는 주요 요인으로 소득, 산업화, 인구 등을 변수들을 설명하고 있으며 피콕(Allen. T. Peacock)과 와이즈만(Jack Wiseman)은 전쟁을 정부지출의 증가를 설명하는 주요변수로 인식한다.

정치체제적 접근(political system approach)에서 "정책의 내용과 변화는 정당간 경쟁, 이념, 선거 등 정치적 요인"을 통해 설명되고, 다운스(Anthony Downs, 1960)는 "정부지출이 주로 선거의 승리에 초점"을 두고 있다고 설명하고 있다. 노르하우스(William D. Nordhaus, 1975)는 정치적 선거 주기에 따라 경기가 순환하는 정치적 경기순환이론(political business cycle)을 논의하고 있는데, 이 접근은 자율적 행위자로서의 정치인의 역할을 강조하지만 사회 경제적 요인의 중요성을 경시한다.

　정부체제적 접근(government system approach)에서 "행정부 내 의사결정 체제의 특성에 따라 정책의 내용이 결정"되는데, 연구사례에서 월다브스키(Aaron Wildavsky)는 "기능별 정부지출구조의 결정에 대한 행정관료의 역할"을 논의하고, 니스카넨(William A. Niskanen)은 "관료를 자신의 이익을 추구하는 사람으로 가정하고 예산을 극대화"하는 경향들을 설명하고 있다.

4 정책과 시장실패 및 정부실패

　시장실패와 정부실패의 개념에서, 시장실패(market failure)는 "과소공급의 문제와 과다공급의 문제"로 발생하는데 "외부효과에 따른 과소공급과 과다공급의 문제를 해결하기 위해 정부관여"가 불가피하다. "외부불경제시는 사회적 비용을 야기하는 개인이나 기업이 부담할 수 있는데, 남산터널 혼잡료 부과, 교통유발 부담금, 공해배출 부담금" 등이 사례이다. 불완전한 경쟁에서도 시장실패가 발생하는데, "독과점 기업의 경우에 자신의 공급량을 변동시킴으로써 가격에 영향을 미치고, 가격을 한계비용보다 높은 선에서 결정하므로 자원배분의 효율성은 달성되지 않는다." 시장실패의 경우에, 정부는 일반적인 독점산업인 불공정거래 등에 대한 규제를 할 수 있고, 자연적인 독점산업 경우에는 가격과 이윤을 직접 규제할 수 있다.

　정부개입은 직접방식과 간접방식으로 구분할 수 있는데, 직접방식은

"① 국방, 치안 및 사회간접자본 등과 같은 공공재의 제공 ② 무주택자에 대한 주택 제공 ③ 결식아동에 대한 무료 급식 제공 ④ 통신과 전력의 사업을 공기업 형태로 직접운영 ⑤ 개인이나 기업의 행동을 규제"하는 경우이다. 간접방식은 "정부가 직접 개입하지 않고 민간 경제 주체에게 유인요소를 제공하여 사회적으로 바람직하고 효율적인 방향"으로 정책을 모색하는 것이다.

정부실패(government failure)는 민주적 차원에서 수요조건을 고려하지 않은 공급의사 결정으로 계층제에 의한 경직성의 단점을 주장하고 있다. 정책차원에서의 큰 담론은 시장실패와 정부실패를 포함하는데, 신자유주의(neo-liberalism)와 사회민주주의(social democracy)의 정책 가치, 정책 목표, 정책 수단의 차이점은 다음과 같이 설명될 수 있다.

사회민주주의의 가치는 시장실패의 문제점을 언급하고 평등(equality)과 안전(security)을 강조하지만 신자유주의 가치는 정부실패의 문제점을 지적하고 효용(efficiency)과 경쟁(competition)에 주안점을 둔다. 사회민주주의의 정책목표는 결과의 평등과 완전고용이지만, 신자유주의의 정책목표는 기회의 균등과 낮은 인플레이션이다. 일반적으로, 사회민주주의의 정책수단들은 보편주의 원칙에 근거해서 높은 세금과 복지 지출, 높은 서비스와 급여, 높은 현금재분배, 높은 임금을 선호하지만, 신자유주의의 정책수단들은 능력주의 원칙에 근거해서 낮은 세금과 낮은 지출, 낮은 서비스와 급여, 낮은 현금재분배, 낮은 임금 등을 지지하는 경향이다. 한편 제3의 길의 담론과 가치는 형평과 효용, 공적재정과 사적재정, 시장실패와 정부실패들을 함께 포용(inclusion)해서 국가와 시장 기능과 역할에 대한 네트워크 시스템에 근거한 실용적 세금, 높은 서비스와 낮은 급여, 높은 자산재분배, 최소 임금과 세제 혜택(tax credits) 등의 정책 수단들을 강조한다. 신자유주의, 사회민주주의, 제3의 길의 정책목표와 수단의 비교들은 다음의 <표 1-1>과 같이 정리될 수 있다.

표 1-1	신자유주의, 사회민주주의, 제3의 길의 정책목표와 수단의 비교		
차원	신자유주의	사회민주주의	제3의 길
담론	efficiency	equity	형평과 효용
	정부실패	시장실패	시장실패와 정부실패
가치	불평등	평등(equality)	포용(inclusion)
	불안전(insecurity)	안전(security)	적극적 복지
정책목표	기회의 균등	결과의 평등	최소한의 기회보장 (minimum opportunities)
	낮은 인플레이션	완전고용	고용가능성
정책수단	시장/시민사회	국가	시민사회/시장
	사적재정/국가	공적재정	국가/사적재정
	불안전	안전	유연한 안정성 (flexicurity)
	시장	위계질서	네트워크
	낮은 세금과 낮은 지출	높은 세금과 복지지출	실용적 세금
	낮은 서비스와 급여	높은 서비스와 급여	높은 서비스와 낮은 급여
	낮은 재분배	높은 현금재분배	높은 자산재분배
	낮은 임금	높은 임금	최소 임금과 세제혜택 (tax credits)
	능력주의	보편주의	양쪽포함

자료: Powell(2005), 이광석(2009: 64)에서 재인용

또한 George & Wilding(1994)의 신우파와 사회민주주의의 비교연구에
서 사회정의, 사회의 존재와 책임, 사회병리에 대한 인식과 태도, 사회복
지의 본질, 개인과 사회를 지배하는 요인, 복지국가의 창조, 인간본성,
사회질서, 사회불평등, 복지국가와 자유와의 관계, 시장 메커니즘에 대한
태도의 여러 가지 관점과 견해의 차이들은 다음의 <표 1-2>와 같이
정리될 수 있다.

표 1-2 신우파와 사회민주주의의 비교

	신우파	사회민주주의
사회정의	공허한 개념	(공적) 복지를 발달시킨 강력한 동력
사회정의의 적용 (만약 존재한다면)	과정과 절차	결과에까지
사회의 존재와 책임	사회는 존재하지 않고 개인과 가정만 존재	사회는 존재하며 사회책임이란 불평등한 사회구조에서 유래한다면 사회 (또는 국가)가 해결
사회병리에 대한 인식	필요	사회질서를 위협
사회병리에 대한 태도	언제나 있어왔고 제거는 불가능	완화를 위하여 국가개입 필요성
사회복지의 본질	자발적 질서를 유지하는 것	안정과 질서는 삶의 기초
개인과 사회를 지배하는 요인	경제적 요소	경제적 요소만이 아니다
복지국가의 창조	불가능	가능하고 현실적
인간본성	비관적 견해	낙관적 견해
사회질서	위험성, 불확실성이 필요하고 incentive의 중요성	국가적 통합, 개인적 책임, 사회개량을 통한 사회질서
사회불평등	불평등이 경제발전	사회적 평등의 확대는 긍정적
복지국가와 자유와의 관계	복지국가는 자유에 대한 위협	자유의 확대
시장메커니즘에 대한 태도	민주주의의 근본	사회질서를 위협하는 속성
복지국가에 대한 종합적 평가	분배보다는 성장	혁명과 사회주의에로의 길 차단

자료: George & Wilding(1994), 이광석(2009: 64)에서 재인용

1) 시장실패(market failure)

시장실패는 시장에 의한 자원배분이 비효율적이라는 것을 의미한다. 시장실패는 파레토(Pareto) 효율성을 달성하지 못하는 경우로 시장에의 정부개입을 정당화하는 주요 근거가 된다. 경쟁적 가격 메커니즘에 의하여 시장경제가 형성되어도 공공재 재화가 갖는 특성으로 인하여 효율적인 자원배분이 달성되지 못한다. 완전경쟁을 저해하는 요인들에 의해서도 효율적 자원배분이 이루어지지 않게 되고 시장실패가 발생한다. 시장이 완전경쟁시장이면 각 개인의 합리적 이익추구는 집단적 합리성의 파레토 최적을 달성한다. 그러나 불완전경쟁시장이 되면 더 이상 보이지 않는 손은 작동하지 않게 된다. 시장실패는 시장이 자유롭게 기능하도록 맡겨두었음에도 효율적인 자원 배분을 달성하지 못하는 경우로, 시장실패의 원인으로는 불완전경쟁, 외부효과, 공공재, 정보의 비대칭성, 자연독점, 소득분배 불균형 등이 포함된다.

(1) 불완전 경쟁

독과점은 독점과 과점으로 인한 자원배분의 비효율성과 배분적 불평등이 심화되는 경우이다. 시장의 기능은 '완전경쟁시장'을 가정하고 있지만 현실에서 완전경쟁시장은 불가능하고, 반완전경쟁적 요소로 인하여 시장실패가 발생한다. 시장의 공급이 하나의 기업이나 2~3개 기업에 의해 결정되므로 자유시장 경제원리를 저해하는 시장구조가 발생하게 된다. 독과점의 출현은 이윤을 많이 남기기 위해서 생산량을 줄이고 가격을 인상시켰다. 19세기 이후 과학기술의 발달로 생산량과 경쟁의 증가와 함께 이윤을 얻기 위하여 다른 기업과 합쳐 하나의 기업으로 만들려는 현상이 발생하여 독점기업이 많이 등장하게 되었다. 독점기업은 초과이윤을 올리기 위하여 가격을 올리게 되고, 시장가격의 자동조정능력이 약화되어 생산이 수요를 초과하는 과잉생산현상이 발생하여 1930년대의 대공황을 초래하였다. 또한, 소수의 대기업이 시장을 지배하는 경우, 생산비용보다 시장가격을 높게 책정하고 공급량을 완전경쟁시장보다 적게 하는 시장실패의 현상이 발생되게 된다.

시장경제 내에서의 완전경쟁을 저해하는 요인으로는 독과점 산업을 중심으로 한 불완전한 경쟁산업의 존재, 시장상태에 대한 불완전한 정보의 존재, 위험과 불확실성이 존재할 경우 효율적인 자원배분을 이룰 수 없다. 다수의 공급자와 다수의 수요자의 완전경쟁시장이 독과점 체제로 변모할 경우 가격담합과 같이 시장가격을 소수의 기업이 좌우하게 된다. 결국 자유로운 경쟁 저해 및 시장 기능이 교란된다. 시장이 완전경쟁이 아니라 독과점의 특성을 가질 때 시장이 실패한다. 독과점 생산자는 가능하면 적은 생산량을 유지하면서 높은 가격을 부르기 때문에, 소비자의 피해와 자원 배분의 비효율성이 발생된다. 정부는 시장 기능의 불완전성의 보완과 독과점의 방지를 위해 독점규제 및 공정거래에 관한 법률을 제정하는 정부 규제정책들을 추진한다.

다른 사례에서, 다른 재화와는 달리 보건의료 서비스는 면허를 가진 사람만이 서비스를 제공할 수 있기 때문에 독점(monopoly)이 형성되었다는 것이고, 의료 공급자의 시장 진입이 자유롭지 못한 것은 면허를 가진 자만이 공급자로서 시장에 참여할 수 있기 때문이다. 생명과 건강을 다루는 보건의료 서비스에서 의료인력 면허제에 근거한 공급자 자격의 제한은 법이 인정하는 독점이기 때문에 법적 독점이라고 하며, 보건의료부문에 경쟁시장이 존재하기 어려운 제도적 원인이 된다. 정책당국의 보건의료정책에 반대해서 의료인의 기득권 유지를 위해 정치권, 언론계, 학계를 대상으로 반대 로비와 진료거부나 투약거부 등의 행위를 하는 집단적인 이익집단의 의사들을 표출하기도 한다. 이러한 의료계 이익집단들의 사익적인 행위의 추구를 방지하기 위해 정부의 효율적인 규제정책이 요구된다(김강립, 2012 & 양봉민, 1999; 윤은기, 2015: 440).

(2) 외부효과

외부성(externalities) 또는 외부효과(external effects)도 시장실패를 초래

하는 요인이 된다. 외부효과란 어떤 한 사람의 행동이 제3자에게 의도하지 않은 이익과 손해를 주는 현상을 말한다. 즉, 한 경제주체의 행동이 다른 주체에게 이득이나 손해를 가져다주는 것이다. 외부효과는 시장에서의 직접적인 거래와 교환을 통하지 않고 대가 없이 제3자적 경제주체의 효용과 소득에 이득이나 손실을 유발하는 상황이다.

이와 같이, 외부성이란 어떤 경제활동에서 의도하지 않은 제3의 효과가 생겨나는 것을 의미한다. 대가 없이 남에게 이익을 주거나 손해를 끼치는 등 시장 기구를 통해서 거래가 되지 않는 경우가 발생하여 사회적으로 필요한 만큼의 적정한 생산이 이루어지지 않는다. 외부효과는 어느한 경제 주체의 행동이 본인의 의도와는 무관하게 다른 경제 주체에게 일방적으로 영향을 미치는 경우다. 즉 외부경제가 발생할 때는 과소생산이 이루어지고 외부불경제가 발생할 때는 과다생산이 이루어진다. 외부효과에는 외부경제와 외부불경제의 두 가지 종류가 있는데, 하나는 다른 경제 주체에게 해로운 영향을 미치는 것으로 외부불경제라 지칭하고, 다른 하나는 다른 경제 주체에게 이로운 영향을 미치는 것으로 외부경제라 지칭한다.

① 외부경제

이로운 외부효과의 외부경제의 사례로, 과수원 주인이 과일 나무를 더 심었을 때 인근 양봉업자의 꿀 생산량이 늘어나는 경우이다. 이 때 양봉업자가 과수원 주인에게 그 대가를 치러야 하는 것이 아니기 때문에 외부효과가 발생했다고 할 수 있다. 외부경제의 경우에는 행위를 하는 사람이 다른 사람에게 미치는 이득을 고려하지 않아 사회적으로 바람직한수준보다 오히려 적게 소비와 생산하는 것이 문제다. 이 문제를 해결하기 위해 정부는 보조금을 주어 소비나 생산을 사회적으로 바람직한 수준으로 늘리도록 유도한다. 다른 사례로, 창의력이 있는 학생들은 사회 발전이나 국가 경제에도 기여할 수 있고 외부경제를 초래한다. 이런 학생에게 학업의 전념과 함께 사회에 좋은 영향을 더 많이 미치도록 유도하기 위해 지급되는 보조금이 바로 장학금이다. 정부의 개입이 없으면 과소공급되므로 정부는 보조금의 지급 또는 기술개발지원 등을 통해 외부경제를 촉진시키는 정책들을 추진한다.

　② 외부불경제
　해로운 외부효과의 외부불경제의 사례로, 생산과정에서 생기는 해로운 외부효과로 환경오염을 들 수 있다. 예를 들어, 기업은 공해 물질을 배출하여 사회적으로 피해를 주지만, 자발적으로 환경오염이라는 비용을 보상하려 하지 않는다. 제품의 생산과정에서 공해가 발생하기 때문에 환경오염이라는 비용을 고려해야 한다. 이와 같이, 정부는 사회적 비용을 부가하기 위한 공적 규제를 모색하고, 공해와 같은 외부효과를 줄이기 위해 환경보전법과 공해방지법의 제정을 추진한다. 정부의 개입이 없다면 과다공급되므로 정부개입으로 정부가 공해배출세 또는 환경오염세 같은 세금을 도입하여 기업에게 부과하면, 기업의 생산비용이 증가함으로써 기업은 생산비용이 비싸진 재화의 생산의 축소와 함께 배출되는 공해의 양도 감소한다. 또한, 술과 담배로 인한 외부효과로 음주와 흡연으로 인한 질병이 증가해 의료시설의 추가 투자의 필요와 진료비가 증가해 건강보험의 재정을 악화시키는 외부불경제를 초래한다. 술과 담배에 세금의 부과를 통해 수요의 법칙에 근거해서 술과 담배 소비의 감소를 유도할 수 있다. 결과적으로, 외부불경제의 경우에는 한 경제 주체가 다른 사람에게 미치는 피해를 고려하지 않아 너무 과도한 소비와 생산을 방지하기 위해 세금을 부과한다.
　보건의료 서비스의 소비의 외부효과(externality)의 사례는 전염성 질환인 경우 본인이 예방접종과 치료를 통하여 면역이 되었을 경우에 주위의 다른 사람들이 병에 걸릴 확률이 줄어드는 것을 의미한다. 이와 같이, 신종플루 예방주사는 다른 사람에게도 영향을 미치는데, 사회적으로 바람직한 수준의 예방수준에 도달하기 위해 국가의 개입이 정당화된다. 외부효과 때문에 보건의료 서비스의 생산 및 소비에서 시장실패가 발생된다는 것이다. 예방서비스의 사례에서, 보건의료 서비스가 민간시장에 의하여 전담되는 경우 의료서비스의 공급자들은 수익성이 큰 2·3차 서비스의 제공에 치중하는 반면, 수익성이 약한 1차 서비스나 예방서비스를 등한시함으로써 질병으로 인한 고통의 증대와 건강유지에 필요한 의료비의 증대까지 초래한다. 이러한 현상은 소비자들에게도 마찬가지이다. 정부가 적극적으로 개입하여 예방접종의 서비스를 제공하지 않을 때에는 당장 병에 걸리지 않은 소비자들은 예방접종 등을 선호하지 않게 된다. 따라서 예방서비스를 민간시장에 맡겨 놓으면 사회적 편익을 최대로 하는 예방서비스는 제공되지 않게 된다. 이와 같이, 장기적인 차원에서 국민건강 증진을 위해 정부는 시장에 개입하여 직접 예방서비스의 제공과 가격보조를 통해 외부효과를 증대시키는 적정량의 서비스를 마련하는 정책을 추구하게 된다(김강림, 2012 & 양봉민, 1999; 윤은기, 2015: 441).

외부효과를 만들어 내도 이에 대한 대가를 치르는 것도 아니고 받는 것도 아니다. 따라서 이로운 외부효과를 만들어 내는 사람은 많이 만들어 내려 하지 않는 한편 해로운 외부효과를 만들어 내는 사람도 생산을 억제하려 하지 않는다. 시장가격에 맡겼을 때 이로운 외부효과는 사회적 최적수준보다 적게, 해로운 외부효과는 사회적 최적 수준보다 더 많이 만들어지는 결과가 나타난다. 따라서 외부효과가 나타나면 가격기구는 효율적으로 배분할 수 없게 된다.

(3) 공공재

공공재(public goods)는 공원, 도로, 항만, 등대, 가로등, 국방, 치안 등의 재화들이 포함된다. 공공재에 인간은 본능적으로 가능하면 비용을 지불하지 않고 무임승차하려고 한다. 국방, 치안, 공교육 등과 같은 공공재는 비배제성과 비경합성 서비스의 성격으로 인하여 무임승차가 발생하여 시장에서 적절하게 서비스를 공급하는데 실패하는 상황이 발생한다. 국방, 치안, 교통, 통신, 공원 등의 공공재를 사람들은 그 혜택을 독차지할 수 없기 때문에 스스로 부담하기를 꺼려 다른 사람들이 대신 부담해

주기를 바라면서 서로 미루게 된다. 공공재 생산을 전적으로 시장기능에 맡겨 생산하게 될 경우 이윤이 맞지 않아서 기업은 공공재의 공급의 기피와 사회적으로 충분한 생산을 하지 않는 비효율이 발생하게 된다. 민간부문의 자율적인 시장 기구는 공공재를 효과적으로 배분할 수 없기 때문에 결국 정부가 주도하여 적정량을 생산하려고 노력한다.

가격이 제 기능을 하려면 재화에 경합성과 배제성이 있어야 한다. 경합성이란 물건양이 제한되어 있어서 사는 사람이 경쟁해야 한다는 것이다. 배제성이란 돈을 지불하지 않은 사람은 물건사용을 못하게 되는 것을 의미한다. 그런데 공공재의 경우 경합성과 배제성이 미흡하고, 비경합성과 배제불가능성의 특징을 갖는다. 예를 들어, 소방서비스나 국방서비스에서 우리나라에 거주하면 비용지불에 상관없이 국방과 소방의 서비스를 제공받게 된다. 치안과 국방 등 공공재의 경우, 대가를 지불하지 않고 공짜로 혜택을 보려는 무임승차자가 많아 이윤극대화를 목표로 하는 기업은 생산을 포기하므로 사회적으로 필요한 재화나 용역이 생산되지 않는다. 치안과 국방의 공공재의 소비는 다른 사람을 배제하기가 곤란하며, 공공재는 아무도 비용을 지불하려 하지 않기에 무임승차 문제가 발생한다. 결과적으로, 이런 공공재적 성격을 지닌 재화들의 존재 때문에 시장실패가 발생한다.

(4) 정보의 비대칭성과 불확실성

정보의 비대칭성은 경제주체들 사이의 정보의 불균등으로 인하여 사회적으로 유익한 거래가 발생하지 못하는 불공정적 · 비효율적인 상황이다. 경제적 이해관계를 가진 당사자 간에 정보가 한 쪽에만 존재하고 다른 한 쪽에는 존재하지 않는 상황을 말한다. 소비자와 공급자 사이의 정보격차 및 정보의 편재로 인하여 불확실한 상황이 발생한다. 역선택(adverse selection)과 도덕적 해이(moral hazard) 등 대리손실이 발생하게 되어 시장이 효율적으로 작용할 수 없다.

① **역선택**(adverse selection)

정보의 불균형으로 인해 불리한 의사결정을 하는 상황을 말한다. 예를 들면, 보험 가입 대상자의 건강 상태 및 사고 확률에 대해 특수정보를 가지지 않은 보험회사가 질병확률 및 사고확률이 높은 사람을 보험에 가입시킴으로써 보험재정을 악화시키는 경우를 들 수 있다. 또한, 대리인 이론에서는 대리인의 능력에 관한 정보의 부족으로 위임자가 대리인의 능력에 비해 많은 보수를 지급하거나 능력이 부족한 대리인을 역으로 선택하는 상황을 가리킨다. 한편, 고전적 시장이론은 정보의 완전한 개방을 가정하는데, 현실에서는 판매자는 구매자보다 정보를 잘 인식하고 있다. 한 사례로, 중고차 시장의 경우, 중고차에 대한 정보 부족으로 구매자가 중고차 구매에 합리적인 판단을 할 수 없는 역선택 상황에서 시장실패를 야기시킨다.

② **도덕적 해이**(moral hazard)

정보가 불투명하고 비대칭적이어서 상대방의 향후 행동을 예측할 수 없거나 본인이 최선을 다한다 해도 자신에게 돌아오는 혜택이 별로 없을 때 도덕적 해이가 발생한다. 특히 대리인 행위에 대한 위임자의 통제가 효과적이지 못할 경우 대리인이 과업 수행에 소홀하게 되는 경우에 주로 발생한다. 보험시장과 중고차 시장의 사례에서, 화재보험 가입자가 보험을 믿고 화재예방 노력을 소홀히 함으로써 결국은 화재 발생 가능성이 높아진다든가, 중고자동차에 대한 정보가 완전하지 않아서 소비자에게 손해를 입히게 되는 것 등이 전형적인 도덕적 해이에 해당한다. 반대로, 운전보험 가입으로 인한 난폭 운전 발생과 의료보험 가입으로 인한 의료서비스 남용의 경우도 도덕적 해이의 사례로 비효율성의 시장실패가 발생한다는 것이다.

또한, 보건의료는 도덕적 해이가 수요자와 공급자에 의해서도 발생하는 특이한 분야이다. 예를 들어, 의약품이나 보건서비스에 대한 가격을 시장의 자율적인 가격경쟁에 맡기지 못하고 고시 가격으로 규제하는 것도 소비자 무지에 기인한다. 한편, 정부는 규제를 통하여 부당한 가격담합과 부적절한 의약품 소비 관행으로부터 소비자를 보호하겠다는 정책수단으로 이해할 수 있다. 이와 같이, 보건서비스를 이용하는 소비자는 자신의 건강상태나 질병에 대한 지식이 부족하기 때문에 제공자의 판단에 의존할 수밖에 없다. 즉, 소비자와 제공자 간에 지식·정보의 비대칭적인 관계가 형성되어 환자는 자신이 서비스의 종류나 수량을 선택할 수 있는 능력이 없기 때문에 의사 등 제공자가 환자의 대리인 역할을 담당하게 되는 것이다. 다른 상품이나 서비스와 달리 소비자의 의견과 견해가 보건의료에서 적용하기가 용이하지 않기 때문에 시장 원리의 원칙에 부합되지 않는다는 것이다(김강립, 2012 & 양봉민, 1999; 윤은기, 2015: 439).

여타 재화의 경우에 수요확보를 위한 공급자 간의 경쟁은 가격하락과 함께 서비스의 질적 향상을 가져온다. 이와 같이, 시장원리의 적용을 통한 경제적 효율성이 증대된다. 그러나 시장의 작동이 제대로 되지 않는 보건의료부문에서 이윤을 추구하는 민간공급자들은 불완전한 시장과 정보의 비대칭에서 비롯되는 전문성을 이용하여 서비스의 차별화 혹은 공급자 간의 결탁을 통하여 공정경쟁이 발생되지 않는다는 것이다. 보건의료 시장에서 제공되는 재화의 가격 및 내역에 대한 대부분의 소비자들의 무지로 인하여 수요자들의 합리적인 선택이 불가능함으로써 공급자 경쟁 및 소비자 선택에 의한 경쟁의 편익은 발생하지 않는다는 것이다. 결과적으로, 공급자의 권유에 따른 소비행위를 하면서 공급자의 독점력을 오히려 강화시키며, 서비스 질의 하락과 가격 상승의 가능성이 있다는 것이다(김강립, 2012 & 양봉민, 1999; 윤은기, 2015: 458).

민간자율화(privatization)를 강조하는 시장의 원리와 개념에서 시장에 대한 정부의 불개입은 경제적 효율의 원인이 된다는 것이다. 하지만, 메이날드(Maynard, 1993)를 포함한 대부분의 보건경제학자는 보건의료의 민영화는 공급자 간의 경쟁의 증가보다는 감소시키는 역할을 하기 때문에 시장원리에 의한 자원배분보다 공공부문이 개입하는 계획된 보건의료제도가 필요하다고 주장한다. 보건의료는 공공재의 특성과 성격으로 정부의 보건 정책의 공공성이 강조되어야 한다. 공공주도의 보건의료제도에서도 물론 시장의 역할이 필요한데, 소비자가 선택을 통해서 공급부문 경쟁의 유도와 질 좋은 서비스가 더 저렴하게 제공될 수 있는 시장기능은 필요할 것이다. 그러나 대부분의 의약품과 의료기기 등은 보건서비스의 하나의 구성요소로서 서비스 제공자(providers)에 의하여 소비자(con-sumers)에게 제공된다. 이와 같이, 의약품과 의료기기 등의 보건서비스산업은 소비자 무지, 수요의 불확실성, 공급의 법적 독점, 우량재, 외부효과로 인하여 시장경제원리가 잘 작동되지 않는 시장실패가 일어나기 쉬운 영역이기에 정부의 효율적인 역할과 기능이 요구된다(김강립, 2012 & 양봉민, 1999; 윤은기, 2015: 459).

(5) 자연독점

규모의 경제가 적용되는 산업인 비용체감산업의 경우 대규모 기업은 대량생산체제에 의하여 평균비용의 감소와 평균수익의 증가로 결국 경쟁력 없는 소규모 회사는 도산하게 되고 자연독점이 발생한다. 정부가 직접 공급 또는 경영하거나 가격규제를 하고, 보조금을 통한 해결 또는 정부규제 강화를 통해 해결하려 한다. 예컨대 자연 독점인 경우 기술 개발 등의 노력 부족과 효율적인 경영 자원 배분의 미흡으로 인하여 자원의 낭비 및 원가 상승과 생산성 저하가 발생한다.

(6) 소득분배 불균형

자유경쟁에 근거한 시장메커니즘은 능률성만을 추구하므로 공평한 소득분배를 보장한다고 할 수 없고 빈부격차가 심해지는 경향이 있다. 한 나라 경제가 생산한 산출물의 분배를 시장가격의 기능에 의존하여 해결하고자 하면 부의 분배의 불균형이 심화되는 현상이 발생할 수 있다. 이와 같은 분배방식에 의하여 소득의 불균형이 심화된 경우에는 사회적인 문제가 된다. 정부는 보완책으로 조세제도에 직접 누진세와 사회보장제도 등을 통해 소득 불균형을 완화하려는 정책을 추진한다.

2) 정부실패(government failure)

정부실패는 여러 가지 견해로 규정될 수 있다. 자원의 배분과 관련하여 파레토 최적의 실패와 국민들이 기대하는 것과 실제 정부가 제공하는 서비스간의 차이를 정부실패로 간주할 수 있다. 또한 정부의 각종 정책이 목표에 도달하지 못한 경우와 사회적으로 바람직하지 못한 현상들을 모두 정부의 책임으로 보고 정부실패를 규정하기도 한다. 일반적으로는 시장실패를 교정하기 위해 정부의 개입으로 시장의 가격구조를 변경시켜 소비자와 기업 모두의 경제적 선택행위를 왜곡하고 새로운 비효율과 불공정성을 창출하게 되는 경우 오히려 개입으로 인한 이득보다 손실이 더 클 수 있는데, 이를 정부실패 또는 비시장실패(non-market failure)라고 한다. 정부 실패의 원인은 정부가 주도하는 시장 운용의 불공정성, 시장에 정치성 개입, 정부의 불완전한 통제와 함께 사적 목표의 내부성의 존재, 권력과 특혜에 따른 분배적 불평등, 관료제의 병폐 등이 포함될 수 있다.

(1) 사적 목표의 내부성의 존재

공익적 목표보다는 관료 자신의 개인적 이익이나 소속 기관의 이익을 우선적으로 고려하게 되는 경우 조직내부목표와 사회목표의 괴리가 발생하게 되는데, 행정의 사적목표의 내부성(internality)으로 인식될 수 있다. 공무원의 기회주의 속성의 전형적인 사례들은 소국소과주의, 위인설관, 파킨슨의 법칙, 예산극대화 현상이다.

첫째로, 소국소과주의는 정부 내 인사적체 해소 방안으로서 필요 이상으로 조직을 지나치게 세분화시켜 증가하는 현상으로 조직의 세분화로 인하여 정책 집행과정에서의 효율성을 저하시키는 요인으로 작용할 수 있다.

둘째로, 위인설관(爲人設官)은 기능상 불필요한데도 인원의 충원을 위해 무리하게 조직 내에 자리를 만드는 것을 말한다. 불필요한 조직의 확대는 관료조직의 비능률성을 야기한다.

셋째로, 파킨슨의 법칙(Parkinson's law)은 업무의 증가가 없는데도 불구하고, 전체 공무원 수를 늘리고자 하는 현상이다. 파킨슨의 법칙은 공무원 수의 증가와 행정업무의 증가가 무관하다는 법칙으로 공무원 사회 내부에는 부하 배증의 법칙과 업무 배증의 법칙이 작용하여 실제 행정업무의 증대와 관계없이 공무원 수가 증가하고 있다는 것이다. 부하 배증의 법칙으로 공무원은 같은 계급의 경쟁자보다는 부하를 충원하기를 원하며, 충원되어진 부하를 관리하기 위한 불필요한 업무의 증대가 초래되면서 공무원 수는 급증한다. 약간의 과중한 일을 맡은 사람이 동료와 업무를 배분하기 보다는 보조해 줄 부하직원을 충원함으로써 공무원 수가 증가하게 된다. 업무 배증의 법칙으로, 공무원 수는 업무량의 증감과는 관계없이 일정비율로 증가하며, 심지어는 업무량이 감소해도 공무원 수는 증가한다.

넷째로, 니스카넨(Niskanen)의 공공선택론자에 의해 제기된 이론인 예산극대화 현상은 공무원들이 공익보다는 사적 이익을 추구한다는 전제 하에, 승진과 명성 등의 자기 이익의 극대화를 위해 예산을 극대화한다고 보는 이론으로, 정부산출물은 적정수준보다 평균 2배 이상 과잉 생산된다고 보았다. 조직 규모의 방만으로 인하여 비효율성이 발생된다는 것이다. 이러한 행정의 사적목표 내부성은 자원낭비와 조직의 비능률적 운영 등의 문제점을 발생시키는 전형적인 정부실패 유형으로 간주된다. 공공서비스의 공급적 측면은 공무원들이 예산의 확보와 지출의 증가를 통해 자신의 지위 상승과 특권을 얻는 것으로 인식되는 경향이 있고, 정무직 공직자들의 공약의 남발은 정부 업무의 팽창을 유발하는 공급자적 요인으로 작용한다.

(2) 권력과 특혜에 따른 분배적 불평등

세제상의 우대조치와 특정 산업의 보호 및 육성 같은 권력과 특혜의 남용을 통해 공공서비스의 제공과정에서 특정집단에 대해 권력을 부여하는 것을 의미한다. 이익집단은 전문성이나 정보를 통해 개인이나 기업이 이익집단을 형성하여 정부에 대해 로비를 함으로써 자신이 필요로 하는 관세장벽이나 비관세장벽을 획득하였다면 포획 현상이 발생한다.

또한, 각종 이권을 얻기 위한 로비활동과 같은 지대추구행위는 고정된 생산요소로부터 발생하는 경제지대를 유지하려고 노력하는 것을 의미한다. 정부의 각종 규제가 많을수록 지대추구행위도 활발해지는 경향이 있으며 각종 이권을 얻기 위한 지대추구행위는 사회 전체적으로 보면 자원의 낭비를 발생시킨다. 한편, 지대추구행위는 비생산적인 활동에 희소한 자원을 사용하는 것이므로 사회적인 후생손실을 초래한다. 지대추구이론은 정부의 시장개입이 초래하는 사회적 비용을 설명하는 Tullock의 이론으로서, 정부가 시장에 개입하여 경쟁의 제한과 독점적 상황을 만들게 되면 시장에서는 독점지대가 발생한다는 것이다. 이익집단들이 독점적 상황을 유지하기 위하여 경쟁체제라면 기술개발 등에 투자하였을 자금을 정부에 대한 로비 등 비생산적인 용도에 사용하게 되어 낭비와 사회적 손실이 발생한다는 것이다. 지대추구행위에 의하여 정부의 정책은 비민주적, 비능률적, 비생산적, 비형평적인 행정으로 정부실패가 발생하게 된다는 것이다.

(3) 관료제의 병폐

관료제란 행정관료들의 전문성이 심화되면서 공공분야 정보의 집중과 사회 문제 해결에 필요한 종합적 기술력이 소수의 전문 기술관료들에게 독점이 되는 관료체제를 말한다. 국가의 주요 정책결정권이 전문적 식견과 지식 정보를 갖추고 있는 고급직업공무원들에게 집중되고, 이러한 집중은 기술 관료들의 권력을 급속히 팽창시킨다. 이러한 기술관료제의 팽창은 밀실정책이나 편협한 행정을 양산시킬 수 있고, 행정과 정책과정에서 비민주성을 갖게 함으로써 정책실패를 가져올 가능성을 증가시킨다. 더구나 기술 관료들은 권력의 사유화와 정책의 독점화를 통해 비민주적인 정부의 특권적 수호자로 될 수 있다.

3) 네트워크 거버넌스

시장실패와 정부실패 보완으로 네트워크 거버넌스가 강조되고 있다. 정부와 시장을 대립이 아닌 상호 협력하고 신뢰하는 존재로 파악하여 시장실패와 정부실패를 함께 교정할 수 있는 새로운 제도로서 네트워크 거버넌스가 제시되고 있다. 네트워크는 공동생산, 공공과 민간부분 간 협력체계 형태로 활용되고 있으며, 정부의 역할은 공공서비스의 생산자나 공급자가 아닌 네트워크 속에서의 조정자로 인식되고 있다.

네트워크 거버넌스는 국가의 정책 결정에 시민 사회와 지방 정부가 함께 참여하는 "협력적 조정양식"으로 시민문화의 강화와 민주주의 기반의 확대이다. 다시 말해 국가, 시장, 시민 사회가 상호 협력 체계에서 체제가 민주적·효율적인 방향으로 작동한다는 것이다. 네트워크 거버넌스에서 정책의 수단들인 효율성, 형평성, 효과성, 민주성 같은 개념들이 서로 배타적이지 않고 양립할 수도 있다는 것이다. 중앙정부, 지방정부, 이익단체, NGO, 민간조직 등의 다양한 구성원들로 이루어진 네트워크에서, 정부는 전통적 행정학에서 언급하는 시장의 우위를 차지하는 권력적인 것도 아니고 순수시장 메커니즘에서 논의하는 종속적인 것도 아니다. 정부는 원칙적으로 대등한 입장에서 "공동규제(co-regulation), 공동조향(co-steering), 공동지도(co-guidance)"가 강조되는 "전체 네트워크를 관리하는 조정자의 입장"으로 간주되고 있다.

제 2 장
정책유형과 분석

정책은 라이플리(Randal B. Ripley)와 프랭클린(Grace A. Franklin)의 개념에서 "정부가 인식한 문제에 대해 정부가 말하고 행하는 것"이다. 정책은 상호작용의 결과물로 정책결정은 "정부와 비정부 간의 상호작용 과정"이며 "인식한 문제에 대해 무엇이 행해져야 할지를 정부가 결정"하는 것이다. Lowi, Ripley & Franklin은 정책의 유형을 분배정책, 규제정책, 재분배정책, 구성정책으로 구분하고 정책의 유형들에 따라 정책과정도 달라진다고 논의하고 있다.

1 정책유형의 분류

1) Lowi의 분류

Lowi는 분배정책(distributive policy), 규제정책(regulatory policy), 재분배정책(redistributive policy), 구성정책(constituent policy) 등으로 분류한다.

분배정책(distributive policy)은 "정부가 국민들에게 권리, 이익, 서비스를 분배하는 내용"으로 사례로는 "교육서비스 제공, 수출보조금 지원, 택지분양, 주택자금대출, 국유토지정책, 자원정책, 군수품의 구매, 연구 개발사업, 노동조합 등 수혜집단을 위한 서비스 정책" 등이 포함된다. 정책결정단계에서 "이익집단, 의회위원회, 관료집단 등의 삼두마차가 결정"

하고, "정면 대결보다 갈라먹기(pork-barrel)"의 방식과 "상부상조(log-rolling)"의 정신을 강조한다.

규제정책(regulatory policy)은 "기업이나 일부집단에 대해 재산권 행사나 행동의 자유를 구속·억제하여 다수의 사람들을 보호하려는 목적을 지닌 정책"으로 "제로섬 게임의 관계가 형성되어 두 집단 사이의 갈등"이 상존한다. 규제정책은 보호적 규제정책과 경쟁적 규제정책으로 구분하는데, 보호적 규제정책은 "다수의 국민을 보호하기 위해 개인의 행동을 통제하는 정책"으로서 공정거래법과 식품위생법 같은 것이고, 경쟁적 규제정책은 "TV 방송권과 항공노선을 정부가 허가하는 정책"들이 포함된다.

재분배정책(redistributive policy)들의 사례들은 "누진세정책, 사회보장정책, 직업훈련사업, 영세민 생활보호사업, 노인·장애인 보호사업" 등이 포함된다. 정책결정은 "대통령 주도로 정상연합(peak-association)"의 방법에 의해 수행되는 경우가 많고 "의회지도자가 조정 역할"을 담당한다.

구성정책(constituent policy)은 정책을 결정하게 되는 체제와 제도의 구조와 운영에 관련된 정책이다. 구성정책은 "협상과 타협의 정치"로 간주되고, "정부기구의 조정과 관련된 정책으로 정부 기관의 신설, 공직자 보수와 군인 퇴직연금에 관한 정책, 선거구 조정"등이 사례들로 설명될 수 있는데, "현상유지 세력과 변경을 원하는 세력 간의 갈등"이 심각할 수 있다.

2) Almond와 Powell의 분류

Almond와 Powell의 분류는 추출정책, 상징정책, 분배정책, 규제정책 등이 포함된다. 추출정책은 "자원을 민간부분에서 추출하는 정책으로 징병, 징세정책, 토지매입" 등이 사례이다. 다시 말하면 "조세, 병역, 노역 등과 같이 물적, 인적 자원을 추출하는 정책"이다. 상징정책은 정치지도자들이 이념, 홍보, 업적을 강조하는 정책으로, "경복궁복원, 군대열병, 2002년 월드컵 축구" 등과 같이 국민 전체의 자긍심을 높이기 위한 정책 등이 포함된다. 분배정책은 Lowi의 분배정책과 동일하고 규제정책은 Lowi의 규제정책과 동일하다.

3) Ripley와 Franklin의 분류

Ripley와 Franklin의 분류는 분배정책, 재분배정책, 경쟁적규제정책, 보호적규제정책, 외교국방정책 등으로 구분할 수 있다. 분배정책은 Lowi의 분배정책과 동일하고, 재분배정책은 Lowi의 재분배정책과 동일하다. 경쟁적 규제정책은 많은 수의 경쟁자들 중에서 몇몇 개인이나 집단에게만 일정한 재화나 서비스를 공급할 수 있도록 제한하는 정책으로, 승리한 경쟁자에게는 공급권을 부여하는 대신에 공공의 이익을 위해서 서비스 제공의 일정한 측면을 규제한다. TV 방송권, 항공노선 취항권, 고속버스노선 운행권의 부여 등이 사례로 적용될 수 있다. 보호적 규제정책은 특정 계층이나 집단의 활동에 제약을 가함으로써 일반국민을 보호하려는 정책으로 사례들로는 최저임금제, 근로기준법, 공정거래법, 식품위생법 등이 포함된다. 분배정책, 재분배정책, 경쟁적규제정책, 보호적규제정책들이 국내정책임에 비해 구조정책, 전략정책, 위기정책 등은 외교국방정책의 사례이다. Ripley와 Franklin의 구체적인 정책유형의 개념과 내용은 다음의 <표 2-1>과 같이 설명될 수 있다.

표 2-1 Ripley와 Franklin의 정책유형 분류

	배분정책	보호적 규제정책	재분배 정책	구조적 정책	전략적 정책	위기 정책
주요행위자	의회 하위 위원회 및 위원회, 관료기구, 소규모 이익집단 등	의회 하위 위원회 및 상임 위원회, 상·하 양원 전체, 집행 기관, 노동 조합 등	대통령과 그의 지지자들, 위원회 또는 의회, 가장 큰 규모의 이익 집단 (정상 연합체)	의회 하위 위원회 및 위원회, 관료 기구, 소규모 이익 집단	관료 기구, 대통령	대통령과 그의 보좌관
행위자들 사이의 관계	투표의 거래 (모두가 이득을 얻음)	협상과 타협	이념적· 계급적 갈등	투표의 거래 (모두가 이득을 얻음)	협상과 타협	협력
관계의 안정성	안정적	불안정적	안정적	안정적	불안정적	불안정적
영향력의 정도 — 대통령, 대통령부, 집권화된 관료제	낮음	중간보다 높음	높음	낮음	높음	높음
영향력의 정도 — 관료기구	높음	중간	중간보다 낮음	높음	낮음	낮음
영향력의 정도 — 전체로서의 의회	낮음	중간보다 높음	높음	낮음	높음	낮음
영향력의 정도 — 의회의 하위 위원회	높음	중간	중간보다 낮음	높음	낮음	낮음
영향력의 정도 — 민간부문	높음	중간보다 높음	높음	높음	중간	낮음

자료: Ripley and Franklin(1987: 22－23), 구현우 외(2014)에서 재인용

4) Salisbury의 분류

Salisbury의 분류는 분배정책, 재분배정책, 규제정책, 자율규제정책 등이 포함되고, 요구패턴과 결정패턴을 기준으로 4가지 정책유형을 제시한다. 아래의 <표 2-2>에서 보듯이 분배정책은 요구패턴과 결정패턴이모두 분산되어 있는 정책이다. 재분배정책은 요구패턴과 결정패턴이 모두 통합되어 있는 정책이다. 규제정책은 요구패턴은 분산되어 있으나 결정패턴은 통합되어 있는 정책이다. 자율규제정책은 요구패턴은 통합되어있으나 결정패턴은 분산되어 있는 정책으로 변호사협회에서 변호사의행동을 자체적으로 규제하는 정책이다.

표 2-2 Salisbury의 분류

구분		요구패턴	
		통합성(소수)	분산성(다수)
결정패턴	통합성 (소수)	재분배정책	규제정책
	분산성 (다수)	자율규제정책	분배정책

자료: Salisbury(1968)

2 정책결정의 분석도구

정책결정을 위한 분석도구는 양적인 분석방법인 관리과학(management science: MS), 양적과 질적인 분석방법인 체제분석(system analysis: SA), 질적인 분석방법인 정책분석(policy analysis: PA)으로 구분된다.

1) 관리과학(management science: MS)

관리과학의 특징은 첫째로 투입과 산출의 변수를 계량화하여 경제적·기술적 측면을 강조하고, 둘째로 합리적인 모형을 모색하고, 셋째로 개방모형보다는 폐쇄모형에 근거해서 최적대안을 추구한다. 관리과학의 한계점으로는 첫째로 합리성에 근거하기 때문에 직관, 모험, 도전과 같은 비합리적인 요소들을 등한시하고, 둘째로 행태주의에 근거한 계량적 분석에 근거하기 때문에 복잡한 사회문제와 가치문제의 현상들을 규명하지 못하고 있다. 셋째로 정치적 요소인 연합과 합의에 민감하지 못하며, 넷째로 사회구성원들의 전체사회목표를 다루지 못하는 한계점이 있다.

2) 체제분석(system analysis: SA)

체제 분석의 특징은 양적 분석을 중시하나 어느 정도의 질적 가치판단을 중시하고 있다. 대안의 선택과 관련하여 모든 문제를 동시에 분석하기보다는 부분적 분석으로 해결책을 모색하는 부분적 최적화(sub-optimization)이고, 복잡하고 불확실한 상황에서 과학적 객관적 의사결정에 기여하고 있다. 또한, 체제분석은 의사결정자의 과학적 분석적 사고를 촉진하여 합리적 판단에 기여하고, 미래의 불확실한 상황을 분석 판단하여 의사 결정의 위험도를 축소하지만, 최고관리자에게 권한을 집중시키는 측면이 있다.

체제분석의 한계는 계량적인 면에 치우친 나머지 질적인 문제를 소홀히 하고, 정치적인 요구나 실현가능성과 같은 정치적 문제를 다룰 수 없고, 또한 직관, 창의, 판단의 초합리성 및 개인의 동기, 성격, 의지와 같은 비합리적인 요인을 다룰 수 없는 한계가 있다, 한편, 전체적인 구조 파악의 어려움과 함께 복잡한 체제는 다룰 수가 없다는 문제점이 있다.

3) 정책분석(policy analysis: PA)

정책분석의 특징은 합리성을 제고하기 위해서는 정치적 변수도 고려해야 하고 경제학, 수학, 정치학, 사회학 등의 다양한 학문분야의 도움이 필요하다. 관리과학이나 체제분석 등에 비해 정치적 실현 가능성의 분석, 여러 정책대안에 관련된 사회적 권력관계의 검토, 연합형성의 요구와 정치적 합의의 분석 등 정치적 변수를 고려한다.

4) 관리과학(management science: MS), 체제분석(system analysis: SA), 정책분석(policy analysis: PA)의 차이점

정책결정을 위한 분석범위에서, 관리과학(MS)은 양적 분석에 치중해 분석범위가 좁으나, 정책분석(PA)은 질적 분석까지 고려하므로 포괄적이고, 체제분석(SA)은 양적 분석 일부와 질적 분석 일부를 수행한다. 분석방법에서 관리과학(MS)은 계량적 접근을 중시하나 정책분석(PA)은 질적 접근을 강조하고, 체제분석(SA)은 계량적 접근 일부와 질적 접근 일부를 수행한다.

취급대상에서, 관리과학(MS)은 목표달성을 위한 수단의 최적화를 추구하고, 체제분석(SA)은 목표자체가 검토대상이 되는 부분최적화를 모색한다. 정책분석(PA)은 최적화의 기준을 충족시키지는 않으나 기존의 모든 대안보다 나은 대안을 추구한다는 정책의 선호화이다. 평가기준에서, 관리과학(MS)은 경제적 합리성이 기준이고, 정책분석(PA)은 정치적 합리성이 기준이며 체제분석(SA)은 양 합리성의 일부를 기준으로 강조한다. 특성에서 관리과학(MS)은 목표가 고정되어 있다고 전제하고 수단만 분석하므로 전술적이나 정책분석(PA)은 목표와 수단을 아울러 고려하므로 전략적이고, 체제분석(SA)은 중간적 성격이다. 기초모형에서 관리과학(MS)은 폐쇄체제모형이고, 정책분석(PA)은 개방체제모형이고, 체제분석(SA)은 폐쇄체제모형과 개방체제모형의 이중적 성격으로 규정될 수 있다. 가치 기준에서, 관리과학(MS)은 자원의 효율적 배분에 치중하고, 정책분석(PA)은 비용 효과의 사회적 배분에 중점을 두고 체제분석(SA)은 중간적 성격으로 구분할 수 있다.

한 사례로, 체계분석(systems analysis)의 방법으로 실업자 구제 사업을 위한 각 대안에 대한 비용 효과 분석을 살펴보면, 첫째 안은 기술훈련사업의 연간비용은 80억원, 실업자 구제 인원의 연간효과는 10,000명, 비용과 효과 비율(명/1억원)은 125(10,000/80)이다. 둘째 안은 기술훈련사업의 연간비용은 100억원, 실업자 구제 인원의 연간효과는 15,000명, 비용과 효과 비율(명/1억원)은 150(15,000/100)이다. 셋째 안은 기술훈련사업의 연간비용은 300억원, 실업자 구제 인원의 연간효과는 30,000명, 비용과 효과 비율(명/1억원)은 100(30,000/300)이다.

실업자 구제 사업에서 단위당 비용에 대한 효율성 측정의 비용과 편익 분석에 근거해서 첫째 안은 125, 둘째 안은 150, 셋째 안은 100으로 효율성이 가장 높은 안은 둘째 안으로 간주될 수 있다. 첫째 안은 정책당국이 긴축예산의 어려움을 겪는다면 선택할 가능성이 많고 경제성의 정책 수단에 주안점을 둔다. 셋째 안은 단위당 비용에 대한 효과가 가장 낮은 비율로 예산이 더 소요되더라도 실업자를 가장 많이 구제할 수 있는 효과성의 정책 수단으로 인식될 수 있다.

3 정책결정의 접근방법

정책결정의 접근방법들은 역사적 접근법(historical approach), 법률적·제도적 접근법(institutional approach), 행태적 접근법(behavioral approach), 후기행태적 접근법(post−behavioral approach), 체제적 접근법(system approach), 비교접근법(comparative approach), 생태론적 접근법(ecological approach) 등이 포함된다.

1) 역사적 접근법에서 역사는 과거의 정책의 현상이고, 현재의 정책들은 현실의 사회현상에 영향을 주고 있다. 역사적 접근방법(historical approach)은 사례연구(case study)들에서 과거와 현재의 상호 연결과 상호작용을 기본전제로 한다. 과거에 형성되어진 제도는 현재와 미래에 영향을 미치는 제도의 '역사적 맥락(historical contexts)'과 관련되어 있다. 역사적 접근방법은 발생론적 설명(genetic explanations)으로 제도와 정책 형성 등의 기원과 발전과정의 분석을 통한 정책결정의 접근방법에서 유용한 시사점을 제시하고 있다. 역사적 접근법(Historical approach)은 역사적인 맥락에서 현재 및 미래의 문제를 해결하는데 기본 방향을 제시해 주며, 정책결정자가 과거의 어떤 정책사례를 참고로 하여 현재의 문제를 해결

하는 데 도움을 준다. 그러나 과거의 어떤 정책사례를 현재 또는 미래의 정책결정 과정에도 그대로 적용하기는 어렵다는 한계가 있다.

2) 법률적·제도론적 접근법(legalistic−institutional approach)은 정책결정 과정에서 합법성을 강조하는 접근방법을 지칭한다. 법률적 접근방법은 법률에 따른 정책의 규범적 측면에 주안점을 두는 것이다. 역사적 접근방법과 법률적 접근방법에 대한 비판적인 방법인 제도적 접근방법은 법과 헌법 이외의 여러 가지 상황과 환경들을 보여주는 정책결정 과정의 실제를 분석하여야 한다는 것이다. 정책결정 과정에서 법률적·제도적 접근방법은 중요하지만, 정책의 동태적 측면을 파악하기 어렵고, 제도와 실제 간의 불일치 현상을 설명하기는 어렵다는 것이다. 법률적·제도론적 접근방법(legalistic−institutional approach)제도는 법제도나 행정제도를 개선하는 방안을 제시함으로써 좀 더 효율적인 정책결정 과정을 모색하지만, 법제도나 행정제도의 보수성을 유지하려는 관점에서 한계점이 있다.

3) 행태적 접근(behavioral approach)은 인간의 행태(behavior)에 연구의 주안점을 두고 자연과학과 같이 사회 현상의 분석에서 객관적·과학적 연구가 가능하다고 인식한다. 이 접근 방법은 과학적·실증적·경험적 연구방법을 특징으로 하는 논리실증주의(logical positivism)에 근거한다. 경험적 검증이 가능한 사실(fact)과 경험적 검증이 불가능하고 주관적 동기를 보여주는 가치(value)의 구분과 함께 사실에 대해서만 연구의 주안점을 둔다. 행태적 접근방법은 거시적인 집단과 제도의 특성 및 성격을 분석하지 않는 방법론적 개인주의(methodological individualism)를 강조한다. 행태적 접근법(behavioral approach)은 정책결정자의 가치관과 정책결정 과정에서의 효과적인 의사소통 등을 연구하지만, 행태를 객관화하기 어렵다는 점과 거시적인 차원의 정책결정 과정을 등한시 한다는 면에서 단점이 있다.

4) 후기 행태적 접근법(post−behavioral approach)은 행태적 접근법의 비판을 통한 주관적인 동기의 파악과 가치판단의 필요성에 근거해서 거시적인 제도적 맥락의 분석을 통한 사회의 개선에 기여할 수 있는 처방

적 지식을 제공하자는 것이다. 이 접근 방식은 과학적 연구와 가치적 연구의 병행과 함께 바람직한 사회를 위한 정책 목표의 설정을 통해 사회문제 해결의 필요성을 강조하였다.

5) 체제적 접근방법(system approach)에서 모든 체제는 상호작용하는 여러 구성요소로 이루어져 있고, 행정과 환경의 상호작용을 강조한다. 체제적 접근방법은 이러한 체제와 환경 사이의 상호작용을 체계적으로 고찰하려고 한다. 체제적 접근법(system approach)은 정책 사이의 연계성과 정책 환경의 영향 등을 거시적으로 규명하지만, 추상적인 내용을 구체적인 것으로 전환시키는 데에 어려움이 있기 때문에 모든 정책결정 과정에 적용되기엔 어려움이 있다. 또한, 안정적인 선진국의 행정현상을 연구하는 데에는 적절하지만, 정태적 성격으로 인하여 개발도상국의 정치·사회의 변화를 적합하게 설명하지 못하는 한계가 있다.

6) 비교접근법(Comparative approach)은 시 공간적인 차원에서 기능적으로 유사한 정책을 비교 분석하여 효과적인 정책을 선택하고, 국가 간의 정책을 비교하는데 효과적이지만, 비교되는 정책의 객관성을 유지하기가 어렵다는데 한계성이 있다.

7) 생태론적 접근법(ecological approach)은 정책 현상을 경제적·사회적·문화적 환경과 관련시켜 분석하고자 하고, 개별적 행위가 아닌 집합적 행위의 거시적 분석을 시도한다. 생태론적 접근방법에서는 정책과 환경의 상호작용을 강조하고 있는데, 이러한 환경적 요인으로 국민의 가치관, 경제적 환경, 사회적 구조, 이념적 환경 등이 포함될 수 있다. 생태론적 접근방법은 후진국의 정책 현상을 설명하는 데 공헌하였지만, 정책을 환경의 종속변수로 간주하여, 정책 결정자와 집행자의 적극적인 역할과 기능을 간과했다는 문제점이 지적되고 있다.

정책분석과 정책연구

정책분석, 정책연구, 정책학 등의 용어들은 서로 혼용되어서 사용될 수 있지만, 정책의 분석과 연구를 위해 필요한 분석 기법이나 연구 방법, 분석 결과 및 연구 결과를 통해 개발된 이론, 정책에 관한 모든 지식들을 포함한다. 정책분석의 개념과 정책연구의 개념은 다음과 같이 구분될 수 있다.

1) 정책분석의 개념

정책분석은 좁은 의미로는 최선의 정책 대안을 얻기 위해 여러 정책 대안들을 검토·분석하여 비교하는 지적 활동을 의미한다. 다시 말해서 정책분석은 주로 "정책 결정을 위한 대안을 개발하고 각 대안의 효과 및 비용을 분석하기 위한 정책 이론의 한 분야"이다. 그러나 엄밀한 의미에서 이론이라고 하기 보다는 경제학 쪽에서 발전시킨 분석 방법들로 비용효과 분석(cost-benefit analysis), 모의 기법(simulation), 선형 계획(linear programming), 결정 분석(decision analysis) 등이 포함되는 정책학의 한 분야로 인식될 수 있다. 일반적으로 정책분석이란 용어는 '정책분석 방법론'으로 지칭될 수 있다. 정책을 분석하기 위해 발전시킨 이러한 방법들은 실증주의적 전통 속에서 조작적(operational)이고 계량적(quantitative)인 방법의 사용을 특징으로 하고 있다.

전통적인 정책분석의 특징은 정책의 목표들을 달성하기 위한 최적의 대안과 수단에 주안점을 둔다는 관점에서 궁극적인 정책의 목표에 관해서는 등한시한 경향이 있다는 점이 비판의 대상이었다. 또한, 지금까지 개발된 정책분석 방법들은 주로 구체적인 세부 정책들을 대상으로 하여 사용되기 때문에 미시적 접근이라는 비판을 받기도 한다.

한편, 넓은 의미의 정책분석은 정책분석 방법론과 정책 과정 전반에 걸쳐 이루어지는 분석이 포함되는데, 정책 결정, 정책 집행, 정책 평가 등의 정책 과정에 대한 분석을 의미한다. 이와 같이, 좁은 의미에서의 정책분석은 정책 결정이 이루어지기 전에 정책 결정자를 위하여 이루어지는 사전적인 지적 활동의 의미이다. 그리고 넓은 의미에서의 정책분석은 정책 결정 이전과 이후에 집행과정과 집행영향들을 포함하는 정책 과정 전반에 걸쳐서 이루어지는 연구 활동이라 할 수 있다. 이와 같이 넓은 의미에서 사용되는 정책분석의 개념은 정책연구의 개념과 큰 차이가 없다.

2) 정책연구의 개념

정책연구란 일반적으로 정책분석이라는 용어보다는 넓은 의미로 사용된다. 보편적으로 사용하는 정책연구의 개념 속에는 좁은 의미의 정책분석뿐만 아니라, 정책 의제, 정책 결정, 정책 집행 및 정책 평가를 포함한다. 따라서 정책연구라는 용어는 정책 의제 연구, 정책 결정 연구, 정책 집행 연구, 정책 평가 연구를 모두 의미하므로 넓은 의미의 정책분석 개념과는 큰 차이가 나타나지 않는다. 지금까지의 정책연구의 경향을 볼 때 정책연구의 분야는 크게 세 가지로 나눌 수 있다.

첫째, 정책 결정 요인 연구(policy determinants study): 하나의 정책이 형성되고 결정될 때 어떠한 요인들이 어떠한 영향을 미치는가에 관한 연구를 말한다. 정치적, 경제적, 사회적, 문화적 요인들이 정책 형성에 영향을 미치는 모든 요소들을 연구한다.

둘째, 정책 영향 연구(policy impact study): 정책의 집행결과에서 정책의 성공과 실패 요인들을 평가하고 그 원인들이 무엇인지를 규명하는 데 초점을 둔다.

셋째, 기타 연구: 정책 및 제도의 발달에 관한 이론적 연구, 정책분석이나 정책연구에 사용되는 접근 방법이나 기법에 관한 연구, 규범적·처방적 입장에서 이루어지는 정책의 내용에 관한 연구, 정책과 체제와의 관계를 규명하려는 정책 환경에 관한 연구가 포함된다.

3) 정책분석과 정책연구의 비교

지금까지 정책분석과 정책연구의 개념들에서, 넓은 의미에서는 의미의 차이 없이 두 개념들이 혼용되어 사용되지만 좁은 의미에서 다음과 같이 차이점들을 요약할 수 있다. 정책분석과 정책연구의 차이점은 다음과 같다. 정책분석의 연구대상은 정책대안과 정책결과이지만 정책연구의 연구대상은 정책환경, 정책문제, 정책과정 등이 포함된다. 정책분석의 연구방법은 비용편익분석을 포함한 관리과학적 분석방법으로 합리적, 실증적, 계량적, 조작적, 객관적 접근이 포함되지만 정책연구의 연구방법은 연역적과 귀납적, 논리적과 실증적, 주관적과 객관적 접근의 사회과학연구 방법론이 포함된다. 정책분석은 경제학적 지식에 근거해서 응용적, 처방적, 평가적 성격이지만, 정책연구는 정치학, 사회학, 심리학 등을 포함하는 종합 과학적 지식에 근거해서 이론적, 서술적, 설명적 성격이 포함된다. 정책분석의 내용은 정책 시행방법, 시기, 문제점 및 결과의 예측 평가를 포함하는 정책 대안의 장단점 평가이지만, 정책연구의 내용은 정책 결정 요인 연구, 정책 영향 연구, 정책 내용과 정책 과정 연구가 포함되고 있다.

좁은 의미에서, 정책분석의 개념을 정책 결정을 위한 정책 대안 제시의 분석 기법으로 정의할 수 있고, 정책연구의 개념은 이러한 정책분석의 개념의 포함과 함께, 정책의 결정 요인 연구, 정책이 미치는 영향에 관한 연구, 정책 및 제도의 발전에 관한 이론, 정책의 환경에 관한 이론들을 포함하여 설명할 수 있다.

정책의 형성과 집행에서 사회 구성원들에게 영향을 미치는 과정은 일반적으로 다음과 같이 설명될 수 있다. 사회 문제나 요구가 정책 의제로 논의되고, 정책 대안들의 검토를 통해 대안들이 채택되어 그 영향에 대한 반응이 다시 체제로 환류(feedback)되는 과정을 밟는다. 이러한 과정은 의제 구성 과정, 대안 형성 과정, 정책 결정 과정, 정책 집행 과정, 정책 평가 과정으로 구분될 수 있다. 그러므로 정책 과정에 관한 이론들은 정책 활동에 관한 지식으로, 의제 구성, 정책 대안 형성론, 정책 결정론, 정책 집행론, 정책 평가론 등으로 지칭된다. 정책 대안 형성론은 주로 정책분석 방법론을 사용하여 정책 대안들을 분석하는 과정에 관한 이론이라 할 수 있다. 따라서 이 분야의 이론은 정책 결정론의 분야에 포함되어 설명되는 경우도 많다. 이와 같이 정책 결정을 위한 대안들의 분석 방법으로 다양한 전문적 방법들이 활용되고 있다.

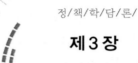

제 3 장
정책수단과 대안기준

1 정책수단의 기준

정책수단선택기준은 수단주의, 절차주의, 상황주의, 구성주의 등이 포함된다(Linder & Peter, 1998: 36-42 & 노화준, 2012: 317-320). 첫째, 수단주의는 연구자들이 몇 개의 정책수단들을 선택하여 학문의 기본적인 방법론으로부터 정책수단 방안을 도출한다. 예를 들면, 법학은 규제나 계약과 같은 법적 절차와 과정에 관한 정책수단을 제시하고, 경제학으로부터 조세제도와 같은 정책 방안들을 도출할 수 있다. 둘째, 절차주의는 정책의 평가는 점진적으로 이루어지는 조정이다. 셋째, 상황주의는 환경적인 요소들이 정치에 영향을 미친다. 넷째, 구성주의는 정책수단성공의 핵심요소로 설계로서의 정치(politics as design)를 강조한다. 정책수단 평가기준의 구체적인 비교는 다음의 <표 3-1>과 같이 기술될 수 있다.

표 3-1 정책수단 선택기준 연구의 특성비교 요약

접근방법	선택의 핵심요인	평가의 양태	정치와의 관계
수단주의	수단의 특성	제약하의 최적성	정치를 배제한 설계
절차주의	적응(adaptation)	점진적으로 이루어지는 조정(accommodation)	설계를 배제한 정치
상황주의	부합성(goodness of fit)	과업에 대한 매치 여부	설계가 정치를 형성
구성주의	유발된 의미	주창되는 의미의 해석	설계로서의 정치

자료: Linder & Peters(1998: 42－44), 노화준(2012: 320)에서 재인용

2 정책대안의 기준

정책대안의 개발과 평가기준들은 효과성, 능률성, 경제성, 형평성, 합리성, 공정성, 민주성, 합법성 등이 포함될 수 있다. 요구수렴단계에서의 행정가치의 평가기준에는 민주성이, 정책 결정단계에서의 평가기준에는 공정성, 합리성, 형평성이 포함되며, 정책 집행단계에서 평가기준에는 효과성, 능률성, 합법성 등이 포함된다.

소망성(desirability)을 판단하는 기준은 효율과 형평으로 구분될 수 있는데, 효율은 경제성(economy), 효과성(effectiveness), 능률성(efficiency)을 의미하고, 형평은 수직적 형평과 수평적 형평으로 구분될 수 있다.

효율 개념에서 첫째로, 경제성(economy)은 동일한 목적을 달성하기 위해 얼마나 적은 비용을 사용(spend less)하는 것이고, 동일한 정책목표를 달성할 수 있는 여러 대안이 있는 경우, 최소의 비용이 들어가는 대안을 최선의 대안으로 선택하고, 상대적으로 산출(output)의 극대화 보다는 투입(input)의 최소화이다. 둘째로, 효과성(effectiveness)은 투입과 관계없이 정책목표의 달성을 극대화 할 수 있는 대안으로, 비용에 관계없이 목표

달성을 중시하는 개발도상국 등에서 주로 사용하고, 투입과 무관하게 산출의 극대화를 지향하는 개념이다. 셋째로, 능률성(efficiency)은 동일한 비용으로 최대효과를 내는 대안으로, 투입과 산출을 동시에 고려하고 투입대비 산출비용이 가장 높은 대안을 최선의 대안으로 선택한다.

형평 개념은 수평적 형평성과 수직적 형평성으로 구분될 수 있는데, 첫째, 수평적 형평성(equity)은 동일한 것을 동일하게 취급하는 정책대안으로, 동일노동에 동일임금을 부과하고, 모든 선거권자에게 한 표의 투표권을 보장하고, 소득재분배정책에 정당성을 부여한다. 둘째, 수직적 형평성(equity)은 다른 것을 다르게 취급하는 합리적 차별 개념의 정책대안으로, 서로 다른 능력을 지닌 사람에 대해 임금을 다르게 지급하는 것이다.

합리적인 정책대안의 개발과 함께 평가기준들의 전제조건이 필요한데, 자유적 조건은 의견 표출의 기회 균등성(equal opportunity)이고, 사회경제적 조건은 중간계층 혹은 중산층 형성이며, 정치적 조건은 참여형 시민문화이다. 정부 관료제의 민주적인 관료제로의 전환은 계층제, 전문화, 몰개인화를 특징으로 하는 관료제에서 평등, 참여, 개체성을 강조하는 민주주의로의 변화이다. 민주행정의 실천전략으로 행정수요자 의견의 수렴의 사례로는 각종 여론조사의 정례화, 고객 접촉, 고객위원회 설치, 핫라인 및 시민 제안함 설치 등이 포함될 수 있다. '행정수요자 찾아가기'의 사례들은 행정 서비스 전달 체계의 다각화와 가시화이고, '행정수요자 제대로 인식하기'의 사례들은 서비스의 선택지를 많이 제공하는 지방정부 기능의 강조와 정부조직내의 내부고객이론의 적용이다. 조직의 정책대안의 결정 과정을 살펴보면, 하위 조직에서는 보편적인 일상 업무에 대한 반복적인 의사결정의 순응이고, 전술적 계층인 중간 조직에서는 깊은 사고와 분석이 요구되고, 상위 조직에서는 장기적인 차원에서 체계적인 분석이 요구된다.

정책대안의 과정에서 일반적으로 정책가치에는 합리성이 포함된다. 베버(Max Weber)의 네 가지 형태의 합리성은 실제적, 이론적, 실질적, 형식적 합리성으로 구분될 수 있다(김형렬, 1997:35-40). 첫째, 실제적 합리성

(practical rationality)은 개인의 이익을 증진시키기 위해 실용적 행동과 이기적 관점에 근거해서 자신의 목적을 달성하기 위한 적합한 수단들을 추구한다.

둘째, 이론적 합리성(theoretical rationality)은 개인의 관심에 주안점을 두는 실제적 합리성과는 달리 추상적인 개념에 근거해서 개인적인 경험과 추상적인 이상을 포함하는 것으로 귀납적·연역적 사고과정을 모두 포함한다. 자연과학과 사회과학의 연구방법론들을 적용하여 과학적인 세계관과 이론적인 개념관을 합리화 하는 과정이다.

셋째, 실질적 합리성(substantive rationality)은 이기적인 관심과 이해에 의존하기 보다는 우정, 신뢰, 민주주의, 평등주의, 사회주의, 자유주의 같은 주관적 가치를 중시하고, 사실과 가치를 구분해서 과학적인 방법에 의해 주관성 가치는 증명될 수 없기 때문에 실질적 합리성은 형식적 합리성과 차이가 있다.

넷째, 형식적 합리성(formal rationality)은 산업화·물질화와 관련되는데, 일반주의와 보편주의에 따라 경제적, 법률적, 과학적 영역에서 합리적인 수단과 목적에 근거해서 행동이 결정된다. 인간의 정적 요소의 배제와 함께 관료제는 적절한 수단과 방법을 제공하는 형식적으로 합리적인 조직으로 간주된다.

실제적 합리성과 실질적 합리성은 주관적인 가치에 근거한 개인의 정신적 활동과 행위에 초점을 두지만, 이론적 합리성과 형식적 합리성은 객관적인 개념과 과정을 강조한다. 결과적으로, 실질적 합리성과 형식적 합리성 그리고 주관적 합리성과 객관적 합리성으로 구분되는 베버의 유형의 개념은 실질적 합리성과 절차적 합리성을 구분하는 사이몬(Herbert A. Simon)의 개념과는 차이가 있다.

사이몬의 개념에서, 실질적 합리성은 경제적인 개념으로 효용과 이윤의 극대화를 위한 효율성과 능률성에 근거한 행위로 인식된다. 사이몬의 실질적 합리성은 당위성 보다는 효용성에 근거한 논의에 주안점을 두지만, 베버의 실질적 합리성은 주관적 가치에 초점을 두고 다양성을 이해한다. 사이몬의 실질적 합리성은 경제적인 요소들에 관심을 두지만, 인간의 정신적·심리적인 요소는 고려되지 않는다.

한편, 절차적 합리성(procedural rationality)은 실질적 합리성의 한계의 보완으로, 정신적·심리학적 개념에 근거해서 "인지적(cognitive)·지적(intellectual)인 과정을 강조한다. 이 절차적 합리성은 문제의 해결을 위한 과정에서 완전한 합리성보다는 제한적 합리성에 근거한 대안적인 행위와 방법을 모색한다.

또한, 디싱(Paul Diesing)은 정책결정의 과정에서 기술적, 경제적, 법적, 사회적, 실질적 합리성을 구분해서 설명하고 있다(김형렬, 1997: 40−41). 첫째로 기술적 합리성은 여러 가지 기술적인 문제에 대한 비교와 검토로 태양에너지와 핵에너지의 선택과정에서 적용될 수 있다. 둘째로 경제적 합리성은 능률성과 효율성에 근거해서 비용 편익 분석을 활용해서 정책결정을 추진하는 것이다. 셋째로, 법적 합리성은 경쟁 입찰의 과정에서 정책 결정이 법규와 규정에 근거해서 이루어지는 것이다. 넷째로, 사회적 합리성은 민주적인 참여와 절차를 강조하는 것이다. 다섯째로, 실질적 합리성은 기술적·경제적·법적·사회적 합리성을 복합적으로 활용해서 네 가지 합리성을 종합적으로 고려하는 과정으로 정치적 합리성이나 문화적 합리성과 같은 변수를 고려하지 않는 한계점이 있다.

정책결정의 합리성 제약요인들은 다음과 같이 서술될 수 있다. 첫째, 정책결정자에 기인한 요인으로 정확하게 장래예측의 곤란과 어려움으로 인한 합리적 결정의 제약이다. 정책결정자의 가치관과 태도의 차이도 정책결정의 합리성을 제약하는데, 전문지식과 이해부족의 요인과 함께 권위주의적 성격은 구성원간의 의사소통 무시로 합리적 의사결정의 어려움을 도출한다. 관료주의적 병리행태는 무사안일주의와 형식주의로 정책결정의 합리성을 저해하고, 자기 경험과 경력의 의존도 정책결정의 합리성 제약의 요소로 작용한다.

둘째, 조직구조에 기인한 요인으로, 집권적 구조는 상위계층에 집중으로 정책결정의 합리성 위축, 의사전달의 왜곡과 정보 자료의 부족은 정책결정의 합리성의 제약, 정책전담기구의 미비는 정책결정, 분석, 집행, 평가를 수행할 수단의 부족, 행정선례의 답습은 창조적 사고의 제약을 야기한다.

셋째, 환경과 시간제약에 기인한 요인으로, 합리적인 정책결정에는 많은 시간이 요구되는데, 정책결정과정의 폐쇄성과 투입기능의 취약성으로 환경으로부터 투입되는 국민의 요구나 지지를 결정과정에 반영하지 못하는 문제점이 있다. 또한, 사회문화적 관습과 습관 등이 정책결정의 합리성을 제약할 수 있고, 매몰비용 문제도 합리적 결정을 제약할 수 있다.

이와 같이, 정책의 실현가능성(feasibility)의 여러 가지 제약은 ① 정치적 실현가능성 ② 기술적 실현가능성 ③ 재정적 실현가능성 ④ 법적 실현가능성 ⑤ 윤리적 실현가능성의 제약 등이 포함된다. 정치적 실현가능성의 제약은 이상적인 정책대안이라 할지라도 이익집단과 야당 등의 반대세력의 저항이다. 기술적 실현가능성의 제약은 대체 에너지의 개발 정책이 실제 기술적으로 불가능한 경우이다. 재정적 실현가능성의 제약은 필요한 예산 확보이다. 법적 실현가능성의 제약은 정책에 대한 헌법재판소의 위헌 판정의 사례이다. 윤리적 실현가능성은 생명복제와 관련된 정책에서 사회 윤리적인 차원의 제약요소들이 지적될 수 있다.

제 4 장
정책의제와 형성

1 정책의제의 형성

정책과정(policy process)은 국민의 대표인 입법부와 행정부의 정치체제에서 국민들의 요구와 지지를 정치체제로 투입하는 과정이다. 정책의제설정은 사회문제가 정부의제로 전환하는 과정으로 사회의 이슈가 다수의 관심사가 되면서 정부의제로 설정된다. 정책결정과정은 정부의제로 채택된 사안을 해결하는 절차로, 정책문제에 대한 원인진단을 하고 다양한 대안 사이의 분석(BC 분석, 관리분석, 체제분석, 정책분석)을 실시하는 의사결정과정이다. 집행과정에서 인력배치, 조직구성, 예산확보 등이 포함되고, 집행과정 이후에 정책평가와 환류평가가 이루어진다.

정책의제(policy agenda)는 합법적인 권한과 자격이 있는 기관이 공공의 문제를 해결해야 하는 과제이다. 정책의제로 형성되기 이전에 먼저 문제와 사건은 이슈화 되어야 한다. 정부의 정책안으로 채택된 것이지만 이 의제는 아직까지 공식적으로 정부의 정책해결과제로 되는 것이 아니며 정부의 의제(agenda)가 되기 위해서는 다음 2가지의 단계를 통해서 공식적 의제가 된다.

첫째, 토론의제(discussion), 정치의제(political agenda), 체제의제(systemic agenda)의 단계로서 합법적으로 관련 기관이나 조직이 공공문제로 해결해야 할 필요성을 인식하고 있는 단계이다. 하지만, 이 단계는 필요한 해결수단이나 방법을 제시하지 못한 상태에 있는 의제로서 토론을 통해 정치적인 타협과 논의가 필요한 단계로 간주된다. 여기서 정부당국이 심각한 정책과제로 인식하고 적극적이고 공식적인 태도로 나서야 한다고 판단하는 의제가 공식의제가 된다.

둘째, 공식의제(formal agenda), 정부의제(governmental agenda), 제도권 내 의제(institutional agenda)의 단계이다. 이 단계에 정부의 정책문제가 공식적으로 제기되었다고 할 수 있다. 또 이슈가 정부의 공식의제로 채택되기까지는 상당한 기간에 걸친 이해관계의 협상과 논의의 과정이 있었을 것이다. 그러나 모든 토론의제가 다 정부의 공식의제가 되는 것은 아니다. 왜냐하면 의제채택을 하는 정책결정자들이 문제가 제기되지 못하도록 폐기하여 정부의 정책안으로 채택되지 않는 경우도 있기 때문이다.

이와 같이, 의제(agenda) 구성에서 사회 문제와 이슈가 정부로부터의 관심 혹은 무관심을 보여준다. 이 이론은 정부에서 다루어지는 이슈와 다루어지지 않는 이슈의 차이에 대한 이유에 관하여 설명하려는 이론으로, 정책 의제 형성에 영향을 미치는 요인들에 관한 연구가 포함된다. 정책 목표의 형성과정에서 정부의 정책 의제의 구성은 규범적 이론, 실천적 이론, 실증적 이론들이 포함된다. 의제 구성은 정책의 목표에 가치의 문제가 포함되고, 정부의 반응성(responsiveness)과 대표성(representativeness)을 강조하는 참여 민주주의의 필요성을 요구한다. 이 이론은 전통적인 정책 분석과 정책 이론에서 보편적으로 사용되는 객관주의적·실증주의적 연구 방법보다는 주관주의적인 연구 방법이 인식론적 기초를 이루고 있다. 정책에 관한 기존의 정책 이론들이 주로 행태주의에 근거한 객관주의적·실증주의적 방법의 적용이지만, 의제 구성 이론은 후기 행태론적 방법론의 적용에 주안점을 둔다.

2 정책과정의 형성

1) 정책네트워크

정책네트워크(policy network)는 여러 가지 개념들로 정의될 수 있는데 정책네트워크의 유형으로는 하위정부모형, 정책공동체모형, 이슈네트워크모형 등이 포함된다.

하위정부 모형(sub-government model)에서 정책망의 행위자는 이익집단(비공식적 참여자), 정치인, 행정 관료이고, 미국의 경우 국방정책에서 이익집단의 지도자, 행정부의 각료, 의회 위원회의 지도자간의 연계로 국방정책을 결정하는 철의 삼각(iron triangle) 형태로 볼 수 있다

정책공동체 모형(policy community model)은 하위정부모형에 전문가 집단(대학 및 연구집단과 정부내의 전문가)이 추가되고, 정책결정에 참여하는 집단이 비교적 제한되지만 정책결정이 비교적 안정성과 계속성을 가진다. 이 모형은 경쟁적 관계에 있는 정책지지연합 사이의 상호작용의 결과로 정책이 변동되고, 이슈네트워크와 달리 특정한 정책의 관심과 함께 전문가들이 참여하는 세미나, 토론회, 공청회 등을 통해 참여의 개방적인 특성을 보여주고 있다.

이슈네트워크 모형(issue network model)에서 참여자는 정부부처와 많은 수의 관심 있는 집단이 포함되고, 개방적으로 조직화된 이익집단과 조직화되지 않은 개인, 전문가, 언론 등도 개입되고, 참여자가 매우 유동적이며 주도적 행위자는 수시로 변화한다.

Yishai의 정책망 비교에서 정책커튼(policy curtain)은 외부의 참여 없이 정부부처끼리만 정책결정을 추진하고, 철의 듀엣(iron duet)은 정부부처와 관련 전문가집단이 연합하여 정책결정을 모색하지만 참여자의 수는 매우 제한적이다. 철의 삼각(iron triangle)은 내각, 국회, 이익집단이 연합하여 정책 결정을 하고 참여자의 수는 제한적이다. 정책공동체(policy community)는 정부부처와 약간의 전문 관련 집단이 연합하여 정책결정을 추진하고 참여자의 수는 비교적 제한적이다. 이슈네트워크(issue network)는

정부부처와 많은 수의 관심 있는 집단이 연합하여 정책결정을 추진하는데, 참여자의 수는 제한이 없다. 정책망(policy network)의 체제, 멤버십의 개방성, 사용하는 전략, 정책의 변동정도는 차이들은 아래의 <표 4-1>과 같이 설명될 수 있다.

표 4-1 Yishai의 정책망 비교

	정책커튼	철의 듀엣	철의 삼각	정책 공동체	이슈네트워크
체제	권위주의체제	약함	중간	강함	민주주의체제
참여자의 수	적음	약간 적음	중간	약간 많음	많음
멤버십의 개방성	폐쇄적	약함	중간	강함	개방적
사용하는 전략	제도적 협의지향적	약함	중간	강함	비제도적 갈등지향적
정책의 변동정도	낮음	약간 낮음	중간	약간 높음	높음

자료: Yishai(1992)

정책네트워크와 이슈네트워크의 주요 차이점에서 정책네트워크의 참여자들이 완벽한 자율성을 갖거나 혹은 외부의 이해관계자들이 자유롭게 네트워크에 참여하기보다는 어느 정도 폐쇄성을 가지고 있는 관계구조인 반면, 이슈네트워크의 멤버십은 개방적이고 이슈와 관계되는 광범위한 관심을 가지고 있다(노화준, 2012: 259-260). 통합성의 차원에서, 정책네트워크의 구성원들은 가치를 공유하고 결과의 합법성을 수용하지만, 이슈네트워크의 참여자들은 어느 정도 가치에 대한 동의를 하지만 갈등이 존재한다. 권력의 차원에서, 정책네트워크는 참여자들의 관계가 균형적인 권력관계지만, 이슈네트워크는 불평등한 권력관계이다. 정책네트워크와 이슈네트워크의 구체적인 차이점의 비교는 다음의 <표 4-2>와 같이 기술될 수 있다.

표 4-2 **정책네트워크와 이슈네트워크의 비교**

차원		정책네트워크	이슈네트워크
멤버십	크기	제한되고 일부는 의식적으로 배제	크고 개방적임
	관심	경제적, 전문적	이슈와 관계되는 광범위한 관심
통합성	상호작용의 빈도	모든 구성원들 사이의 빈번하고 수준 높은 교류	접촉의 빈도와 강도가 변동함
	연속성	안정적 멤버십	상당한 변동이 있음
	합의	구성원들은 가치를 공유하고 결과의 합법성을 수용함	어느 정도 가치에 대한 동의가 있으나 갈등이 존재함
자원	네트워크안의 분배	모든 참가자들이 교환할 자원을 가지고 있음	대부분의 참가자들은 자문적이며, 제한적 구성원들만 자원을 가지고 있음
	멤버 조직간의 분배	위계적이며, 리더가 구성원들에게 자원을 전달할 수 있음	참가자들은 구성원의 행동을 규제할 다양한 능력을 가지고 있음
권력		권력관계가 충분히 균형을 이룸	불평등한 권력관계

자료: Marsh & Rhodes(1992: 251), 김양희(2003: 49), 노화준(2012: 260)

2) 정책과정론

정책과정론(policy process theory)은 정책문제의 인지로부터 목표설정·대안의 분석·결정·합법화·집행·평가의 과정을 거쳐 정책이 종결되기까지의 과정을 다룬 이론이라고 할 수 있다. 이러한 정책과정은 정치적 동태성과 복합성의 속성을 보여준다. 하지만 현실의 정책과정은 이러한 합리적 순서에 의해 이루어진다고 보는 견해는 미미하다고 할 수 있다. 현실에서는 이전의 결정패턴에 수정을 가하면서 진행하거나 어떤 정책의 설정과정은 여러 조건과 요소들의 조합으로 이루어진다. 정책과정은 Lasswell, Jones, Anderson, and Ripley & Franklin에 의해 설명되어진다

(양승일, 2013).

(1) Lasswell의 정책과정

Lasswell(1956)의 정책과정은 정보를 수집하여 예측하고 기획하는 단계인 정보과정, 정책대안을 작성하는 단계인 건의과정, 최종안을 선정하는 단계인 처방과정, 최종안을 잠정적으로 시행하는 단계인 발동과정, 본격적으로 집행하는 단계인 적용과정, 정책의 성공여부를 판정하는 단계인 평가과정, 종결과정 등 7단계로 구분하고 있다.

(2) Anderson의 정책과정

Anderson(1975)은 정책과정을 문제의 인식·의제형성과정, 정책형성과정, 정책채택과정, 정책집행과정, 정책평가과정 등 5단계로 구분한다. 첫째, 문제의 인식·의제형성과정에서 정부가 문제점을 인정하여 적극적인 해결책을 모색하면서 정책결정가들이 정책문제를 선정하는 단계이다. 둘째, 정책형성과정에서, 정책형성이 항상 새로운 법령 등의 제정을 가져오는 것은 아니지만 문제해결에 이바지할 수 있는 실현가능한 대안들을 발전시키는 단계이다. 셋째, 정책채택과정은 최종안을 선택하고 권위 있는 기관이 의결과 합법성을 부여하도록 조치하는 단계이다. 넷째, 정책집행과정은 결정된 정책을 실천에 옮기는 단계로, 정책의 실질적인 내용에 큰 영향을 미친다. 다섯째, 정책평가과정은 정책의 효과성을 판단하고 성공 또는 실패의 요인이 어디에 있는가를 규명하는 단계로, 인과관계를 정확히 규명하는 것이다.

(3) Jones의 정책과정

Jones(1977)는 정책과정을 문제정의과정, 형성·합법화과정, 집행과정, 평가과정, 종결과정 등 5단계로 구분한다. 첫째, 문제정의과정은 정책의 제형성과정과 동일한 것으로 정책문제를 선정하는 단계이다. 둘째, 형성·합법화과정은 문제를 해결하기 위한 행동방안을 결정하고 권위 있는 기관이 행동방안에 합법성을 부여하는 단계이다. 셋째, 집행과정은 권위 있는 기관에 의하여 합법성이 부여된 정책을 실천에 옮기는 단계이다. 넷째, 평가과정은 집행하는 정책을 평가하는 단계이다. 다섯째, 종결과정 은 문제가 해결되어 정책을 종결시키거나 정책을 수정하는 단계로 정책 변동이 일어나는 단계인 것이다.

(4) Dye의 정책과정

Dye(1981)는 정책과정을 문제인식과정, 정책대안결정과정, 정책합법화 과정, 정책집행과정, 정책평가과정 등 5단계로 구분한다. 첫째, 문제인식 과정은 특정 또는 불특정 다수 등이 정부에 문제해결을 촉구하는 요구를 표출하는 단계이다. 둘째, 정책대안결정과정은 문제의 인식과정에서 나 타나는 요구에 대한 공공의 토론으로서 정책의제가 설정되는 단계로, 문 제를 해결할 수 있는 사업계획대안이 개발된다. 셋째, 정책합법화과정은 정책대안결정과정에서 개발된 정책대안을 선택하는 단계로 정치적 지지 의 확보의 노력과 법의 제정을 촉구한다. 넷째, 정책집행과정은 집행을 위하여 관료제조직을 집행에 적합하도록 정리하는 단계로, 집행에 필요 한 인적·물적 자원을 적절하게 동원하게 된다. 다섯째, 정책과정의 마지 막 단계인 정책평가과정은 정책사업의 결과에 대한 보고와 함께 정책사 업의 영향을 평가하고 정책에 대한 변화와 조정이 제시된다.

(5) Hogwood & Peters의 정책과정

Hogwood & Peters(1983)는 정책과정을 의제형성과정, 정책결정과정, 합법화과정, 조직화과정, 집행과정, 평가과정, 종결과정 등 7단계로 구분 한다. 첫째, 의제형성과정은 사회 내에서 존재하는 문제들의 해결을 위 해서 공식적 의제를 제시하는 단계이다. 둘째, 정책결정과정은 환경 속 에서 인지된 바 있는 문제들의 어려움을 완화할 수 있는 정책산출물이 마련되는 단계이다. 셋째, 합법화과정은 정책결정과정에서 수립된 정책 산출물이 일련의 공식적 행위를 통해서 권위를 갖게 되는 단계로, 정책

산출물이 합법화되기 위해서는 입법조치, 규제조치, 국민투표 등의 절차가 필요하다. 넷째, 조직화과정은 정책을 집행하기 위한 조직구조가 개발되는 단계로, 전혀 새로운 조직을 설립하기보다는 기존 조직에 정책을 집행하게 할 수도 있다. 다섯째, 집행과정은 행정조직이 실제로 정책을 집행하는 단계로, 정책이 바람직한 산출을 가져오게 하기 위하여 집행가, 자원, 집행조직을 환경에 연계시키는 작업이 포함된다. 여섯째, 평가과정은 산출이나 산출의 영향이 특정한 기준에 의해서 분석되고 평가되는 단계이다. 일곱째, 종결과정은 정책집행조직이나 다른 정책결정기구들의 활동을 종식시키기 위한 단계이다.

(6) Ripley & Franklin의 정책과정

Ripley & Franklin(1986)은 정책과정을 형성·합법화과정, 집행과정, 평가과정, 정책변동과정 등 4단계로 구분한다. 첫째, 형성·합법화과정은 정책의제를 설정하고 정보를 수집하여 타협과 협상을 거쳐 인준까지 받는 단계이다. 둘째, 집행과정은 자원을 획득하고 정책에 대한 해석을 내리며 기획, 조직을 거쳐 대상조직에게 혜택, 서비스를 제공하는 단계로 구체적인 정책이나 프로그램의 산출이다. 셋째, 평가과정은 집행의 결과로 발생한 단기적인 실적이나 장기적인 영향을 평가하는 단계로, 평가의 결과를 근거로 정책변동과정이 발생된다. 넷째, 정책변동과정은 평가결과를 근거로 정책의 미래에 관한 결정이 이루어진다.

(7) Palumbo의 정책과정

Palumbo(1988)는 정책과정을 의제형성과정, 정책결정과정, 정책집행과정, 정책평가과정, 정책종결과정으로 구분한다. 첫째, 의제형성과정은 하나의 이슈가 공공의제로 시작되는 단계로, 입법부, 사법부, 행정부 등의 기구에 의하여 이슈가 취급된다. 둘째, 정책결정과정은 문제가 정의되고, 이익집단들이 지지와 반대를 중심으로 하여 결합되며, 제기된 문제를 해결할 수 있는 특정한 방안이 채택되는 단계이다. 셋째, 정책집행과정은 사업계획이 설계되는 단계로, 집행기구와 정책이 목표로 하는 대상조직의 요구, 자원, 소망 등에 맞도록 정책을 수정하기도 한다. 넷째, 정책평가과정은 정책집행과정에서 집행된 바 있는 정책과 절차가 대상조직에게 어떤 영향이 나타났는가에 대해 평가하는 단계이다. 다섯째, 정책종결과정은 정치적 지지의 상실, 목표 달성의 실패, 과다 비용의 소요 등의 이유로 인해 정책이 종결되는 단계이다. 전술한 바와 같이, 학자들마다 정책과정에 대해 다양한 의견을 제시하고 있는데, 정책과정들을 아래의 <표 4-3>과 같이 정리될 수 있다.

표 4-3 　정책과정

구분	Lasswell	Anderson	Jones	Dye	Hogwood & Peters	Ripley & Franklin	Palumbo
정책형성과정	정보단계 건의단계 처방단계	정책의제설정단계 정책형성단계 정책채택단계	문제정의단계 형성·합법화단계	문제의인식단계 정책대안결정단계 정책합법화단계	의제형성단계 정책결정단계 합법화단계 조직화단계	형성·합법화단계	의제형성단계 정책결정단계
정책집행과정	발동단계 적용단계	정책집행단계	집행단계	정책집행단계	집행단계	집행단계	정책집행단계
정책평가과정	평가단계	정책평가단계	평가단계	정책평가단계	평가단계	평가단계	정책평가단계
정책변동과정	종결단계	-	종결단계	-	종결단계	정책변동단계	정책종결단계

자료: 양승일(2013)

3 정책대안의 형성

실제로 정책형성은 정책과정 중에서 가장 핵심적인 것이다. 정책대안의 개발과 선택의 절차는 가장 많은 비용과 시간과 노력이 필요하고, 이해관계가 돌출되는 과정이다. 따라서 정책학자들은 정책문제의 해결수단의 모색, 최소한의 비용으로 공익의 극대화, 이해관계들의 갈등의 해결, 신뢰 받는 정책의 산출들을 추구하는데 노력을 경주하게 된다.

1) 정책문제의 인식

공식적으로 정부의 정책의제가 채택되었다 할지라도 정책의제의 해결을 위한 정책안의 마련에서 기준과 과정 등에 대한 판단이 필요하고, 정확한 문제의 파악과 함께 추구하는 목표를 정확하게 인지하여야 한다.

2) 정책대안의 설계

정책문제와 목표가 분명하게 정의되면 합리적인 해결책을 마련하여야 한다. 정책대안의 설계에서 미래지향적으로 정보와 데이터를 기술적으로 분석할 수 있는 능력과 자질이 요구되는 것으로, 전문적인 정책분석의 기법과 지식의 활용이 필요하다.

3) 정책대안의 결과예측 및 분석

이 단계에서는 개발된 몇 개의 정책대안에 대한 효용성을 분석하는 것이다. 정책대안을 정책상황에 집행하기 이전에 각 대안을 분석하여 발생될 결과를 예측하는 것이다. 불확실성의 요인과 가상변수 조작화의 한계로 인한 우수한 기법과 컴퓨터를 이용한 정확성을 추구한다 해도 예측결과와 실제결과와는 차이가 있을 수 있는 한계점을 극복하기 위해 정확한 예측기법과 이론이 발달되어야 할 것이다.

4) 정책대안의 비교 및 순서화

각 정책안을 일정한 기준에 따라서 검토하여 우선순위로 순서화하는 단계이다. 이때에는 일정한 기준에 따라서 각 정책대안의 가치를 비교하고 순서화하는 것이다. 구체적인 문제와 성격과 상황에 따라서 여러 가지 기준이 사용될 수 있는데, 보편적으로 사용될 기준으로는 능률성, 효과성, 형평성, 적절성, 합법성, 집행가능성, 윤리성 등이 포함된다.

5) 정책대안의 선택

결과적으로 어떤 대안이 정책문제에 가장 타당할 것인가 하는 결정과제는 궁극적으로 정책을 결정하는 권한과 자격을 가진 개인이나 조직, 위원회, 단체 등에 속해 있다. 정책전문가와 분석가는 중립적 · 기술적인 입장에서 정책안을 개발하고 정보와 데이터를 계량적 · 객관적으로 제시하는 것이 필요하다. 그 이상의 가치판단과 선택결정에 대한 책임은 결정자의 과제이다. 정책대안을 선택한다는 것은 곧 정책안을 확정해서 실행시킨다는 의미이며 이 선택행위를 일반적인 경우에는 법령으로 제정하여(legitimation through legislation) 시행하게 되는 것이다. 이 법령으로 원래의 정책목표와 수단을 어떻게 충실히 구현할 것인가 하는 것도 중요한 과제이다.

정/책/학/담/론/

제 5 장
정책의제 설정이론

    정책의제 채택과정은 사회문제 인지 단계, 사회 이슈화 단계, 공중 의제화 단계, 공식 의제화 단계로 구분되어 설명될 수 있다. 사회문제 인지 단계는 어떠한 문제가 관련된 개인이나 집단에 의해 사회문제로 인식되는 것을 의미한다. 사회 이슈화 단계는 사회문제에 대해 반대 의사를 표명하거나 해결 방법의 다른 견해를 갖는 다수의 개인이나 집단이 나타나 문제의 해결점을 찾지 못하고 갈등이 야기되는 단계이다. 공중 의제화 단계는 수많은 사회문제들 중에서 정부의 정책적 해결 노력이 필요하다고 많은 시민들이 공감하는 단계이다. 공식 의제화 단계는 여러 가지 공중의제들 중에서 정부가 그 해결을 위해 관심과 행동을 집중하여 정부의제가 선별되는 단계이다.

    정책의제 채택이론은 무수한 사회문제 중에서 정부에 의해서 일부분만 정책의제로 채택이 되는 과정에 관한 연구이다. 사이몬(H. A. Simon)의 의사결정론, 이스턴(D. Easton)의 체제이론, 엘리트론, 조합주의론, 다원주의론 등은 정책의 일반적 과정에 초점을 두고 있다. 코브와 엘더(Cobb & Elder, 1972), 크렌슨(Crenson, 1971), 허쉬만(Hirschman, 1975)의 이론들은 정책과정에서 특히 의제설정에 주안점을 두고 있다. 코브와 로스(R. W. Cobb & J. K. Ross), 메이(P. J. May)의 의제설정모형은 주도집단에 따른 과정과 절차에 근거해서 설명되고 있다.

1 의사결정론과 무의사결정론

1) 의사결정론

의사결정론은 거시적 관점보다는 미시적 관점에서 체제 내의 개별적 구성원의 행위에 초점을 두고, 체제 내 정책결정자의 능력의 한계를 인식하는 정책의제 채택과정 설명이다. 또한, 의사결정론은 인간 능력의 제한된 합리성의 인식과 만족스러운 차원에 의거하여 다수의 사회문제 중에서 일부만이 정책 의제화 된다는 것을 설명한다.

2) 무의사결정론(non-decision making)

무의사결정론은 사회문제가 정책의제로 채택되는 과정을 막는 것이다. 정부가 모든 사회문제를 정책 의제화 하지 않고 일부문제를 방치하는 이유는 첫째, 문제를 정부가 해결해야 한다고 주장하는 자가 아무도 없는 경우이다. 둘째, 정부가 해결해야 한다고 요구하는 사람들이 있으나 반대자의 반대에 직면하여 정책결정 기관이 그 문제를 방치하는 경우이다.

무의사결정 발생원인(Dye, 1978)은 ① 지배적인 가치와 신념체계가 정책문제의 채택에 부정적일 때 ② 지배계급이 제기되는 정책적 이슈에 대해 두려움을 느낄 때 ③ 지배엘리트들이 제기되는 이슈를 좋아하지 않을 것이라고 정책결정자들이 생각할 때 ④ 정치 체제 자체가 편견을 동원하여 특정 부문의 문제는 해결을 촉진하고, 다른 문제의 해결은 저지하는 경우이다.

무의사결정을 추진하는 방법은 ① 폭력, 암살, 물리적 힘과 강제력 ② 의제의 합법적인 제재는 정부 체제에 반대하는 기업에게 금융 세제상의 혜택을 박탈(소극적 방법)과 정부에 비판적인 지식인을 정부 요직에 기용 등의 매수(적극적 방법) ③ 사회개혁주장을 사회주의자로 간주하는 편견의 동원 ④ 정치 체계의 규범과 질서 자체를 수정하여 정책의 요구를 봉쇄하는 방법 등이 포함된다(Bachrach & Barats, 1970: 44-46; 백승기, 2003: 40).

바크라흐(P. Bachrach)와 바래츠(M. Baratz)의 신통치 엘리트 권력론(무의사결정론)은 "① 정책결정과정에서 영향력 행사와 정책결정에 선행하는 정책문제의 채택과정에서 영향력을 행사 ② 엘리트들은 두 번째 과정에서 자신들에게 유리한 사회적 이슈만을 논의하고, 자신들에게 불리한 사회문제들은 거론조차 못하도록 사장 ③ 일반시민 또는 대중의 요구에 무감각한 권력 엘리트가 힘(force), 영향력(influence), 권위(authority)를 통해서 정치 전반을 자기들이 원하는 방향으로 추진"한다는 점을 지적하고 있다(Bachrach & Barats, 1962: 947−952).

2 코브와 엘더의 모형

코브와 엘더의 모형(Cobb & Elder, 1972: 151−159)은 정책의제 설정에서 권력의 과점 현상에 초점을 두고, 정책의제 설정이 대부분 사회 내 세력 있는 소수집단에 의해 실질적으로 주도되고, 이들의 편향된 시각으로 인하여 사회 내 해결되어야 할 중대한 문제들이 정책의제에서 배제된다.

1) 주도집단

일반적으로 다른 조건이 모두 같으면, 피해를 입는 사람의 수가 클수록 사회문제는 정책 의제화 되기 쉬운데 피해 집단의 크기가 정책의제 채택의 여부를 좌우하는 중요한 요인이다. 주도집단들은 네 가지 형태로 구분된다. 첫째, 동일시 집단(identification group)으로, 동일시 집단 내의 개인들은 이슈 제기 집단과 강한 유대감 형성과 함께 이슈 제기 집단의 이해와 일치(종교적, 지역적, 직업적 이익의 관점에서 갈등을 규정)한다. 둘째, 동일시 집단이 집단에 대한 충성심과 애착심 때문에 개입된 반면, 주목집단(attention group)은 특정한 이슈가 자신들과 관련이 있기 때문에 개입한다. 셋째, 주목대중(attentive public)은 전체인구의 10%로 공공문제에 대해 잘 알고 있고 관심도 높은 계층이다. 넷째, 일반대중(general public)은 비활동적이며 관심도 적고 문제를 잘 인식하지 못하는 대중이다.

2) 확장전략

확장전략은 네 가지 현상으로 논의될 수 있다. 첫째, 사회문제가 일반대중까지 확장되는 경우로, 정치체제가 신속반응으로 사회문제가 정책문제로 채택된다. 둘째, 사회문제가 주목대중까지 확장되는 경우로, 사회문제 때문에 피해를 입고 있는 동일시 집단은 정당 등의 중간 매개체의 활용을 통하여 사회문제가 정책 의제화 되게끔 노력한다. 셋째, 사회문제가 주목집단까지 확장되는 경우로, 의회의 의원에게 선거에서의 투표수단을 통해 제재를 가하겠다는 협박을 통하여 정책 의제화 한다. 넷째, 사회문제가 동일시 집단의 구성원만으로 정책 의제화 되게끔 노력하는 경우로 사회문제가 정책 의제화 되기는 매우 어렵고, 이 경우에 규모가 적은 동일시 집단은 데모와 폭력 등의 비정상적인 수단을 사용한다.

3 코브와 로스(R. W. Cobb & J. K. Ross)의 주도집단에 따른 과정

외부주도모형은 정부밖에 있는 집단에 의하여 이슈의 제기와 확대가 이루어지고 공중의제가 공식의제가 되는 경우로, 회원 수는 많지만 재정력이 부족한 단체와 사회적 지위가 낮은 단체가 주로 활용한다. 내부주도모형은 정부 내에서의 엘리트집단의 압력을 통해 이슈가 제기되어 공식의제가 되는 경우로 사회적 지위가 높은 단체가 활용한다. 동원모형은 정부 안에서 주도되어 공중의제에서 공식의제로 전환되는 것으로 카리스마적 지도자에 의해 주로 활용된다.

1) 외부주도모형(outside initiative model)

정부가 정치체제 외부의 사회집단이 제기한 이슈를 받아들여 의제를 설정하고, 이익집단들에 의해 제기된 문제가 여론을 형성해 공중의제로 전환되는 선진국의 다원주의 사회의 경우이다.

외부주도모형의 과정은 ① 이슈 제기(initiation): 일반적 고충의 표명

단계 ② 구체화(specification): 일반적 고충이 특정한 정책적 요구로 전환되는 단계 ③ 확장(expansion): 공중의 문제인 것으로 생각하도록 노력하는 단계 ④ 진입(entrance): 공중의제가 공식의제로 전환되는 과정 등이 포함된다. 네 가지의 기본적 진입전략(Cobb, et al., 1976: 131)은 ① 폭력 및 폭력의 위협 ② 투표, 금전, 노동의 거부 등과 같은 제도적 제재(institutional sanction) ③ 정당이나 이익집단과 같은 중개인(broker)의 이용 ④ 직접적인 접근 등이 포함된다.

정부의제의 지위를 획득할 가능성은 ① 이슈가 중요할수록 ② 당초의 고충집단이 고립되는 정도가 심할수록 ③ 이슈가 공중의제에 오래 있을수록 증가한다. 하지만, 당국이 정부의제를 채택할 가능성이 적을수록 진입전략에는 제도적 제재와 함께 폭력 혹은 폭력의 위협을 사용할 가능성이 많고, 중개인이나 직접적 접근을 사용할 가능성이 적어진다.

2) 동원모형(mobilization model)

동원모형은 정부가 스스로의 문제 인식을 통해 의제로서 설정하고, 성공적인 정책집행을 위해 공중의제로 확산시키는 과정으로 개발도상국의 사례이다. 이 모형의 과정은 ① 문제제기: 새로운 정책이 정책결정자에 의해 공표되는 단계 ② 구체화: 공표된 정책의 세목을 정하는 단계 ③ 확장: 성공적인 집행을 위해서는 시민의 참여가 필요한 단계 ④ 진입: 정부 주도의 확산 과정의 성공으로 정부의제가 공중의제로 전환하는 과정이다.

3) 내부접근모형(inside access model)

정부 내의 관료집단에 의해 주도되어 사회문제가 공식의제로 채택되는 형태의 모형으로 사회문제가 정책담당자에 의해 정책의제가 되지만, 공중 의제화 노력은 하지 않는다. 부와 지위가 소수에게 집중된 개도국의 정책 사례와 미국의 무기 구입 정책 사례들이 적용할 수 있다. 내부접근모형의 과정은 ① 문제제기: 정책결정자나 측근들에 의해 정책안이 제기 ② 구체화 단계: 일반적인 정책안을 구체적 제안(concrete proposal)으로 전환시키는 단계 ③ 확산단계의 부재 ④ 진입단계의 부재의 과정으로 설명될 수 있다. 이 모형의 특징은 특정 이익집단이 비밀리에 정부의 혜택을 보려는 경우로 주도 세력보다는 낮은 지위의 고위관료들이 연관되고, 동원모형은 주도 집단이 공중 의제화를 시도하지만 내부모형은 공중 의제화를 막고 국민의 의견을 무시하는 형태이다. 외부주도모형, 동원모형, 내부접근모형의 비교들은 아래의 <표 5-1>과 같이 정리될 수 있다.

표 5-1 코브와 로스의 정책의제형성 모형 비교

	외부주도모형	동원모형	내부접근모형
전개 방향	외부 → 내부	내부 → 외부	내부 → 내부
공개성	높음	중간	낮음
참여도	높음	중간	낮음
공중의제 성립	구체화 확산 단계	확산 단계	공중의제 불성립
공식의제 성립	진입 단계	주도 단계	주도 단계
사회적, 문화적 배경	평등사회	계층 사회	불평등 사회(사회적 지위, 부의 편중사회)

자료: 류지성(2007: 201)

4 이스턴의 체제이론

사이몬의 의사결정론이 미시적 관점이라면 이스턴(Easton)의 체제이론은 거시적 관점에서 정책의제 채택의 과정을 분석하고 투입과 산출의 개념을 설명한다. 투입은 국민 개개인, 계층, 집단들의 정부에 대한 정책 요구로 투입의 규모는 ① 국민 개개인의 차원 ② 집단 수준에서의 투입 ③ 정당의 투입 ④ 제3세계나 후진국에서의 군의 투입이 포함된다. 산출은 정부의 정책으로 행정, 입법, 사법부의 결정과 행동이고 정책결정의 환경은 국내적 환경과 국제적 환경으로 구분되고 환류(feedback)는 정부의 산출이 환경에 영향을 미치고 동시에 투입에 영향을 미치는 과정이다.

구체적으로, 정치와 행정을 하나의 체제로서 연구한 대표적인 학자인 이스턴(D. Easton)의 「정치생활의 체제분석」이라는 논문에서, 체제의 분석을 위한 종합적인 개념구조를 ① 환경 ② 투입 ③ 전환과정 ④ 산출 ⑤ 환류로 구성하여 체제의 안정과 변화를 설명하였다. 구성요소들 사이의 상호작용관계에서 체제의 유지와 생존 메커니즘은 투입, 전환, 산출, 환류라는 네 가지 과정을 통하여 이루어진다.

체제와 환경의 상호작용에 근거해서 정치체제의 산출에 따라 투입이 변화된다. 다시 말하면, 투입의 감소는 정치체제의 산출에 의하여 적절히 만족되지 못하면 발생될 수 있다. 하지만, 확산된 지지는 특정 집단들의 지지 유발이라기보다는 공익과 관련된 정치공동체의 이념, 가치, 신념과 연관될 수 있기 때문에, 이러한 지지는 체제의 산출이 일정 수준 실패한다고 하여도 바로 철회되는 것은 아니다.

체제이론은 "정책을 사회제도나 구조의 산물"로 분석하기 보다는, 정부와 사회의 상호작용의 결과로 정책 현상을 동태적으로 연구할 수 있는 틀을 마련한다는 것이다. 체제모형에서 투입은 요구와 지지로 구분되는데, "일반체제이론에서 신호투입이 요구투입이고 유지투입이 지지투입에 해당"한다. "요구투입과 지지투입의 변동을 통해 환경 체제의 영향이 정치체제에 전달"된다. 하지만, 사회적 강자 보다는 사회적 약자의 요구는 투입되지 못한다는 한계성으로 인하여 체제론은 "균형이론을 지향하는 보수적 성격과 안정적 사회에서만 적용"이 가능하다는 비판을 받고 있다.

5 엘리트주의

엘리트론은 마르크스의 지배계급 이론을 비판하고, 정치 체제의 권력은 본질적으로 소수의 엘리트에 의하여 행사된다는 견해이다. 일반대중은 정책결정에 영향력을 행사하지 못하고 정책은 지배 엘리트의 선호를 반영한다.

리더십의 형태들은 ① 일반대중의 동의와 지지를 바탕으로 하는 대표적 리더십 ② 선거를 통한 개방적 충원제도에 근거한 민주적 리더십 ③ 파시즘과 독재주의와 같은 폐쇄된 충원제도에 근거한 전체주의적 리더십 ④ 부분 개방적 충원제도로 권력층 내부 연합을 통한 권력 독점을 행사하는 권위주의적 리더십 등으로 구분될 수 있다.

스톡딜(R. M. Stogdill)은 자질 있는 지도자의 평가항목으로 지능, 판단력, 경력, 성취욕, 지구력, 성숙성, 신뢰성, 활동력, 적응력, 상승욕을 제시하고, 피오트로스키(Zygmunt A. Piotrowski)와 록(Milton R. Rock)은 성공적인 경영자의 자질로 인간관계의 능력, 업무추진력, 대화술, 통솔력, 신축성, 문제에 대한 분석력, 창의성, 보수성, 대담성, 확고한 결정, 겸양의 덕을 제시하고 있다. 자질 접근법에 의한 지도성 연구에서 몇 가지 한계점으로 ① 후천적인 자질을 구분하지 않는 데에 한계 ② 자질분석에서 여러 자질들의 통합된 총화라기보다는 단절된 자질의 문제점 ③ 지도성에 필요한 자질이 여러 요소로 제시되는데, 각 요소에 대한 중요도나 우선순위를 결정하기가 어려운 한계 ④ 지도성에 영향을 미치는 상황적 요소를 도외시 하는 것이 포함된다. 권위주의적 지도성은 강압적 독단적인 수단에 바탕을 두고 있지만, 민주주의적 지도성은 합의적 유도적인 방법에 의존하여 조직을 운영한다. 타넨바움(Robert Tannenbaum)과 슈미트(Warren H. Schmidt)는 권위주의적 지도성을 과업중심의 지도성으로, 민주주의적 지도성을 인간관계 위주의 지도성으로 인식하고 있다. 소수 지배의 원칙과 권력 엘리트론은 다음과 같이 논의될 수 있다.

1) 소수 지배의 원칙

소수지배의 원칙은 모스카(G. Mosca), 파레토(V. Pareto), 미헬스(R. Michels)의 엘리트론에 의해 설명되어 진다. 모스카의 소수 지배의 원칙은 일인지배체제와 대중지배체제는 둘 다 있을 수 없는 체제로 조직화된 소수가 조직화되지 못한 다수를 지배하는 현상이다. 지배 엘리트들은 정치적 군인, 종교적 상징조작자, 부 소유자, 전문지식 소유자 등이 포함된다. 현존의 지배 정치계급은 영구불변한 세력이 아니고 강력한 사회세력의 등장에 의해 기존의 지배계급을 해체한다. 지배 이데올로기는 권력지속을 위해 권력행사를 정당화 시키고 대중의 수동적 복종을 강요한다. 권력엘리트는 권력의 정당화와 권력의 도덕적 법적 근거를 공고화 한다.

파레토는 엘리트의 리더십으로 사회의 공리가 증가하고 플라톤적 지도자론을 강조한다. 정치적 인간형은 여우형(통합의 재능을 소유한 자)과 사자형(신념과 완력을 가진 자)으로 구분하는데, 여우형 엘리트 집단은 사자형보다 정치적 소신과 능력이 취약하고 두 유형의 엘리트가 충원할 때 정치적 안정이 구축된다.

미헬스의 과두제의 철칙(iron law of oligarchy)은 독일 사회민주당에 대한 경험적 연구에서 조직의 과두제적 경향인 소수가 다수를 지배하는 것은 어느 조직에서나 필연적인 현상인데, 정당의 조직위계제와 관료화는 소수에 의한 과두지배의 경향으로 보수화 경향을 보여준다. 대중의 무관심과 함께 지도자의 지배기술과 권위의식 그리고 지도자의 지배력과 영향력들은 과두체의 철칙을 강화하였다. 이 체제에서 조직구성원 등의 이해관계나 조직의 공동 목적보다 자신의 지위 및 권력의 유지를 우선하는 의무감이나 사명감을 강조한다.

2) 권력엘리트론

권력엘리트론은 신마키아벨리적 권력 개념과 마르크스의 지배계급의 혼합된 이론의 적용으로 사회학자들이 1950·1960년대 개발한 권력이론이다. 대표적인 권력엘리트론은 헌터와 밀즈의 이론으로 피라미드형의 권력구조의 관계로 최상층부를 차지하고 있는 통치 엘리트들에 의해 권력이 행사된다.

헌터의 권력론에서, 인구가 50만인 미국 조지아주 애틀란타시의 저명인사록 175명(지역사회내의 정책형성과정에 가장 큰 영향력) 중에 40명(11명은 상업계의 이사장, 회사사장, 7명 — 제조업계의 이사장 내지 회사 사장, 5명 — 공적의 사회지도자, 2명 – 노동단체 지도자)은 지역 사회 권력을 행사하고 있다고 분석하고, 미국 전역 권력구조의 최상층부는 미국의 재계 그룹으로 논의하고 있다.

밀즈의 권력론에서, 권력은 중앙집권화와 조직화가 가장 잘 된 기업체, 정부 내의 행정 관료 구조, 군부의 관료기구의 정상지위부에서 행사되고 있다. 미국사회의 권력범주는 ① 피라미드의 최상층부 – 연방정부, 대기업, 군부의 최고 권력자 ② 중간권력층 – 연방의회 의원, 지방정부 관리들, 노조지도자, 각 이익단체의 지도자 ③ 맨 아래층 – 대중으로 구성되어 있다. 밀즈의 권력이론에서 상층부에 부와 사회적 지위가 집중화되고 있다는 점을 기술하고 있다.

6 다원주의와 조합주의[1]

다원주의 이론은 헌터의 통치 엘리트 권력론에서 권력의 가치성, 도덕성, 윤리성은 다루지 않는다고 비판하고, 밀즈의 통치 엘리트 권력론에서는 정치권력의 강제성만을 강조하고 권력의 합법성 문제에 대해서는 논의하지 않는다고 비판하고 있다. 메리엄(C. Merriam)의 사회권력과 정치권력에서 권력의 강제성은 자신의 의사와 반대되는 역할을 수행하지만, 권력의 일반성은 권력 행사의 범위가 국가 내의 모든 영역에서 적용되는 정치권력이다. 사회권력은 사회집단의 목적이 달성되고 해체되면 소멸하지만 정치권력은 상황에 따라 그 형태가 변해도 지속된다. 확장운동은 권력을 장악하고 확장하려는 홉스의 이론으로 간주할 수 있고, 집중운동은 소수의 집단에 권력을 집중하는 것으로 모스카의 소수지배의 원칙과 미헬스의 과두제의 철칙이고, 지속운동은 권력의 지속화와 안정화로 전통적 권위, 합리적 법적 권위, 카리스마적 권위 등이 속한다.

권력의 자원이 정책수립과정에 반영이 안 되는 현상으로, 권력엘리트가 실제적 권력(actual power)을 활용하지 않고 자원을 권력행사에 이용하지 않는 잠재력 권력(potential power)을 보여준다. 다원론자인 달은 뉴

헤이븐 지역사회 내의 여러 가지 정책의 사례연구에서 8개의 선거후보자 추천, 8개의 공립학교정책, 8개의 도시개량정책에서 경제 지도자들이 실제력 권력을 가지고 있으나 영향력을 행사하지 않았다는 잠재력 권력의 사례연구를 분석하고 있다.

엘리트 이론인 조합주의와 다르게 다원주의는 자유주의, 분권주의, 보수주의의 특성을 보여주고 있다. 슈미터(P. C. Schmitter)에 의하면 다원주의는 정부와 이익집단 사이의 갈등, 이익집단에 자발적인 회원의 탈퇴와 가입, 분권화의 정책과정을 보여주지만, 조합주의는 정부와 이익집단 사이에 조화, 조직된 조직, 중앙집권화의 정책과정들을 특징으로 하고 있다. 강제적·비강제적 수단으로 통제하는 조합주의와 자발적·경쟁적 다원주의로 구분될 수 있다. 미국의 다원주의의 경향의 원인들은 ① 계급투쟁 역사가 부재한 이민의 나라 ② 노조의 정치적인 조직화의 미흡 ③ 사회주의 운동의 부재와 반자유주의 운동의 부재 ④ 보수주의의 매스미디어의 역할 ⑤ 신보수주의 이념 등이 포함된다.

자본주의 민주주의 국가에서 다원주의와 조합주의의 이론에 의해 자본주의의 형태와 내용이 구분된다. 다원주의 이론에서 자발적인 이익단체는 정부 정책에 근원적인 영향력을 행사함으로써 민주적인 정책 결정을 모색하는 반면, 조합주의 이론에서는 자발적인 이익단체의 기능보다 국가 권력의 역할이 강조되고 있다.

자본주의 체제에서 조합주의와 다원주의 사이의 근본적인 차이점은 다음과 같이 기술할 수 있다. 정부와 이익단체 사이의 관계 분석에서 다원주의와 조합주의의 구분은 정부에 대한 이익단체 그룹들의 영향력 강도에 의해서 결정된다. 다원주의 체제에서는 정책수립과정에 영향력을 주기 위한 자발적인 이익 단체들이 상존하는 반면, 조합주의 체제에서는 이익단체들이 정책과정에 영향을 주는 강도는 다원주의체제에 비해 약한 편이다. 또한, 다원주의 체제에서, 정부와 이익단체 사이의 갈등을 통해 민주적인 정책 결정과 집행을 수행하는 반면에, 조합주의 체제는 갈등보다는 타협의 원칙을 역설한다. 이와 같이, 다원주의 국가는 조합주의 국가보다 정책 네트워크의 의존성 때문에 분권화의 정책 과정을 지지하는 반면에, 사회 조합주의 원리는 계급적인 분석과 중앙집권화의 정책 과정을 포함한다(Schmitter, 1979). 다원주의의 주요한 원칙들은 이익단체들의 경쟁적 관계의 정치문화로부터 파생되고 있다. 대조적으로, 조합주의 체제는 국가와 국민의 유기체적인 관계에 근거해서 국가와 이익단체는 상호 협력과정을 통해 사회적, 정치적, 경제적 그룹들을 통합한다(Panitch, 1979).

사회 조합주의와 국가 조합주의의 대조는 여러 가지 측면에서 설명될 수 있다. Schmitter(1979)가 지적한 대로, 사회 조합주의는 타협적인 정책 결정과 집행, 민주적인 정당 시스템, 경쟁적인 선거 과정의 민주적 체제라는 전체적인 맥락에서 이해될 수 있다. 국가 조합주의는 지엽적인 단체들이 중앙 관료적인 권위에 복종, 민주적인 선거과정의 후진성, 권위적 정당 시스템의 경향을 표출하고 있다. 국가 조합주의에서 행정부적인 권위는 독점적이고 계급, 종족, 언어, 지역에 근거한 정치적인 하위문화는 억압되어 진다(Schmitter, 1979: 67). 사회 조합주의에서 이익단체들과 관료의 관계에서 이익단체들은 자발적이고 독립적인 조직들이며 국가 조합주의에서 이익 단체들은 의존적이고 보조적인 조직들이다. 즉, 사회 조합주의에서 국가와 사회의 관계는 상호적인 신뢰에 근거한 파트너십을 강조하고 있다. 다시 말하면, 정책의 수립과 형성에서 국가 조합주의의 이익단체들은 관료주의에 의존하고, 사회 조합주의의 이익단체들은 관료들과 동등한 파트너십을 공유한다.

표 5-2 사회조합주의와 국가조합주의의 비교

	사회조합주의(유럽)	국가조합주의(아시아)
1. 정치 시스템	민주 복지 국가	권위주의 국가
2. 발전과정	선진 자본주의	국가의 독점 자본주의 종속적인 자본주의 발전단계
3. 주요한 정치 행위자	이익집단 (사회부문의 이익대표체계)	국가 (노동, 대중 부문에 대한 국가통제 체제)
4. 원인	노동계급의 성장	자본축척 용이성
5. 목표	계급 갈등 조절과 협력	계급의 개념의 부재, 통제, 억제
6. 계급관계	노동과 자본계급이 상호 협력	노동계급이 자본계급에 의존적(갈등 부재)
7. 헤게모니	부르주아가 헤게모니 장악	국가가 헤게모니 장악
8. 국가와 사회관계	수평적 협조체제	수직적 위계체제

자료: Schmitter(1979), 김순양(1994)에서 재인용

　　결과적으로, 다원주의의 원칙은 조합주의 개념과 차이가 있을지라도 신뢰의 증대는 양대 시스템에서 결정적으로 중대한 요소이다. 다원주의 체제가 분권적인 "자유 재량적 관리"의 증대를 강조하고, 조합주의 체제에서는 관리의 "자유 재량적 관리"의 축소를 주장하고 있다. 근래에 영국과 미국은 중앙집권적 정책으로부터 탈피하여 신공공관리론에 근거한 영국과 미국에서의 분권화 정책은 긍정적이었다는 평가를 받았다. 공공부문의 분권화는 긍정과 부정의 양 효과를 수반할 수 있는데, 분권화의 정책에 근거한 "관리적 자율성(managerial autonomy)"의 증대는 기관과 개인의 자율성도 증대시킨다. 자율성은 반부패적인 행위의 책임성을 수반하는 것이다. 분권화와 자율성이 강화되기 위해서는 행정기관의 간섭적인 규정과 규칙의 감소가 요구되어 진다. 하지만, 규칙과 규정의 감소는

공무원과 시민의 불규칙성을 증가시킬 가능성이 증대함으로써, 판단과 집행에 있어서 실수의 가능성을 증가시킨다. 실수의 가능성을 억제하기 위해 엄격한 규정을 설립하거나 아니면, 폭넓은 재량권을 부여할 수밖에 없다. 그러나, 후진적인 문화의 여건과 상황에서 폭 넓은 재량권은 부패 발생의 가장 기본적인 요건일수도 있다. 이런 문화에서 자율성의 제한에 근거한 국가조합주의 체제가 요구되어진다. 재량권의 확대에 근거한 다원주의 원칙의 성공은 건전한 문화적 가치관과 사회관을 우선적으로 요구한다. 시민참여 이론의 대표적인 학자인 Stuart Lanton의 관점에서, 현대 국가의 시민참여의 중요한 형태는 시민운동(citizen-action movement)이며, 시민운동은 주민조직, 공익집단, 소비자집단, 자발적 조직들이 중심이 되어 부패를 방지하기 위한 정부의 기능과 역할을 감시하는 임무를 담당하고 있다.

이와 같이, 전반적인 사회 중심적 가치관은 분권화 정책이 성공하기 위한 전제조건일 것이다. 다원주의 체제 성공의 전제조건은 합리적인 가치관이 요구되고 있다. C. W. Graves의 견해에서 다양한 가치관과 사회관의 유형을 묘사하고 있다. 첫째, 욕구 반응적(reactive) 가치관은 자기 자신이나 다른 사람들을 의식하지 않고 기본적인 생리적 욕구에 반응하는 사람의 유형이다. 둘째, 의존적(tribalistic) 가치관은 고도의 의존성, 전통과 권위에 의해서 강하게 영향을 받은 유형이다. 셋째, 자기중심적(egocentrism) 가치관은 공격적 그리고 이기적 성향에 근거한 미숙한 개인주의 신봉자로서 권력에 민감한 유형이다. 넷째, 동조적(conformity) 가치관은 타인들이 자신의 가치관을 수용하기를 기대함으로써 자신과 다른 가치관을 가지고 있는 사람의 견해를 수용하지 않으며 모호성에 대해 관대하지 못하다. 다섯째, 조작적(manipulative) 가치관은 물질주의의 추구와 함께 높은 지위와 안정의 모색을 위해 타인을 교묘히 이용하여 자신의 목표를 달성하려 한다. 여섯째, 실존적(existential) 가치관은 유연성이 없는 경직된 체제, 규제적인 정책, 지위, 신분의 상징, 권력남용 등의 반대와 더불어 자기와 다른 가치관을 포용한다. 마지막으로, 사회 중심적

(sociocentric) 가치관은 물질주의의 배제와 함께 마키아벨리적인 조작적 가치관과 동조적 가치관을 배격하고, 합리적 개인주의에 근거한 조화와 협동의 가치에 비중을 둔다. 신뢰의 사회는 사회 중심적 가치관의 사람들이 다수일 때 성립될 수 있고, 자율성과 분권화에 근거한 다원주의 체제의 성공을 위한 필요조건일 것이다.

Hofstede의 견해에서, 권력거리(power distance)가 큰 문화는 권력과 부의 불균등성 확대(inequality of power and wealthy)이고, 권력거리가 작은 문화는 권력과 부의 불균등성 격차 축소(inequality's reduction of power and wealthy)이다. 개인주의 문화는 개인의 권리를 우선하며 집단주의 문화는 단체성을 역설하는 것이다. 불확실성 회피(uncertainty avoidance)성향이 높은 문화는 직급의 승진패턴과 직업안정성을 높은 가치(stability)를 추구하고, 불확실성 회피 성향이 낮은 문화는 용기, 위험, 극복(courage, risk, overcome-instability) 등을 포함한다. 남성다움(masculinity)의 문화는 성취감, 경쟁, 자기주장, 물질적인 성공(strong ideology and competition)을 추구하는 반면, 여성다움(femininity)의 문화는 구성원에 대한 배려와 질적인 삶을 강조(stress of qualified life)한다. 다원주의는 작은 권력거리와 개인주의를 모색한다. 일반적으로, 다원주의에서 사회 중심적 가치관의 문화는 합리적 개인주의와 권력거리가 작은 문화를 조장하고 있다.

권력 거리가 작은 문화의 형태인 유럽형 자본주의에서 복지국가와 합의제 민주주의의 체제는 주요한 핵심적 사회 조합주의의 특성일 것이다. 유럽형 자본주의 발달 과정은 북미와 아시아와 다른 역사적 경험과 사회발전의 과정이었다. 유럽의 자본주의에서 정치적인 시스템은 신뢰할 수 있는 사회질서를 위한 사회균열과 갈등을 해소하기 위해 복지 사회정책을 추진하였다. 요컨대 경제와 정치발전을 위해 사회적인 통합과 질서의 유지는 연구의 초점이 되어 왔다. 민주주의, 인권, 삶의 질의 향상을 포함하는 경제와 정치발전을 위해 사회적인 갈등과 반목은 지양돼야 한다는 것이 유럽형 자본주의의 핵심적인 전략이다. 유럽형 자본주의에서 사회적인 질서와 통합의 강조는 경제와 정치발전을 위한 사회적 자본의 역할과 기능을 강조하는 것이었다.

　분열적·개인적인 관심을 촉진하는 과정에서 기인한 복합적인 사회균열의 형성은 시민정신과 사회질서의 훼손을 심화시킬 수 있다. 자본주의의 정치적인 체제에서 개인적인 관심을 표방하는 정치가와 사업가들은 행정의 공공성에 대한 관심보다는 사익적인 경제 관심을 추구한다. 시민정신의 부재에서 조합주의 시스템은 독점적인 정당과 지배적인 권위주의의 표현으로 반민주적인 사회주의의 형태일 수 있다. 다른 한편, 시민정신과 시민사회의 발전에서 조합주의는 공공선을 위해 국가와 사회의 관심이 일치하는 사회 조합주의 이론의 접근이다. 사회 조합주의의 시스템은 공공선보다는 사익적 관심을 추구하는 정치가와 사업가 그룹의 강한 권력을 제한하는 것으로, 자본주의적 발전과정에서 비도덕적·사회적인 불평등의 완화를 위한 공공선의 원칙을 추구하는 엘리트의 효과적인 정책을 산출하는 것이다. 이와 같이, 유럽 사회 조합주의의 역사적 형성은 세 가지의 전통적인 역사적, 사회적, 종교적 요소들에 의해 설명될 수 있다.

　첫째, 유럽형 자본주의의 발달과정에서 시민혁명과 엘리트 역할의 기능이 중요하였다. 아래로부터의 근대자본주의 사회로의 이행은 시민 혁명의 과정을 경험한 반면, 위로부터의 현대자본주의 사회로의 이행은 시민혁명의 과정을 경험하지 않고 달성되었다. 시민혁명의 대표적인 사례의 두 나라는 영국과 프랑스이다. 영국 혁명은 구 봉건 지배층이 상업부르주아 계층으로 변모하는 자본주의화의 추세에 적응하였지만, 프랑스 대혁명은 봉건 지배층이 기득권을 고수하기 위한 시민 탄압의 과정에서 발생되었다(Moore, 1967). 일반적으로, 유럽에서 지식인의 이념은 진보적인 성향과 밀접히 연관되었다(Delanty 1993: 6). 이와 같이, 유럽의 사회 조합주의 이념의 형성, 진보, 발전의 변화 과정에서 엘리트와 국가는 주요한 정치적인 행위자였다.

　둘째, 유럽은 기본적으로 사회 조합주의 사상의 진원지로서 유럽 역사의 형성은 산업화, 자본주의, 현대국가의 요인들에 의해 연구되어 왔다

(Heller 1992: 17). 산업화 과정에서 자본주의적인 구조 문제에 의해 원인되어진 불평등을 제거하기 위해 유럽에서 사회 조합주의 사상을 강조하여 왔다. 정치적인 정당들과 사회단체들의 복지국가 프로그램의 강조와 함께 불평등을 감소시키기 위해 기초산업과 서비스업의 분야에서 얼마간의 정부의 소유권을 포함하는 국유화와 사회화는 유럽 자본주의 제도에서 허용되어져 왔다.

셋째, 유럽의 정치적·사회적 발전과정은 과학과 기독교 정신의 결합의 과정이었다. 과학이 사회의 기술적·산업적인 발전을 유도하고 기독교 정신은 인간 가치의 덕을 강조하면서 정치적인 발전의 방향을 모색하였다. 베버에 의해 설명되어진 대로 프로테스탄트의 윤리가 산업화의 발전에 이바지했다는 점은 의미 있는 논리로 평가될 만하다. 전통적인 기독교의 정신인 자연권과 사회평등의 권리를 사회와 정치제도에 적용하였다. 중세기에 신의 법이었던 자연법 사상은 기독교 정신의 요구의 산물이라고 해석될 수 있다. 자연은 신으로부터 창조되어졌고, 신의 이성의 결과인 자연법은 기독교의 산물이고 도덕법의 창조이다. 기독교 전통의 정신이 맑스와 같은 변증법적인 유물론과 정신적인 요소보다 물질적인 요소를 강조하는 실증주의에 의해 퇴색되어 질지라도, 전통적인 기독교인의 정신은 유럽 자본주의 사회에서 이성적인 법과 제도의 적용에 지대한 영향을 주었다.

유럽 자본주의 내용의 분석요소들은 복지국가, 조합주의, 시민사회, 합의제 민주주의, 그리고 초국가적 사회정책들을 포함한다. 사회 질서를 위한 실제적인 제도로서 사회복지국가에 근거한 조합주의의 이론적인 개념의 관심이 주류를 이루어 왔다. 사회복지국가의 개념은 평등, 자유, 민주주의, 유대감, 안전, 경제적인 효용 등의 보편적인 원칙들을 수반하는 것이다(Furniss and Tilton 1979: 28). 사회 조합주의는 복지국가의 이념을 표현하고, 케인즈 복지 자본주의의 개념을 수용하고 있으며 자본과 노동 사이에 이해적·국가적인 관심을 설정하는 것이다.

복지국가의 분석에서 케인즈와 베버리지의 개념은 핵심적인 내용으로 자리 매김하고 있다. 케인즈는 완전고용과 높은 경제적인 활동을 촉진시키기 위해 경제의 수요측면에서 국가 간섭을 지지하고 있다. 베버리지는 사회 안전망의 구축을 통해 시장 경제에 의해 원인 되어진 불평등을 감소시킬 수 있다는 점을 역설한다. 케인즈와 베버리지 관점의 국가 정책은 시장 경제의 문제점을 보완하기 위한 실제적인 접근 방식을 보여주고 있다. 서유럽에서 진보된·산업화된 나라들에서 지배계급의 관심을 축소, 소외된 계층의 개인적인 권리를 방어, 부의 재배분의 사회적인 관심을 추구하는 사회 조합주의 정치 시스템의 현상이 두드러졌다.

에스핑 앤더슨(Esping-Anderson)은 유럽 자본주의 국가들에서 자유주의, 보수주의, 사회 민주적인 형태의 세 가지로 구분되는 정책적 특징들을 설명하고 있다. 세 가지의 정부 형태는 자유 시장 규정에 근거한 앵글로-색슨 자유주의 정권, 카톨릭 국가들에서 협력 조직의 강한 전통에 근거한 보수주의 정권, 스칸디나비아에서의 복지국가와 완전고용을 함께 추구하는 사회 민주적인 정권 등으로 구분되어지고 있다.

표 5-3 Esping-Andersen의 세 가지 복지자본주의와 공공부문의 특징

내용 \ 유형	앵글로색슨(자유주의)	대륙 유럽(보수주의)	스칸디나비아 (사민주의)
급여대상	빈자(요구호자)중심	피용자 중심	모든 시민
급여종류	극소화 공공부조 중심	중간적 사회보험중심	극대화 사회적서비스 중심
급여수준	최저생계비	계급과 지위에 따라 차이(보험원칙)	중간계급의 생활수준 지향
국가역할/공공부문	미약	강력	최강(最彊)
공공사회보장체계	미발달	분절적	통합적(보편적)
본인부담	많음(시장구매)	많음(보험료)	적음 (사용자-국가부담)
가족역할	강력(개인책임의 최소단위로 가족; 지원적음)	강력(전통적 가족; 가장을 통한 지원)	미약 (개인적 사회권)

인적자원관리	시장중심 (형식적 공고육)	공공역할 강조 (무상교육)	포괄적 인적자본 관리(무상교육+AL MP+여성해방)
노동연계	억압적(workfare)	전통적	생산적(activation)
복지의 재분배적 기능	매우미약	제한적	경력
평등에 대한 강조	매우 약함/자유와 경쟁을 강조	중간수준/평등 보다 보족성의 원리 (subsidiary principle)	매우 강함/연대를 강조
속하는 국가	미국, 캐나다, 호주 등	독일, 프랑스, 오스트리아 등	스칸디나비아 국가들

자료: 안병영·정무권(2007:18)

　자유주의 정권의 정치적인 목표는 국가 권력, 길드, 독점, 군주 절대주의의 폐지를 포함한다. 이와 같이 자유주의는 개인적인 해방, 시민의 자유, 동등한 기회, 건전한 경쟁을 강조한다. 시장 시스템에 근거한 경쟁적인 시장원리는 개인들의 능력에 근거해서 상위, 중간, 하위계급을 창출하고 있다. 자유주의자들에게 중간 계급의 성장을 촉진하기 위해 과도한 독점과 중앙집권적·정치적인 권력을 제한하기 위한 정책이 관심의 주류를 이루고 있다. 카톨릭주의는 개인주의에 반대하는 유기체적인 전통적인 가족의 개념과 모성애를 강조하고 있다. 보수적인 원칙과 이론은 절대주의 시대의 사상의 영향과 카톨릭 정당의 출현에 의해 발전되고 강화되었다.

　에스핑 앤더슨(Esping-Anderson)은 스칸디나비아, 노르웨이, 스웨덴, 이태리, 독일의 복지국가의 형태들을 설명한다. 독일, 이태리와 같은 보수적인 정권은 국가와 중간계급 관계의 유대감과 일체감을 고착화하기 위해 대중의 요구에 의한 사회적인 안전망의 구축을 위한 복지 정책들을 수용하기 위해 노력하고 있다. 스웨덴과 노르웨이의 사회 민주적인 제도는 보편적인 복지국가를 제도화하고 실천화하는 과정을 보여주고 있다.

화이트칼라 계급과 노동자 계급은 복지 정책의 수혜자 계급으로 인식되고 있다. 스칸디나비아는 중간계층의 폭넓은 지지를 강조하는 복지 정책의 사회 민주주의 국가로 간주된다. 복지국가의 정책을 통해 새로운 화이트칼라 계층과 전통적인 노동자 계층 간의 상호 협력과 유대 관계를 모색하고 있다.

결과적으로, 자유주의 정권과 대조해서 유럽에서 보수적인 그리고 사회주의 정권의 사회정책은 복지와 권리를 보장하는 사회 민주적인 정책의 필요성을 명문화하고 있다. 유럽 자본주의 국가들에서 계급의식에 근거한 정당들의 정치적인 선언은 평등, 정의, 자유, 유대감의 실현을 위한 지침이다. 일반적인 유럽 사회 민주화의 과정에서 좌파 정당의 이념은 자본주의 시장 경제에 의해 탄생되어진 불평등을 축소하기 위한 정책과 정강을 제시하는 것이었다.

사회 조합주의 체제의 복지국가는 사회적인 권리들의 보장과 함께 중간 계급의 성장과 밀접하게 연관되어 있다. 사회 조합주의에서 복지 사회정책은 유대감의 결성을 가져오는 중간계급의 확대와 증가를 위한 보편적인 원칙을 논의하여 왔다. 민주적인 복지국가의 정책은 중간계층을 위해 사회적인 프로그램의 개발과 시행의 필요성을 제기하여 왔다. 빈곤, 비고용, 실업의 감소를 위한 복지 국가의 정책은 대중의 요구를 수용할 수 있는 정치적인 능력을 증가시키고 노동자들의 사회적인 차별을 축소시키기 위한 노력의 일환이었다.

에스핑 앤더슨(Esping－Anderson)이 지적하고 있는 대로, 자유 민주적 시스템은 일반적으로 경제 정책의 "상업화"(commodification)를 지지하는 형태이다. 사회 민주적 시스템은 계급 차별과 사회적인 소외를 유도하는 정책의 "상업화" 과정에 반대하고 조세 제도를 통해 갈등을 해소하는 유형이다. 보수적인 정치 시스템은 전통적인 집단성과 유대감을 해체할 수 있는 자유주의 경제 질서에 근거하는 "상업화"의 개념에 반대하는 이념을 제시한다. 앤더슨은 복지국가는 경제 시스템에서 "비상품화의 개념"(de-commodification)에 근거한다는 관점을 전개하고 있다(Esping－Anderson, 1990). 복지 시스템은 노동 시장의 의존 없이 기본 생활을 유지하기 위해 보조금을 마련하는 사회정책과 프로그램을 강조한다.

복지국가 정책의 폭넓은 원칙의 적용을 거부하는 자유주의 국가에서 개인들의 과도한 소유욕과 재산권은 공동체 사회 속에서 사회 구성원들 사이의 유대감을 감소시키는 가능성을 배제할 수 없다. 다른 한편, 복지국가에서의 사회 프로그램의 지원은 정치적인 연합과 사회 구성원들 사이에 유대감이 증가하는데 기여하고 있다는 점을 강조하고 있다.

정치적인 연합과 유대감의 형성을 위한 유럽 정당의 정치적인 이념과 행동은 계급갈등의 축소를 위해 복지 정책의 제도화를 목표로 하고 있다. 협력과 우애의 유대감의 공동체적인 관계를 보여주기 위한 노력은 복지국가의 정책을 통해 구체화되고 있다. 사회적인 복지제도는 민주적인 권리를 확대하기 위한 정책적인 함의를 담아내고 있다. 예를 들면, 연금, 저소득층을 위한 조세정책, 실업수당과 같은 복지 정책의 프로그램들은 사회 조합주의의 복지국가에서의 주요 정책들이다. 이 정책들은 계급 갈등의 과정에서 복지 제도화를 통해 시민의 사회적인 권리를 방어하는 것이다. 이타주의, 감정주의, 이성주의에 호소하는 접근방식은 복지국가의 정책을 설명하는 데에 근본적으로 실패할 것이다(Baldwin 1990: 21). 사회질서를 위한 복지 정책들은 이타주의와 자애보다는 권리의 개념의 맥락에서 이해될 수 있을 것이다(Baldwin 1990: 29).

1970년대에 사회 민주주의 체제는 자본주의 시장시스템의 의해 원인되어진 불평등을 해소하기 위해 산업의 국유화 정책으로부터 국가의 조세정책으로의 변화를 진행시켰다. 그 시기 이전에 국가는 시장 체제의 불평등을 해소하기 위해 산업의 국유화를 진척시켰다. 이와 같이, 사회 민주적인 정치 행위자들은 자본의 집중화는 개인보다는 정부에 의해 계획, 조절, 통제되어야 한다는 점을 역설하였다. 사유화보다는 국유화 조치가 개인적인 부의 축척을 제한할 수 있고 재분배를 효율적으로 할 수 있다는 근거였다. 하지만 이 시기 이후에 경제적인 조정과 통제로서 산업 소유권의 사회화의 필요성을 심도 있게 제기하지 않은 반면, 국유화와 사회화의 정책 대신 조세정책의 필요성을 역설하였다. 계급간의 불평등을 최소화하기 위해 산업의 국유화 정책 대신 조세정책에 의해 사회조합주의의 복지국가 정책을 모색하게 되었다.

사회질서를 위한 복지국가는 정치적, 역사적, 사회적인 요소들에 의해 탄생되어진 유럽 자본주의 특징으로 통용되고 있다. 역사적, 정치적, 사회적 요소와 복지 국가 체제 사이에 관련된 관계를 분석하는 것은 의미 있는 연구 대상일 것이다. 근본적으로, 엘리트의 정치적 성향, 종교적인 요소의 영향, 사회적인 갈등, 역사적인 계급투쟁 과정에서 유럽 사회 조합주의 체제는 탄생하였다. 유럽은 근대 초기에 노동자 계급의 동원화, 구교주의, 국가와 좌파 정당의 역할과 함께 조합주의와 권위주의 형태의 정치적인 시스템을 형성하였다. 조합주의의 탄생, 변화, 발전하는 과정에서 진보된 사회 조합주의의 유럽형 자본주의 체제를 구축하고 있었다. 결국, 유럽의 안정된 사회 조합주의 체제는 유럽 자본주의의 정치발전의 토대를 견고히 하기 위해 초석을 마련하였다.

유럽형 자본주의의 특징인 사회 복지 제도의 발달과정은 오랜 전통적인 역사의 여정과 밀접하게 연관되어 있다. 16세기 이후 인구증가와 농촌의 실업증대의 과정에서 빈민구제는 유럽 초기의 사회보장 형태로써 간주될 수 있다. 16~18세기의 "빈민구제법"은 복지국가 실현의 첫 단계의 정책으로 분석되고 있다. 엘리자베스 만민법(The poor law of 1601)은 노동능력이 있는 빈민에게는 노동을 부여하고 신체장애인, 노인, 맹인, 노동능력이 없는 빈민은 국가에서 수용하고 보호하였다. 정주법(The settlement act of 1662)은 자기 교구 내에서 출생한 빈민의 구제를 위한 법령이었다. 작업장법(The workhouse test act of 1696 & 1722)은 노동이 가능한 빈민에게 공동작업장을 마련하여 그들의 노동력을 통해 국가적 부의 증대에 공헌하고자 하는 목적이었다. 길버트 법(The gilbert act of 1782)은 공동작업장에서 착취와 비참한 환경을 개선하고자 하는 법이었다. 스핀햄랜드 법(The speenhamland act of 1795)은 최저 생활비 미달의 저임금자들에게 부족분을 제공해주는 임금보조제도(relief allowance system)였다.

19세기 말에 사회복지제도는 보건정책, 노인정책, 실업정책 등의 영역에서 확대되었다. 빈민구제의 정책이 제공하는 범위가 한정적, 가시적, 제약적이라면 사회보장의 정책은 전체 인구에 대한 적용의 범위를 증가시키는 것이었다.

선진 자본주의 세계에서 민주주의로의 이행 과정에 관한 테어보른 (Therborn)의 연구에서 노동계급 정당들과 노동계급의 역할을 강조하고 있다(Rueschemeyer, 1992). 19세기 후반 산업 자본주의의 급속한 발전은 노동계급의 성장과 노조의 발전을 유발하였다. 다른 한편, 뤼시마이어는 테어보른의 노동계급의 역할에 대한 주장은 과장된 논리임을 지적하고 있다. 스위스나 노르웨이의 경우에 노동계급의 기능은 부차적인 것이며, 프랑스, 영국, 덴마크, 스웨덴, 벨기에에서 초기의 민주적 개혁들을 성공시켰던 것은 모두 계급동맹이었음을 지적하고 있다(Rueschemeyer, 1992). 하지만 테어보른(Therborn)이 지적 한 대로 유럽의 자본주의의 특징으로써 노동계급은 중요한 분석의 단위이고 노동운동, 노조의 결성, 사회주의 정당들의 역할은 간과할 수 없는 핵심적인 분석 요소일 것이다.

유럽에서의 경제 성장은 복지 정책의 재원을 충당하고 유럽 자본주의의 성장을 유지시키는데 유용하였던 것이다. 전후 25년은 서구 사회가 괄목할만한 경제성장을 달성한 시기로 인식되고 있다. 유럽 나라마다 차이가 있겠지만 1950~1974년 기간에 모든 서구 국가의 평균 성장률은 4.6%의 경제 성장을 기록하고 있다. 이 수치는 유럽 전체에 걸쳐 평균적으로 1950년도 보다 1974년의 GNP가 190% 증가하였음을 알 수 있다.

이 유럽 자본주의 경제 정책의 근간은 케인즈 경제학파의 영향에 의해 제안되었다. 케인즈 접근법은 조세정책을 통해 총수요수준을 조절하는 유럽 자본주의 경제정책의 골자이었다. 이 경제 정책의 목표는 증세를 통해 복지 정책의 자원을 마련하고 감세의 정책을 통해 소비를 조장하여 경제를 활성화시키는 것이다. 또한 세수의 증대와 공공지출의 축소를 위한 국가의 통화 경제 정책의 개입은 팽창된 경제를 진정시키는 효과를 가져오기 위한 정책 수단이기도 하다. 케인즈주의는 소비를 조장하기 위해 정부 지출을 증가하고 실업률을 감소시키기 위해 정책을 제언한다. 생산과 분배의 사회화를 위해 국가가 경제 활동에 개입하는 것을 정당화하는 것은 케인즈주의적 경제 모델의 특징으로 간주되어 진다. 국가의 개입으로 경제 성장과 재분배를 동시적으로 실현시키기 위한 전략인 것이다. 하지만 경제성장의 증가율은 둔화되어 복지 정책의 확대를 위한 세수 마련의 어려움에 봉착함으로써 지속적인 복지 정책의 증가의 추세에 대한 진척의 난관에 직면하게 되었다.

케인즈 모델의 한계는 복지정책의 형태를 변화시키고, 자유주의 국가에서 내수 지향적 케인즈 모델의 한계에 직면하여 기업들 사이에 인수, 합병, 합작 투자 등의 기업들 사이의 통합이 추진되어 왔다. 사회조합주의의 복지정책의 변화와 함께, 자유주의 정부에서 신자유주의 경제 정책의 표방과 함께 공기업의 민영화, 국가 개입의 축소와 자유화, 탈계급화, 정치적인 우경화의 추세를 보여주었다.

자유주의 정부의 주요한 이념과 정책은 개인의 자유와 중간계급 기능의 강조, 자유시장원리에 입각한 민영화와 기업의 조세감면, 유연 노동시장의 일방적 강조를 통한 복지정책의 모색인 반면, 제3의 길의 정부 정책은 중간계급의 지향과 함께 공동체 강조, 국영－민간기업의 협조, 유연 노동시장과 적극적 노동시장 정책의 배합, 교육과 의료복지의 강조와 함께 직원훈련 지원 등 적극적 노동과 고용 정책의 추진이었다. 두 정부의 정책과 이념에서 다소간의 차이가 존재할지라도 큰 범위와 영역에서 자유주의적 다원주의 시각에 근거한 정책의 모색이었다.

제 6 장
정책결정모형

정책 결정론은 정책 결정에 영향을 미치는 요인들을 분석하기 위해서 개발된 모형이나 이론들이다. 정책 결정 행태에 관하여 개발된 이론 모형들은 합리 모형(rational model), 만족 모형(satisficing model), 점증 모형(incremental model), 혼합 주사 모형(mixed scanning model), 최적 모형(optimal model), 관료정치모형(Allison model), 회사모형(firm model), 쓰레기통 모형(garbage can model), 담론적 접근모형(discourse model) 등이 포함되고, 이 분야의 연구는 정책의 결정에 영향을 미치는 요인들의 연구 결과들을 포함하기도 한다.

1 합리모형(rational model)

합리모형은 총체주의의 개념으로 합리성과 종합성을 강조하는데, 특징에는 "① 목표의 명확한 정의 ② 목표수단분석 ③ 대안의 선정 ④ 분석의 종합성" 등이 포함되고, 이 모형의 문제점으로는 ① 인간의 문제해결 능력의 한계 ② 정보의 부족 ③ 합리적인 분석과 평가기준의 제한 등이 포함된다.

정책결정의 이론 모형에서 합리모형(rational model)은 인간의 이성과 합리성에 입각하여 "포괄적 모형, 최선의 대안선택 모형, 순수합리성 모형"의 정책 결정을 추구한다. "최선의 대안선택 모형" 또는 "순수합리성 모형"으로 지칭되는 합리모형은 정책결정자의 이성과 합리성에 근거해서 정책을 결정한다.

합리모형의 주요전제 내용은 ① 문제해결을 위한 모든 대안이 탐색되고, ② 각 대안으로부터 파생될 모든 결과(비용과 편익)가 계산되고, ③ 정책결정자는 목표나 가치를 극대화하는 대안을 선택(Anderson, 1979: 9-10)한다. 이와 같이, 합리적 포괄적 접근법에서 ① 문제 또는 필요의 정확한 인지 ② 합리적 목표선정 ③ 다양한 정책 대안 ④ 효과성의 극대화 등이 요구된다.

정책결정자는 문제의 완전한 이해와 해결을 위한 모든 대안의 파악을 통해 합리적으로 최선의 대안을 선택한다. 정책 결정 문제가 다양성과 복잡성으로 인해 다수의 의견수렴 갈등 때문에 어려움이 있다. 정책결정자의 개인적 가치관과 사회적 목표 가치들의 갈등으로 인하여 정책결정자는 가치의 극대화를 추구하기보다는 만족 수준에서 정책을 결정한다. 그러나 일반적으로 우리들이 인식하고 또 추구하고 있는 것은 어떻게 하면 최대다수 구성원의 원만한 합의를 통해 갈등과 편견을 최소화하여 추구하는 목표를 달성할 방도를 찾아내는 것이다. 여기서 그 목표를 달성하는 정도를 만족, 점증, 최적 등의 용어로 설명할 수 있지만 결국 모든 것은 합리모형의 파생으로 이해할 수 있다는 주장도 있다. 합리모형에는 개념적으로 합리성을 정의하는 문제, 모든 정보와 대안을 고려한다는 현실 가능성의 문제, 계량화 할 수 없는 변수들의 조작화 등의 문제점이 있지만, 합리모형은 정책대안의 탐색과 결정을 위한 하나의 기준으로 역할을 하고 있다.

합리모형의 개념은 인간이 이성과 합리성에 입각하여 정책 결정(포괄적 모형, 최선의 대안선택 모형, 순수합리성 모형)을 하며 뿌리접근방법으로 연역적, 총체적, 이상적, 규범적 접근법으로 결정의 기준은 경제적 합리성, 수리적, 미시경제학적, 순수이론적 측면이 포함된다. 정책결정자는 ① 문제를 완전히 이해 ② 해결을 위한 모든 대안을 파악 ③ 대안선택의 기준이 명확히 존재 ④ 자원이 충분하며 합리적으로 최선의 대안을 선택한다. 요약하면, 합리모형에서 정책결정자는 많은 문제에 직면하지만 완전한 정보를 가지고 상호 비교하고 모든 결과(비용과 편익)가 정량적으로 측정되며, 각 대안과 결과들의 비교가 가능하고, 정책결정자는 목표나 가치를 극대화하는 대안을 선택한다. 합리모형은 완벽주의 이론으로 정책문제와 목표를 정확히 정의하고 그에 관련된 모든 정보와 데이터를 수집 분석하여 사회적 정치적 경제적인 모든 분석 가능한 비용과 효과를 구체적, 계량적, 화폐적으로 제시할 수 있다는 이론이다. 즉 일정한 순서와 기준에 따라 단계적으로 모든 사회비용과 가치의 분석 및 비교를 통해 최고의 행동방안을 선택한다.

합리모형은 문제에 대한 명확한 규정의 어려움이 있고, 인간 능력의 한계와 함께 정책결정자도 개인적 가치관과 사회적 목표 가치들의 갈등으로 합의의 어려움이 있고, 매몰비용(sunk cost)의 문제점과 함께 정책결정자는 가치의 극대화를 추구하기보다는 만족 수준에서 결정하고, 인간의 주관적 가치판단을 고려하지 않으며 문제 자체에 대한 분석을 강조하고 외적인 고려가 없는 인간사회의 동태적 요소를 경시하는 폐쇄이론일 수 있다.

이와 같이, 합리적 포괄적 접근법의 한계성들은 다음과 같이 설명될 수 있다. 첫째, 합리성의 한계에서 인간은 합리적인 존재라는 철학적인 바탕 위에서 정책결정 과정에 직·간접으로 참여하는 사람들인 정책결정자, 정책집행자, 정책수혜자, 정책영향자, 정책평가자가 모두 합리적이라는 것을 전제하지만 완전한 합리성의 추구는 불가능하다. 둘째, 시간적 제약이다. 셋째, 정보 및 지식의 부족으로 ① 기상예보의 오류 ② 지진 예측 곤란 ③ 석유나 석탄과 같은 천연자원의 매장량 산출의 어려움의 사례이다. 넷째, 정책결정자의 한계로 합리적인 판단보다는 직관적·즉흥적인 가치관의 지도자의 사례이다. 다섯째, 매몰비용에 의한 제약이다. 여섯째, 외적 제약으로 ① 헌법을 위시한 각종 법률과 사법부의 판례, 국제적인 협정, 국제연합 ② 정치적 타협(political bargaining)으로 다양한 이익의 조정과 규합을 위해 최대한의 효과보다는 최소한의 만족수준에서 합의 ③ 이기적인 이익집단의 로비를 통한 합리성의 침해의 사례가 포함된다. 일곱째, 예측하기 어려운 변수로 ① 혁명과 전쟁의 정치적인 환경 ② 경제공황과 IMF 위기의 경제적인 환경 ③ 전염병과 시민저항의 사회적인 환경 ④ 가치관의 변화의 문화적인 환경 ⑤ 지진과 재난의 자연적인 환경 등이 포함된다.

2 만족모형(satisficing model)

마치와 사이몬(March & Simon, 1958)의 만족 모형(satisficing model)은 최적 수준에 의한 최적 대안 보다는 현실적으로 만족할 만한 대안 모색으로 이 모형은 인간의 "절대적 합리성"보다는 "제한된 합리성(bounded rationality)"을 기준으로 개인의 심리적 측면에 비중을 둠으로써 만족의 정도를 결정지어주는 객관적 척도가 없다.

정책 결정 대안의 선택 시 지나치게 주관적인 관점, 현실적인 성향과 함께 미래지향적 정책대안의 선택보다는 개인의 의사결정에 초점을 두고 있다. 만족모형 이론에 의하면 인간은 개인적으로 보면 지극히 합리적이지만 조직과 단체 등의 의사결정에 참여할 때는 반드시 합리적으로 행동하지 않는다는 것으로 인간의 의사결정 행태에서 제한된 합리성을 논의한다.

현실적인 환경, 사회분위기, 이해집단의 영향에 의해서 인간은 자기가 합리적이라고 생각하는 것과 조직의 합리적인 것과의 갈등을 가장 적게 느끼는 만족수준에서 의사결정을 하게 되는데, 미래 지향적인 정책 결정 보다는 현실적인 관점에 주안점을 강조하는 입장에서 근원적인 해결의 정책으로 간주할 수 없을 것이다.

이 모형은 최적 수준에 의한 최적 대안 보다는 현실적으로 만족할 만한 대안으로 인간의 절대적 합리성 보다는 제한된 합리성을 기준으로 한다. 정책결정자는 목표의 간소화와 함께 정책 대안을 선별적· 순차적으로 인식하고자 한다. 정책 대안의 선택은 반복적인 의사결정(routinized decision)과 불확실성의 회피(uncertainty avoidance)를 통해 최적화 기준 보다는 만족화 기준을 제시한다. 정책 대안의 선택 시 주관의 지배를 받는 개인의 의사결정에 초점을 두고 있기 때문에 합리적인 정책결정에 적용하기에는 한계가 있다. 요약하면, 만족모형은 정책안을 개발·탐색하는 데 소요되는 비용을 최소화하고 산출을 최대화하는 정책결정의 과정에서 그 평가기준은 정책결정자의 주관적 만족수준이다.

사이몬(Simon)과 마치(March)는 정책대안을 찾는 것을 짚더미에서 바늘을 찾는 것에 비유하고, 항상 많은 노력과 시간과 비용을 들여서 가장 최적하다고 하는 날이 곧고 뾰족한 것을 찾을 것이 아니라 사용할 천과 시간과 노력을 고려해서 적당하다고 생각되는 바늘을 골라서 사용하는 것으로, 이것은 만족수준에서 일을 결정하는 것이 보편적으로 완전한 합리성보다 제한된 합리성(bounded rationality)의 개념으로 설명하는 것이 타당하다는 것이다. 여러 갈등, 한계, 상황을 고려하여 어느 정도 만족할 만하다고 생각되는 대안을 선택한다.

1978년에 노벨 경제학상을 수상한 사이몬은 인간의 의사결정 행태를 제한된 합리성의 논리로 설명하고 있다. 그의 이론에 의하면 인간은 개인적으로 보면 지극히 합리적이지만 조직이나 단체 등의 의사결정에 참여할 때는 반드시 합리적으로 행동하지 않는다는 것이다. 사이몬은 제한된 범위와 특별한 가치기준의 범위 내에서 단지 적절하게 변화를 유도할 수 있는(only mildly innovative) 정책방안이 능률적인 유일의 최고결정(one-best decision)이라고 인식한다.

현실적인 환경과 조직분위기에 의해서 인간은 자기가 합리적이라고 생각하는 것과 조직의 합리적인 것과의 갈등을 가장 적게 느끼는 수준에서 의사결정을 하게 된다. 개인적인 의사결정과 조직적인 결정 사이에서 보수적인 개인의 가치관과 혁신을 추구하는 조직의 목표간 차이로 인해 변화와 혁신을 추구할 수 없는 한계점도 있다.

3 점증모형(incremental model)

린드블롬(Lindblom)과 윌다브스키(Wildavsky)의 개념인 점증모형은 연속적, 제한적, 점진적 비교의 방법으로 특징은 ① 부분적 점증주의 ② 연속적인 제한비교 ③ 당파간의 상호 조절과 타협 등이 포함되고, 이 모형에 대한 비판은 ① 안정된 사회를 위한 모형 ② 쇄신의 저해 ③ 안이한 정책결정의 조장 ④ 강자의 과대대표 등이다.

점증모형은 합리모형의 개념에 반대해서 정책의 실현 가능성을 중요시하는 이론으로 점진적·순차적으로 개선을 추구하는 모델이다. 첫째, 사회 문제 해결을 위한 단일의 해결책은 없고 점진적인 변동을 연속적으로 추구하고, 정치적 실현가능성(political feasibility)을 강조한다. 점증모형은 공식적인 정책결정의 권한이 있는 결정자들에 의해 선호되고 현실적으로 실현 가능한 이론으로 인식되고 있다. 단기적인 측면에서, 급격한 변화정책과 제도는 국민의 저항에 직면할 수 있다는 관점에서 점증주의적인 결정방식이 가장 현실적으로 실현성 있는 방식이라는 것이다. 둘째, 사회 문제 해결을 위한 정책결정은 미래 지향적인 정책을 추구할 정책 사안으로 점증모형에서의 정책결정은 "미래의 사회목표를 증진"하는 것보다는 "현재의 사회병리에 대한 개선"에 더 중점을 둔다. 셋째, "부분 최적화, 반쇄신성, 합리성에 대한 과소평가" 등의 문제점이 지적되고, 제한적, 가시적, 지엽적인 것부터 먼저 고려하는(successive limited comparisons) 접근 방법으로 간주된다. 넷째, 점증모형은 점진적인 변화나 개혁을 추구하는 방향으로 정책을 결정하는 이론이다. 특히 다양한 이해관계가 대립하는 상황에서, 기존의 정책 등에 근거해서 제한적인 변화와 변동을 추구한다. 개혁조치나 위기상황의 대응전략을 제외하고는 기존의 정책을 유지하면서 변화를 추구한다. 다섯째, 다양한 이해관계와 가치가 서로 갈등하는 사회에서는 서로가 양보하고 협상한다는 관점에서 점증모형 이론은 다원주의 사회에서 적합한 모형이다.

요약하면, 점증모형은 기존의 정책을 유지하려는 경향으로 사회문제

해결을 위한 개선안의 미래지향적인 목적을 달성하기에는 다음과 같은 문제점을 내포하고 있다. 첫째, 급격한 사회변화에 효과적으로 대처할 수 없다. 둘째, 정책을 조금씩 수정해 감에 따라 사회문제의 근본적인 해결책을 모색하지 않는다. 셋째, 시간이 촉박한 상황에서 사회문제 해결의 개선안을 마련할 때 점증주의는 장애가 될 수 있다. 넷째, 인간의 능력과 시간에는 한계가 있으며 정보 제한이 있는 상황에서 고려할 수 있는 대안의 범위는 축소되고 기존의 정책과 차이가 적은 정책대안들만 선별한다. 점증주의에서 문제해결을 위한 단일의 해결책은 없고, 점진적인 변동을 연속적으로 하는 현상유지적인 단점을 가지고 있다.

이와 같이, 점증모형에 대한 비판의 내용은 ① 부분 최적화 ② 개혁성의 미흡 ③ 합리성의 부족과 보수성의 강조 ④ 적용의 국지성 ⑤ 사회변동에의 적응 능력 부족 등이 포함되지만, 점증모형의 적실성 이유는 제한된 합리성(bounded rationality)과 매몰비용(sunk cost)을 고려하며 점진적·순차적인 것으로 정치적 실현 가능성(political feasibility)이 높다는 것이다. 사이몬의 만족모형은 인간의 보편적인 의사결정에 초점을 둔 반면 점증모형은 정책결정자에 주로 적용되는 이론으로 점진적인 개선과 함께 부분적으로 진행된다.

점증모형의 내용과 개념들은 다음과 같이 요약할 수 있다. 점증주의는 점진적인 변화나 개혁을 추구하는 방향으로 정책을 결정한다. 특히 다양한 이해관계가 격돌하는 정치의 소용돌이 장에서는(whirlpool politics) 과거의 전통, 관습, 제도 등을 기초로 해서 한계적인 변화나 변동을(marginal change) 가져오는 정책안을 탐색하는 것이다. 현실적으로도 정책결정권자의 입장에서는 합리적인 방법으로 완전한 대안을 선택하기란 너무 많은 비용부담, 능력부담, 시간부담, 정치적 부담 때문에 불가능하다. 또 기존의 정책이나 제도나 체제에 많은 비용이 투자되어 있는 상황에서는 점증주의적인 결정방식이 가장 타당성 있는 방식으로 인식되고 있다. 실제로 정책이 결정되어 지는 과정과 결과를 보더라도 개혁조치나 위기상황의 대응전략이나 전례가 없는 경우의 정책 등을 제외하고는 과거의 정책, 기존의 정책, 시행하고 있는 시책과 비슷한 수준에서 변화되는 정책을 추구한다. 정책 환경, 목표, 가치, 문제의 성격 등이 급격히 변화된 경우, 위기나 비상시의 경우, 새로운 사업을 시행하는 경우 점증모형의 유용성을 설명할 수 없는 약점이 있다. 결과적으로, 점변적 접근법의 유한성은 "① 정책결정과정의 안전성 ② 정책의 일관성 ③ 정책의 균형성 ④ 정책의 예측가능성"이 포함되지만, 점변적 접근법의 한계성은 "① 만족한 수준의 목표를 강조하는 점변적 접근법의 한계 ② 입법부 의원들 사이에 이권분배(porkbarrel) ③ 개발도상국들의 발전모형의 반대 ④ 새로운 정책개발의 곤란 ⑤ 위기극복의 비효율성" 등이 포함된다.

합리모형과 점증모형의 비교에서, 합리모형은 포괄적·종합적 접근방법이지만, 점증모형은 제한적, 연속적, 지엽적인 접근방법이다. 합리모형은 목표가 고정되어 있어 정책 수단이 목표에 부합되도록 선택되지만, 점증모형은 목표는 수정될 수 있어 목표는 정책수단에 부합되도록 수정될 수 있다. 합리모형에서 분석과 평가 주체는 소수의 의사결정자이지만 점증모형에서는 다양한 이해관계 집단이다. 합리모형과 점증모형의 구체적인 차이점들은 다음의 <표 6-1>과 같이 정리될 수 있다.

	표 6-1 합리모형과 점증모형의 비교	
	합리모형	점증모형
문제구성	문제 자체 중시	문제를 둘러싼 환경 중시
목표	고정	수정
목표수단의 상호작용	수단이 목표에 합치되도록 선택	목표는 수단에 합치되도록 수정
자료정보	일거에 수집	연속적, 제한적
대안의 결과예측	포괄적	제한적
대안의 범위	포괄적 종합적	한정적 제한적
대안분석과 평가과정	단발적 일시적	계속적
분석과 평가주체	소수의 의사결정자	다양한 이해관계집단
좋은 정책의 기준	목표에 부합하는 수단	다양한 정책분석가의 합의
이론의존정도	강함	약함
별칭	뿌리접근(제1접근)	가지접근(제2접근)
경향	전체적 최적화	부분적 최적화
방향	하향적 결정(엘리트주의)	상향적 결정(다원주의)
적용국가	개도국, 선진국	선진국
접근	연역적 접근	귀납적 접근
합리성의 종류	경제적 합리성	정치적 합리성
문제해결방식	Algorism(알고리즘: 계산법과 산수)	Heuristic(휴리스틱: 발견적 교수법)
패러다임	분석적 패러다임	현실적 패러다임

자료: Lindblom(1959: 81), 정정길 외(2003: 496)에서 재인용

4 **혼합주사모형**(mixed scanning model)

혼합주사모형은 적극적인 의사 결정 접근법으로 에치오니(A. Etzioni)에 의해 제창되고 근본적 결정인 합리모형과 지엽적 결정인 점증모형을 혼합 절충한 제3의 모형이다. 합리모형의 이상주의적 성격을 지양하고, 점증모형의 보수성(반 혁신성)을 탈피하기 위하여 이 양자를 합(syntheses)한 모형이다. 합리모형(권한 집중, 통제와 계획 지향적인 속성을 지니는 전체주의 사회 체제에 적합)과 점증모형(다원적이고 합의 중심적인 민주 사회에 적합한 모형)을 절충한 혼합주사 모형은 "행동적 사회(active society)"에 적합한 전략으로, 수동적 사회란 통제 하에 놓인 사회를 의미하지만, 행동적 사회란 자신이 책임을 지는 사회를 의미한다(Etzioni, 1968: 4). 행동적 정향(active orientation)은 "① 자의식과 행위에 관한지식 ② 의도성 ③ 능력" 등이 포함된다.

혼합주사모형은 합리모형과 점증모형의 단점들을 보완하는 능동적인 접근방법(the active approach)이라고 인식되고 있다. 이 혼합주사모형의 이론적 관점에서, 인간의 지적능력과 합리적인 문화 환경이 미숙할 수도 있다는 점에서 합리모형은 비현실적이라는 지적이다. 또한 점증이론도 사회문제 해결을 위한 개선안의 변화적인 정책결정을 추구할 수 없고 현세대의 이해관계를 중시한다는 관점에서 정책 가치의 결정과 집행을 정당화시키는 이론이라고 볼 수 없다. 사회문제 해결을 위한 개혁은 단기적인 관점에 주안점을 두는 것이 아니라 장기적인 관점에 근거한 정책결정이 요구된다. 혼합주사모형은 점증모형론보다 사회문제 해결을 위한 합리적인 개선안과 변화에 대응할 수 있는 정책결정모형으로 간주될 수 있다. 따라서 혼합-주사모형은 사회문제 해결을 위한 이 두 접근방법의 단점의 보완과 함께 능동적인 제3의 접근방법의 정책모델로서 인식되고 있다.

혼합주사모형의 내용과 개념들은 다음과 같이 요약될 수 있다. 혼합주사모형은 합리모형과 점증모형을 다 같이 비판하고 동시에 각 이론의 장점을 취하는 접근방법이라는 점에서 이것을 제3의 접근방법인 능동적인 접근방법(the active approach)으로 간주되고 있다. 합리모형은 비현실적으로 합리모형대로 정책을 결정할 만큼 인간의 능력이 발달되어 있지 못하다. 물론 과학과 기술의 발달과 인간의 지적능력과 인지의 성숙으로 합리론대로 정책문제를 해결할 수 있어야 하지만 현실은 그러하지 못하다는 것이다. 또한 점증이론은 창조적이고 변화적인 정책결정을 설명할 수 없고 보수적인 관점에서 현재의 지배계층이나 기득권자의 이해관계를 중시하고 정치과정에 참여하지 못한 계층을 무시하는 것을 정당화시키는 이론으로 간주되고 있다. Etzioni의 기후측정 인공위성(high−altitude weather satellite)의 사례 설명에서, 합리적인 접근방법에 의해서 전체적인 기상체계나 형태변화, 위치, 기상의 영향권 등에 대한 정보를 제공하면, 점증주의적인 접근방법으로 narrow−lens 사진기로 문제되는 영역과 상태를 정확하게 관찰한다는 것이다. 예를 들면, 전 세계의 기상을 살필 때 포괄적으로 기상을 살피는 광각 카메라(합리적 접근법)와 특정지역의 기상을 파악하는 정밀 카메라(점증적 접근법)의 혼합적 접근방법이 활용된다.

5 최적모형(optimal model)

최적모형은 드로어(Dror)가 제창한 것으로 의사결정 측면보다는 정책결정 측면의 관심에 주안점을 두고 양적 보다는 질적 평가의 방법으로, 합리적 요소와 초합리적 요소를 동시에 고려한다. 또한, 이 모형은 경제적 합리성에 근거한 대안탐색에 있어서 합리모형의 개념을 수용하여 계량적 정책 결정 모형의 특성을 중요시한다.

이 모형은 복잡한 문제에 직면하였을 때 초합리성의 활용으로 감수성과 브레인스토밍(brain storming)같은 창조적인 생각이나 영감 등과 같은 정책 수단을 강조한다. 현실주의와 이상주의를 절충할 수 있는 이 모형은 합리적 종합적 모형(rational−comprehensive model)이 아니라 규범적 최적 모형(normative optimum model)을 제시하는 것이다.

정책결정에는 합리적 요소와 초합리적 요소가 모두 포함되는데, 초합리적 요소(판단의 활용, 창의적인 고안, 브레인스토밍)와 합리적 요소(메타 정책결정과 정책목표, 전체적인 목표의 수립, 근본적인 해결방안)의 결합으로, 정책결정자는 개개인의 합리적인 측면과 직관, 판단, 창의 등과 같은 초합리적 요소(extrarational factors)를 중요시한다. 합리적 종합적 분석에 의한 정책결정의 어려운 조건과 환경에서, 이 모형은 정책 대안의 방안에서 현실적인 차선책(second bests)을 제시한다.

이 모형에서 정책과정 전반에 대한 정책결정체제의 설계와 전략 그리고 결정자의 자질과 결정상황에 대한 분석이 포함되는 메타정책결정단계(metapolicymaking stage)도 요구된다. Dror의 최적모형은 "4단계 18개 국면으로 메타정책결정단계, 정책결정단계, 정책결정 이후 단계(post-policymaking stage) 및 커뮤니케이션과 피드백(feedback)단계" 등이 포함된다.

Dror는 합리모형을 순수합리모형 또는 경제적인 모형이라고 지칭 했는데, 최적모형은 이 순수합리모형에서 논의하는 합리성뿐만 아니라 직감·영감·판단·육감 등의 초합리적인 요소(extra-rationality)도 동시에 고려해서 정책을 결정해야 한다는 규범이론이다. 정책결정에서 초합리적인 요인과 요소들을 고려한다면, 정책학이 과연 정책결정현상을 과학적으로 설명하는 과학인가 아니면 윤리나 규범차원에서의 신비론(mysticism)인가에 대한 문제가 제기될 수 있다. 그러나 최적모형은 실제로 정책의 최종적인 결정단계에서는 이 초합리성이 크게 작용할 수 있다는 점을 지적하고 이것을 정책결정의 변수로 설명할 수 있어야 한다는 것이다.

결과적으로 최적 모형은 직감적 접근법과 관련된다. 직감적 접근법 특징에서, 인간은 본질적으로 비합리적인 존재로 인간이 합리적인 사고에 근거해서 행동하기보다는 즉흥적, 감정적, 충동적, 직관적, 우연적인 행태를 보이는 경향이 있고, 정책 결정자, 집행자, 평가자는 비합리적·비논리적인 성향을 보여줄 수 있다는 것이다. 직감적 접근법의 활용은 주가의 등락이 심한 증권시장, 비용과 편익 분석을 적용하기 어려운 모험적인 사업 결정, 군사작전과 경찰의 치안유지 과정, 데모군중진압의 긴박한 상황의 경우에 적용이 가능 한다는 것이다.

이 모형은 창조적 사업에 유용한데 이성보다는 열정, 규범보다는 창조, 냉철보다는 감정, 전통보다는 개혁의 가치를 강조하고 있다. 이 접근법은 합리주의나 보수주의에 대칭되는 개념인 낭만주의(romanticism)에 근거를 두는 것으로서, 낭만주의는 인간의 직관, 영감, 정열을 최대한 수용하여 인간의 창조적인 활동을 촉진하고, 상상, 열정, 즉흥, 영감, 직관 등과 같은 속성에 근거한 비논리적, 비합리적, 탈전통적 방법이다(김형렬, 1997:145). 이 접근법은 초인간적인 요소에 대한 기대이고, 인간사회의 모든 문제들을 합리적 포괄적 접근법이나 점변적 접근법에 의해 처리될 수 없는 경우가 있는데 어떤 상황에서는 종교적 또는 초합리적 접근법이 요청되는 신비적 요소가 포함될 수 있다는 것이다. 하지만, 직감적 접근법의 한계성으로는 정책의 일관성 결여, 투기적 사업의 실패가능성, 과학적 정책결정이론의 실패 등이 포함된다.

6 관료정치모형(Allison model)

앨리슨(G. T. Allison)의 관료정치모형은 의사결정을 설명할 수 있는 개념으로 3가지 형태의 의사결정모형을 제시하고 있다. 첫째, 합리모형(rational actor model)의 정부정책은 이성과 합리성에 근거한 결과의 산물이다. 둘째, 조직모형(organizational process model)의 정부정책은 다양한 이해관계의 운영규정과 조직목표 등의 변수에 의해서 결정되어지는 조직 활동의 결과물(organizational outputs)이라는 것이다. 셋째, 정치모형(bureaucratic politics model)의 정부정책은 정치적 협상과 타협에 근거한 권력게임의 이해관계에 의한 산물이다.

이 모형에서 가장 중요한 역할을 하는 것은 정책결정자의(players) 능력과 권한이다. 이 모형은 위기관리 정책에서 관료의 역할을 중시하고, 앨리슨(Allison)이 설명하는 관료정치모형은 합리모형(모형 Ⅰ), 조직모형(모형 Ⅱ), 정치모형(모형 Ⅲ) 등을 포함한다. 사회문제 해결의 개선안의 정책결정은 합리, 조직, 정치 모형의 통합된 세 가지 모형에 의해 논의될 수 있다는 것이다. 첫째, 합리모형(모형 Ⅰ)에서 정책결정은 합리적 선택에 의해 이루어진다는 것이다. 둘째, 조직모형(모형 Ⅱ)은 정책 개선안에서 어떠한 조직의 형태나 압력으로부터 결정이 이루어졌는가를 파악한다. 셋째, 정치모형(모형 Ⅲ)은 정부 내 행위자들 간의 다양한 타협 게임의 결과라는 시각이다.

표 6-2 관리정치모형

	합리모형(Ⅰ)	조직모형(Ⅱ)	정치모형(Ⅲ)
조직관	조정과 통제가 잘된 유기체	느슨하게 묶여진 하위조직들의 결합체	독립적인 개인적 행위자들의 집합체
권력의 소재	최고관리층 (중앙정부)	반독립적인 하위조직들(국방부, 국가안보회의)	독립된 자유재량을 가진 개인적 행위자들(철의 3각형, 군산복합체)
행위자의 목표	조직 전체의 전략적 목표	조직 전체의 목표 +하위조직들의 목표	조직 전체의 목표 +하위조직의 목표 +개별적 행위자들의 목표
목표의 공유도	매우 강하다	약하다	매우 약하다
정책결정의 양태	최고지도자가 조직의 두뇌와 같이 명령하고 지시	S.O.P(표준운영절차)와 프로그램 레퍼토리	정치적 게임의 규칙에 따라 협상, 타협, 연합, 지배
정책결정의 일관성	매우 강하다 (항상 일관성 유지)	약하다 (자주 바뀐다)	매우 약하다 (거의 일치하지 않는다)
기존 모형과의 유사성	합리모형	점증모형	제3의 모형

자료: 정정길 외(2003)

Allison의 모형에서, 합리적 행위자 모형은 정책결정과정에서 명확한 목표를 지닌 정책결정자의 합리적 선택행위 라고 본다. 조직과정모형은 "정책결정을 합리적 선택행위라고 보는 것이 아니라 조직행태의 산출 (output)"로 보는 것이다. 관료정치모형은 정부를 서로 독립적인 정치적 참여자들의 집합체로 보는 유형으로서 정책결정을 정치체제 내의 집단이나 개인 간의 협상의 결과라고 보는 것이다.

Allison모형은 1962년 10월 16일부터 28일 사이에 John F. Kennedy 대통령과 그의 정책결정 집단이 취한 일련의 위기관리 정책결정 상황과 과정에서 합리성, 조직과정, 관료의 역할에 관한 사례연구이다. 즉 구소련이 쿠바에 미사일 기지 설치를 결정하고 이를 시행하려고 하자 미국은 외교상의 위기와 국가안보상의 위기대응으로 단기간에 어떻게 대응전략을 구사했으며 결국에는 Kennedy행정부의 승리와 Nikitas S. Khrushchev 구소련 공산당 서기장의 미사일 기지 설치의 중단과 철수로 끝난 쿠바 미사일 위기라고 하는 정책사례를 설명한 모형이다.

구체적으로 이 사례에서 3가지 모형은 다음과 같다. 모형 Ⅰ은 정책결정을 손익계산에 의한 합리적 선택에 초점을 둔다. 모형 Ⅱ은 조직의 형태나 압력으로부터 결정이 이루어졌는가를 파악한다. 모형 Ⅲ은 선택이나 조직의 산물이 아닌 정부 내 행위자들 간의 "다양한 타협 게임"의 결과라는 시각에서 정책결정을 파악한다. 즉 합리적 모델에 의하면, 정책결정은 전략적 계산에 따라 이익을 극대화하는 선택이다. 조직과정모델은 반독립적인 조직들의 프로그램이나 일반운영수칙에 의한 산물로서 정책결정을 설명하고 있다. 관료정치모델은 합리적 선택이나 조직절차에 따르는 산물로서 정책결정을 보지 않고, 정부 내 게임에 참여하는 다양한 이해집단들 간의 타협결과로 인식한다.

정책결정은 상층부에서 이루어지는데, 중간계층으로부터 정책대안이 건의되어 상층부에서 채택되고, 상층부에서는 최고 정책결정자가 단독으로 정책 결정을 하거나 두 사람 또는 그 이상이 합의적으로 정책을 채택한다. 정책결정자들의 가치관들은 우정, 애정, 귀속감, 지위, 명예, 책임감, 자아실현, 업적, 권력 등의 여러 가지 요소들이 포함되고, 선호하는 이념들은 개인주의, 전체주의, 자유주의, 보수주의, 개혁주의, 합리주의, 절대주의, 상대주의, 실용주의, 공리주의, 다원주의, 연방주의, 자본주의, 민족주의, 사회주의, 후기 물질주의 등이 포함될 수 있는데, 정치모형(Ⅲ)에서 정책결정자의 가치관이 정책 결정에 영향을 미친다.

합리적 가치관에 따른 정책결정은 ① 주관적 보다는 객관적 태도 ② 이상적 세계관 ③ 원칙에 집착하여 비타협적인 성향 ④ 장기적인 목표실현에 우선순위 ⑤ 논리적 사고를 통해 합리성을 강조 ⑥ 이상주의자, 원칙론자, 이론가, 합리주의자, 고정관념자의 논리적 가치관 등이 포함된다.

보수적 가치관에 따른 정책결정의 성향은 ① 현재 상태를 유지하려는 태도 ② 미래 지향적 보다는 과거 지향적 ③ 합리적·분석적 보다는 타협적·설득적 태도 ④ 냉철한 분석보다는 전통과 관습의 사례 중시 ⑤ 과거를 중요시하기 때문에 급격한 변화나 새로운 체계의 수용을 거부 등이 포함된다.

정치모형(Ⅲ)에서 논리적 가치관을 지닌 정책 결정자(합리적 포괄적 접근법)는 이론적이거나 이상적 정책을 채택할 가능성이 있기 때문에, 직감적 가치관이나 보수적 가치관을 지닌 참모나 관료의 도움으로 보완될 수 있다. 보수적 가치관을 지닌 정책 결정자(점변적 접근법)는 지나치게 과거에 집착하거나 현상유지에 노력한다는 측면에서 논리적 가치관을 가진 사람들의 도움으로 보완될 수 있다. 직감적 가치관을 지닌 정책 결정자(직감적 접근법)는 정책을 즉흥적·감정적으로 결정하려는 경향으로 논리적 가치관이나 보수적 가치관을 가진 사람들의 도움으로 보완될 수 있을 것이다.

7 회사모형(firm model)

회사모형은 협상, 정략, 타협에 근거한 연합모형(coalition model)의 형태로 표준운영절차의 개념을 강조한다. 표준운영절차(standing operating procedure: SOP)는 조직이 계속 존속해 오는 동안 경험적으로 습득하게 된 행동규칙(직무수행, 보고규칙, 정보처리에 관한 규칙 및 계획과 기획에 관한 규칙)이다. 이 모형에서 조직은 단일의 유기체가 아닌 하위조직으로 구성된 일종의 연합체로, 하위조직들은 단일한 목표를 가지고 있는 것이 아니라 각각 독립적 목표를 추구하는데 하위조직들 간에 갈등이 상존한다.

사례연구로, 외국시장에 20만대의 컴퓨터 판매가 체결된 경우, 생산부에서는 3개월에 10만대의 생산량 능력을 가지고 있는데 20만대 컴퓨터 생산 요구가 있다면 생산부와 판매부의 갈등이 있게 된다. 이 해결 방안으로 생산부와 자재부 연합의 준 해결로 10만대는 자체 생산을 하고 10만대는 다른 회사에 하청을 주어 생산하게 한다. 하위조직들의 이해관계 충돌(판매부−판로 확대, 생산부−안정적인 생산, 자재부−적합한 생산)로 판매부가 세력이 강하여 생산부의 건의를 무시하고 20만 컴퓨터를 생산하는 경우에는 회사모형이 적용되지 않고 정치모형(political model)에 적용된다.

회사모형에서는 불확실성의 회피를 강조하는데, 장기 전략을 개발하기보다는 현재 당면한 문제를 해결하는데 주안점을 둔다. 이 모형은 단기적인 해결방안과 신속한 일시적인 해결방법으로 다른 조직과의 타협과 협조를 통해 규칙화된 표준 시나리오(standard scenarios)를 작성하는 것이다. 이 모형의 주요한 개념은 하부 조직에서 갈등을 해결하는 국지적 타협과 조정 그리고 원칙적인 규칙의 변화와 변동과 함께 목표를 완전히 달성하는 것이 아니고 순차적으로 달성하는 것이다.

결과적으로, 이 모형은 조직 내 하위조직들 사이의 상이한 목표로 인한 갈등이 협상을 통해 완전한 해결이 아닌 불완전한 해결 상태이며 상황이 불안정적인 개발도상국의 경우 적용이 곤란하다. 이 모형에서, SOP에 입각한 결정방식은 안정된 상황을 전제하고, 권한의 하위조직 위임이라는 민주적·분권적 조직 분위기의 환경과 조건에서 표준운영 절차의 중요성을 강조하고 있다. 이 모형은 공공부문과 공공조직에서의 의사결정 행태의 적용의 한계가 있고, 모든 최종 결정권이 최고층에 집중되어 있는 권위주의적 조직에서의 의사결정 적용에 어려움이 있다.

8 쓰레기통모형(garbage can model)

이 모형은 조직화된 무정부 상태(organized anarchies)로 정책결정이 일정한 규칙이 아니라 쓰레기통처럼 뒤죽박죽 움직이는 경향이다. 올슨(J. Olsen), 코헨(M. Cohen), 마치(J. March)의 회사모형이 조직체 내부에서는 타당할지 모르나 행정부, 사법부, 입법부, 이익집단, 개인들의 이해가 얽힌 조직화된 무정부 상태에서는 적용되지 못하는 한계점이 있다.

이 모형은 정확하게 목표가치(goal values)가 설정되어 있지 않고, 쓰레기통 속의 쓰레기처럼 뒤죽박죽되다가 우연히 결정된다는 불합리한 집단적 의사결정 상황으로, 이 모형을 적용하기 위해서는 세 가지 전제조건들이 포함된다(백승기, 2003: 205). 첫째, 선호의 불명확성(problematic preferences)으로, 의사결정에 참여하는 구성원들 간에 무엇을 선택하는 것이 바람직한지에 대한 합의가 없고, 참여자 개인들은 자신의 선호가 무엇인지도 모르고 의사결정에 참여하기에 논리적으로 일관성 있는 선택이론의 적용에 어려움이 있다. 사례로는 동창회 모임에서 회장 선출이라는 안건 때 회원들이 누구를 지지할지 잘 알지 못하고 참가하는 경우이다. 둘째, 불명확한 기술(unclear technology)로, 어떤 목표를 달성하기 위해 무엇을 수단으로 선택해야 할지 잘 모르는 경우나 목표와 수단 간의 인과관계가 불분명한 것으로 무질서한 조직의 특징으로 인식된다. 사례로는 막연히 잘 살아 보자라는 목표를 설정하고 달성하는 수단을 잘 모르는 경우이다. 셋째, 일시적 참여자(fluid participation)로, 구성원들의 참여가 유동적인 상황으로 동일한 개인이 시간이 변함에 따라 어떤 경우에는 결정에 참여했다가 어떤 경우에는 참여하지 않는 경우이다.

의사결정이 이루어지려면 결정해야할 문제, 문제의 해결책, 참여자, 의사결정의 기회 마련 등의 네 가지 요소들이 요구되는데 쓰레기통 모형에서는 이 네 가지 요소들이 아무런 관계없이 독자적으로 움직인다(백승기, 2003: 206). 첫째, 문제의 흐름으로, 의사결정 기회를 만들어 정책 결정을 하는 것으로 가정하지만 쓰레기통모형에서는 사회문제가 등장하지만 정책 의제화에 시간이 많이 걸려 사회문제는 의사결정 기회를 만날 때까지 독자적으로 흘러간다. 둘째, 해결책의 흐름으로, 사회문제가 이슈화 되면 여러 가지 정책대안들의 제시와 비교 평가가 필요한데, 정책 결정의 기회가 올 때까지 기다리는데 그동안 해결책은 혼자 흘러간다. 셋째, 참여자의 흐름으로, 참여자들은 의사결정의 전 과정을 계속해서 참여하는 것이 아니고, 정책 결정의 기회가 와도 그때까지 참여자는 문제를 모르거나 정책결정의 순간까지 해결책을 모르고 있는 경우이다. 넷째, 의사결정 기회의 흐름으로, 정책 결정의 기회가 있어도 사회문제가 정책 의제화 되지 않았거나 또는 해결책으로서의 정책대안이 마련되어 있지 않으면 문제 해결을 위한 결정을 하지 못한다.

조직체가 문제해결을 위한 인적·물적 자원의 여유가 있는 경우, 문제를 해결하고자 하는 준 해결의 형태지만, 인적·물적 자원의 여유가 없는 경우, 문제 해결보다는 오히려 진 빼기 작전(choice by flight)이나 날치기 작전(choice by over-sight)이 특징으로 나타난다(백승기, 2003: 207). 진 빼기 작전(choice by flight)은 해결해야 할 주된 문제에 여러 가지 문제들이 관련된 경우로 다른 문제들이 다른 의사결정 기회를 찾아서 떠날 때까지 기다려서 결정하는 것이고, 날치기 작전(choice by over-sight)은 관련된 다른 문제가 제기되기 전에 재빨리 주된 문제에 대한 의사결정을 하는 방식이다(백승기, 2003: 207).

이 모형의 정책결정의 특징은, 일반적으로 문제, 해결책, 참여자, 선택 기회라는 4가지의 흐름(streams)이 지배하는 조직에서 각각의 흐름이 규칙과 질서에 의해서 작용하다가 정책결정의 시기와 기회가 있으면 이 흐름들의 주류가 얽히면서 최종적인 의사결정이 이루어진다. 모든 정책결정자가 모든 정책문제에 항상 참여하는 것이 아니라 가치판단과 시간요소에 따라서 참여와 비참여가 발생한다. 정책결정의 흐름의 소용돌이에서 한 문제에 대한 해결책이 또 다른 정책문제를 연계(coupling)시킴으로써, 정책결정자는 완전한 해결책보다는 기존의 정책이나 이해관계 등에 우선적으로 관심을 둔다. 이와 같이, 이 모형은 정책형성의 초점을 개인의 정책결정의 역할보다는 무질서한 조직의 형태를 분석하고 있다.

9 담론적 접근모형

담론적 접근법의 특징은 이해가능성(comprehensibility)과 진실성(truth−fulness)에 근거해서 체계 구성원 모두가 참여하는 것을 전제로 한다. 국가의 주요 정책결정에는 국민 모두가, 지방정부의 주요 정책결정에는 해당 지역의 주민 모두가, 한 조직체의 주요 정책결정에는 조직구성원 모두가 참여한다(김형렬, 1997: 158). 이 담론적 접근법에서 정책결정을 위해 충분한 시간이 요구되고, 토론회, 청문회, 공청회의 시민참여 등의 다양한 방법들의 활용과 함께 토론문화, 참여문화, 평등문화, 비판문화를 포함하는 담론적 과정과 절차가 필요하다(김형렬, 1997: 158).

담론적 접근법의 유용성은 다음과 같이 기술할 수 있다(김형렬, 1997: 158−164). 첫째, 지혜, 지식 및 정보의 포괄적·상승적 활용으로 자본보다는 지식이 주도하는 후기자본주의사회(post−capitalist society)를 특징으로 하고 있다. 둘째, 정책의 정당성 확보이다. 셋째, 체계 구성원의 대화합 촉진이다. 교육사업, 지역개발사업, 주택사업, 환경정책, 폐기물 처리사업에서의 주민참여로, 다원적 사회발전에 근거한 풀뿌리민주주의(grass−roots democracy)의 형태이다. 넷째, 정책 집행 및 평가의 효과성으로, 모든 구성원들의 합의가 전제되기 때문에 집행과정에서 투쟁과 갈등의 문제가 발생될 가능성이 적으며 정책조정이나 사업조정이 용이하다. 이와 같이, 담론적 접근법은 이성적·창의적 가치판단에 근거한 합리적인 정보와 지식의 활용이라는 관점에서 합리적·포괄적 접근법의 한계의 보완과 점변적 접근법의 단점을 극복할 수 있다. 합의를 통한 정책결정은 정책 정당성의 확보와 정책집행의 성공적인 구현으로 간주될 수 있다.

담론적 접근법의 한계성은 다음과 같이 기술할 수 있다(김형렬, 1997: 165−167). 첫째, 시간의 한계로, 정상적인 정책결정 과정에는 문제인지, 의제설정, 대안제시, 대안에 대한 비용 편익 분석, 각 대안에 대한 비교

분석이 포함되는데 각 단계에서의 담론과정은 충분한 시간이 요구된다. 둘째, 정확한 정보의 부족으로, 정책 결정 과정에서 완전한 정보를 얻는다는 것은 거의 불가능하다. 셋째, 구성원들의 지적 수준의 차이이다. 담론과정에 참여하려면 최소한의 지적 수준을 유지해야 하는데, 문맹률이 높은 개발도상국에서 효과적인 담론과정을 보장하기 어렵고, 토론 규칙이 잘 지켜지지 않으며 폭력을 행사하는 경향이 있는 체계에서는 담론적 접근법의 유용성이 제한된다. 진퇴양난 상황에서의 정책결정에서 대체로 직감적 접근법을 활용하지만 결정 마감시간이 없거나 시간적 여유가 충분하다면 담론적 접근법에 의존한다.

공정한 심판자로서의 국가는 과거모델의 일반적인·독점적인 개입과는 달리, 정부 대안 이외의 사회적 요구를 수용할 수 있는 정책결정의 방안이 필요하며, 사회적 합의를 조율해내는 "민주화된 발전 조합주의(democratic developmental corporatism)"의 정책결정모형이 요구된다. 사회문제 해결을 위한 개선안의 정책결정에서의 합리적인 관료정치 모형으로써의 "민주화된 발전 조합주의" 형태는 합리모형에 근거한 정책행위와 함께 정책 결정 과정에 관여되는 합리적인 행정 조직 및 관료의 영향력을 포함한다.

행정의 접근을 "관리론적 접근, 정치적 접근, 벌률적 접근"으로 분류할 수 있는데, 관리론적 접근은 합리모형을 선호하고, 정치적 접근과 법률적 접근은 점증주의를 선호한다. 사회문제 해결의 개선안에서 한국 행정부의 의사결정은 점증주의보다는 합리모형의 접근이 요구되어질 수 있다. 민주화 이전의 한국은 정치에 대한 행정우위의 전형적인 행정국가로 간주된다. 전형적인 행정국가에서 점증주의 모형의 의사결정의 형태는 가변적인 요소로 인식되고 있다. 질적인 민주화가 진행되고 국가의 정체성이 확립되며 국민의 참여가 증대된다면 점증주의적 요소가 강화될 수 있다. 결과적으로, 민주화 이후의 한국행정부의 의사결정에서 점증주의모델의 적용이 증가되고 있는 추세이며, 미래지향적인 정책을 요구하는 정책결정에서 사회 구성원 모두의 참여와 합의를 전제로 하는 담론적 정책결정 모형이 요구되고 있다.

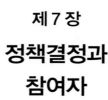

제7장
정책결정과
참여자

정책 참여자들의 동태적 과정을 통해 정책이 형성되고, 정부기관은 공익을 위한 주요 행동지침인 정책을 결정한다. 정책결정의 개념은 정책형성과 연관되는데, 정책형성(policy formulation)은 의제설정(agenda setting)과 정책결정을 포함하는 의미로 사용한다.

정책결정의 특징은 여러 가지 측면에서 설명될 수 있다. 첫째 정책결정의 주체는 정부기관이므로 정책결정은 강제력과 영향력이 크다. 둘째, 정책결정은 미래지향적 성격을 지닌다. 셋째, 정책결정은 정부의 단순한 의도와 감정이 아니라 구체적인 행동을 가져오고자 하는 행동 지향적이다. 넷째, 정책결정은 정치적·행정적 의사결정의 한 형태로, 경제적 합리성과 정치적 합리성의 중시와 함께 정책결정은 공익을 추구하고 공공성, 정치성, 복잡성을 지닌다. 다섯째, 정책결정은 여러 변수가 작용하는 동태적 성격을 지니고, 서로 관련된 많은 의사결정들 간의 상호작용의 결과인 경우가 많다.

정책결정에서 공공정책의 개념은 다음과 같은 요소를 포함하고 있다. 첫째, 공공정책은 공공기관에 의해 추진되는 합법성을 추구한다. 둘째, 공공정책은 가치를 포함하여야 한다. 셋째, 공공정책은 목표를 달성하기 위한 실현수단으로 미래성과 방향성을 갖는다. 넷째, 공공정책은 능률성과 형평성을 고려하여 국민들의 이해관계를 반영하여야 한다. 다섯째,

공공정책의 정책결정은 의사결정(decision making)의 개념과 구별된다.

합리적 대안의 선택을 위한 정책결정과 의사결정의 차이점들은 다음과 같이 설명될 수 있다. 첫째, 정책결정의 주체는 정부인 반면, 의사결정의 주체는 개인이다. 둘째, 정책결정의 목적은 공익이지만 의사결정의 목표는 이윤 추구이다. 셋째, 정책결정에서 강제성이 상존하지만, 의사결정에서는 강제성이 부재하다. 넷째, 정책결정에서는 질적방법과 가치판단이 포함되지만, 의사결정에서는 양적방법과 사실판단에 주안점을 두고 있다. 다섯째, 정책결정에서 정치적 합리성을 강조하지만 의사결정에서는 정치성의 성격이 내포되어 있지 않다.

정책결정의 유형에서, H. A Simon은 의사결정을 정형적 의사결정과 비정형적 의사결정으로 나누고 있다. 정형적 의사결정(programmed decision)은 이미 정해진 형태에 따라 이루어지는 것으로서 하위층에서 하는 결정, 단기적인 결정, 선례가 있는 결정, 예측이 확실한 상황에서의 결정 등이 포함된다. 비정형적 의사결정(non-programmed decision)은 새로운 형태에 따른 결정으로서 고위층에서 하는 결정, 장기적인 결정, 선례가 없는 결정, 예측이 불확실한 상황 하에서의 결정 등이 포함된다.

공공정책 과정에서, 공공정책은 의제 설정, 정책 수립, 정책 집행, 정책 평가라는 과정 정책이 수립되기 위해서는 우선 문제 제기가 필요하다. 구체적인 사례를 들면, 공기업의 방만한 비효율적인 경영을 해결하기 위해 공기업 민영화 정책이 추진되고, 사회 정책의 형평성을 추구하기 위해 복지 정책이 수립되고, 사회 정의를 실천하기 위해 부패방지법이 제정된다. 구체적인 정책 수립과 집행은 대부분 행정부 관리들에 의해서 이루어지지만, 그 정책 방향은 고위 관료들과 정치인들에 의해 결정되며 그 과정에서 개인, 정당, 이익집단, 언론기관들과 다양한 상호작용이 발생된다.

근대 국가는 '최소의 정부가 최선의 정부'라는 자유방임주의적 이념을 가지고 있었기 때문에 정부가 하는 일은 치안이나 국방과 같은 극히 제한된 범위에서만 이루어져야 한다는 것이다. 그러나 현대 국가에서는 시장의 실패로 인한 공공부문의 확대로 정부가 해야 할 일이 광범위한 분야로 확대되었다. 특히 행정은 근대 국가에서 소극적인 정책 집행에 그쳤던 것에 비해 현대 국가에서는 정책 결정에 주도적 역할을 담당하게 되었다. 이런 의미에서 현대국가를 행정국가라고도 한다. 정부의 정책은 법치주의의 원리로 법적 근거가 필요하며 정책집행을 위해서는 국회의 법률 또는 지방 의회의 조례 제정과 개정이 필요하다.

한국정책결정의 특징과 문제점들은 ① 전시 효과적 결정 ② 권위주의적 결정 ③ 비밀행정의 성격 ④ 유형적·정형적 결정 ⑤ 연고주의 ⑥ 정실주의 ⑦ 정책결정의 집권화와 정보의 집중화 현상 등이 포함된다. 정책결정에 있어서 부하의 참여를 제약하는 요인들은 상급자의 권위의식, 부하능력에 대한 불신, 과거의 경험과 경력에의 의존성, 선례답습주의, 표준운영절차, 조직의 대규모성, 집권적인 정책결정 구조 등이다.

정부 정책의 수립에서 정책과학의 필요성이 요구되는데, 정책과학은 정책결정과 정책집행을 설명하고 정책문제와 관련이 있는 자료의 탐색·수집과 함께 가치 있는 정책을 제공하기 위한 학문이다(Lasswell, 1951). 정책과학의 필요성은 현대과학의 취약성, 행태과학의 결함, 계량화의 관리과학 등의 결함을 극복하기 위한 것이다. 정책과학의 특징은 정책결정 체제에 대한 관심과 함께 학문 간의 경계를 타파하고, 종합학문적(inter-disciplinary) 성격으로 ① 거시적 수준에 중점 ② 순수연구와 응용연구의 종합 ③ 결정자의 지식과 경험을 최대한 활용 ④ 직관적 판단의 초 합리성을 인정 ⑤ 가치의 중시 ⑥ 대안의 쇄신이나 창조성의 강조 ⑦ 과학적 방법의 강조를 포함한다. 정책과학의 한계로는 ① 공공정책의 경우 목표설정의 곤란과 문제의 다양성 때문에 정책분석의 적용의 문제 ② 미래예측의 곤란 ③ 지식, 정보, 자료가 불확실한 경우에 적용의 곤란 ④ 인간지식의 한계로 인하여 정책분석의 완전성을 기대하기 어렵다는 점이다.

일반적으로, 정책결정의 제약 요인으로는 인간적 요인, 구조적 요인, 사회적 요인, 경제적 요인들이 있는데 다음과 같이 설명될 수 있다. 첫째, 인간적 요인으로, 모든 정책결정자는 자신의 가치관과 신념에 근거해서 정책문제를 인식하고 결정하기 때문에 합리성의 측면에서 문제점이 제기될 수 있다. 둘째, 구조적 요인으로, 조직 내의 표준운영 절차(S.O.P)는 정책의 변화와 쇄신을 저해할 수 있는 조직의 체계적·구조적 문제로 인식될 수 있다. 셋째, 정보 및 물적 자원의 부족으로 합리적인 결정이 이루어지지 못한다. 넷째, 정책문제의 복잡성이다. 정부는 공공정책의 결정과정에서 장기 계획과 단기 계획의 정책을 추진하는데, 행정부의 정책 결정에 편익을 얻는 집단과 손해를 보는 집단이 있을 수 있다. 손해를 보는 집단은 다양한 방법과 수단을 동원하여 정책의 변경과 손해의 최소화를 위해 노력하는 것으로 제로섬 이론으로 인식될 수 있다. 다섯째, 사회 문화적 요인으로, 토지정책, 낙태정책, 환경정책 등은 사회 문화적 요인에 의해 크게 영향을 받는다. 여섯째, 매몰비용의 문제이다. 매몰비용은 투자 후에 회수할 수 없는 비용으로 이미 지불한 매몰비용은 선택에 의해 발생하는 비용이 아니므로 정책을 선택할 때 고려해서는 안 되고 합리적 선택을 하려면 새롭게 발생하는 비용과 편익만 비교해야 한다는 것이다. 일곱째, 환경적 요인으로, 경제적 요인들은 금융정책, 재정정책, 규제정책 등이 포함되고, 정치적 요인으로 정치문화가 포함된다. 정치적 변수의 선정에서 정당 간 경쟁과 투표율 등 계량화하기 쉬운 변수를 사용하는데 이 요소보다 중요한 변수들이 있을 수 있다. 바로 행정부와 의회의 상대적 권한과 관료제의 영향력이다. 하위정책 수준인 세부사업의 결정은 총 가용자원의 범위 내에서 정치적 결정이 중요하다는 것이다.

정책 결정의 공식적 참여자들은 행정수반, 입법부, 사법부, 공무원들이 포함되고, 임무는 정보의 수집과 분석, 대안의 개발과 선택, 공식적 결정 등이다. 행정수반은 최종적인 정책을 결정하고, 입법부에 대한 제한 조치로는 긴급처분명령권, 거부권행사, 국민투표 등이 포함된다. 사법부는 명령심사권과 행정재량권을 보유한다. 비공식적 참여자들은 이익집단, 정당, 일반시민, 외부전문가 등이 포함된다.

공공선택이론은 개인들을 정책을 형성하는 대리인(agent)으로 간주하고, 다원주의나 조합주의는 조직화된 집단을 대리인으로 인식하고, 국가론은 국가를 행위자로 보고 있다. 제도적 행위자들 중에 선출된 행위자들은 대통령과 입법부이고, 임명된 행위자들은 행정관료, 법원, 싱크탱크이고, 비제도적 행위자들은 대중매체, 정당, 이익집단들이 포함된다. 정책의 결정과 형성에 영향을 미치는 중요한 행위자들은 대통령, 관료, 입법부, 이익집단, 정당, 언론, 시민단체들이 포함된다.

1 대통령(president)

선진국의 경우에 대통령의 역할이 이익집단과 정당 등과 같은 비공식적 참여자에 비해 주요한 행위자로 인식되지 않지만, 개발도상국의 경우에 대통령은 정책의제 설정, 정책결정, 정책집행 등 정책과정상의 역할에서 주도적인 역할을 할 수 있다. 특별히 국가주도의 발전전략의 경우 대통령 지원 여부가 성공적 정책집행의 결정적 요인으로 작용할 수 있다.

대통령의 국정운영 방식에는 세 가지 가정과 조건들을 고려할 수 있다. 첫째, 대통령의 가치관이 대통령의 정책결정에 중요한 영향을 미친다. 둘째, 가치관, 국가관, 통치방식을 포함하는 대통령의 사고와 이념은 상당히 정형화 되어 있다. 셋째, 대통령의 가치관은 사회적, 역사적, 문화적, 정치적 상황 및 조건과 밀접히 연관되어 있다. 결과적으로, 대통령의 가치관과 국가관은 정책 결정에 주요한 요소로서 작용하고 있다는 것이다.

스피처(Spitzer)는 ① 보조정책을 다루는 특수 이익 대통령 ② 규칙정책을 다루는 브로커 대통령 ③ 재분배 정책을 다루는 공공 봉사자로서의 대통령 ④ 관리정책을 다루는 행정직 대통령으로 구분하였다. 또한, 제임스 바버(James D. Barber)는 먼저 역대 미국 대통령들을 중심으로 성격적·심리학적인 측면에서 '활동에너지'와 '직무에 대한 태도'를 중심으로 대통령의 심리적 특성과 국정운영 결과의 관련성을 4가지인 적극—

긍정형(active-positive), 적극-부정형(active-negative), 소극-긍정형(passive-positive), 소극-부정형(passive-negative)으로 분석하였다.

James D. Barber(emotion about activity and duty)에 의해 구분된 대통령의 리더십에서 첫째로, 적극-긍정형(active-positive: a sense of active mission and responsibility)은 승부사형(gamesman)으로 활동적 사명감(active performance)을 수행하였던 Roosevelt, Truman, Kennedy 대통령 사례가 포함된다. 둘째, 적극-부정형(active-negative)은 야심형으로 권력지향적(power-oriented focus)과 공격적 야심가(aggressive ambition)로 Nixon, Johnson, Hoover 대통령의 사례이다. 셋째, 소극-긍정형(passive-positive)은 거인형으로 윤리적(morality)과 개방적(openness)이지만 소극적인 사명감(lack of a sense of mission and passive performance attitude)을 보여주는 Taft와 Harding 대통령의 사례이다. 넷째, 소극-부정형(passive-negative)은 사원형으로, 지도자의 역할 수행과 책임에서 축소 지향적으로, 폐쇄적 내향적 성격으로 자신감과 정열이 부족(lack of confidence and passion)한 경우이다. 지도자의 성향은 일반적으로 지도자의 개성(personality)을 의미하는데, 이러한 지도자의 개성은 지도자의 성격(character), 세계관(world view), 행위방식(style)을 포함하는 것이다(Barber, 1972; 1992).

뉴스타트(Neustadt, 1990)는 이러한 바버의 관점을 발전시켜 지도자의 개성이 협상능력과 함께 명망(prestige)과 평판(reputation)에 기초한 설득력(power to persuade)으로 발현된다고 주장한다. 나아가 명성과 대중적 평판에 기초한 인식(perception)과 설득력을 포함한 특정 지도자의 성향과 역량은 그가 처한 정치적 상황과 상호 영향을 주고받는다는 것이다. 이러한 정치심리학적관점에서 보면 지도자의 정치적 역할과 리더십은 시대적 상황과 지도자의 개성이라는 맥락에서 이해되어야 한다는 것이다.

대통령의 연구 대상과 범위 등은 세 가지로 설명될 수 있다. 첫째, 특정 대통령 개인에 집중하여 그의 성격과 행태를 포함한 개인적 리더십(personal leadership)의 연구이다. 둘째, 정책결정과정에서 정책결정, 집행, 조정의 관점에서 대통령의 비서실과 행정부를 포함한 대통령부(presidential branch)의 연구이다. 셋째, 대통령, 비서실, 행정부를 둘러싸고 있는 정치문화적 환경으로 국민, 국회, 정당, 언론과의 관계도 연구의 대상이다. 이러한 환경적·구조적 차원의 대통령의 연구 범위는 제도적 대통령(institutional presidency)에 대한 연구로 인식되고 있다.

대통령의 리더십은 개인적, 정책적, 행정적, 입법적, 대중적 리더십으로 구분해서 설명될 수 있다. 첫째, 대통령 개인의 성격 및 행태에 관심을 두는 개인적 리더십(personal leadership)이 있다. 둘째, 대통령의 정책결정에 대한 초점으로 정책의 전문화에 관심을 기울이는 정책적 리더십이라 한다. 셋째, 행정적 리더십은 대통령이 정책결정에서 집행에 이르기까지 성공적으로 행정이 수행되었는지에 초점을 둔다. 국가 제도적 기관의 효율적 운영을 위해 대통령 비서실과 행정부는 합리적인 정책결정과정 및 효율적인 정책집행에 초점을 두는 대통령의 행정적 리더십(administrative or executive leadership) 또는 관리적 리더십(managerial lead-ership)이 강조된다(이원근, 1998; Campbell, 1998; Nathan, 1986). 넷째, 입법적 리더십은 대통령이 결정한 정책이 의회의 의결과 함께 법제화 되어옳은 정책집행을 할 수 있도록 하는 과정이다. 이와 같이, 대통령이 국회에 대한 설득과 협상을 기반으로 한 "정책의 성공적인 입법적 통과"에 주안점을 둘 때는 대통령의 입법적 리더십(legislative leadership)이 강조된다(Wayne, 1978). 다섯째, 언론과 국민에 대한 정치적 지지확보에 초점을 둘때는 대통령의 대중적 리더십(public leadership)이 강조된다.

결과적으로, 대통령의 성공적인 국정운영을 위해서는 행정적 리더십과 입법적 리더십이 필요하다. 정책의 입법화와 법제화를 위해 입법적 리더십과 정책의 효율적인 집행을 위해 행정적 리더십이 강조된다. 대통령이 국민과 언론으로부터 정치적 지지 확보에 초점을 둘 때는 대중적 리더십(public leadership)이 강조된다(Edwards, 1983). 대통령의 정치적 역할과 리더십 분류와 관련하여 많은 연구들은, 대통령이 정책결과에 관심을 갖게되면 국회를 통한 정책의 법률화의 추진과 함께 정책의 입법적 성공을 위한 대통령의 입법적 리더십을 강조하게 된다고 주장한다. 또한 정책결과에 대한 중시는 성공적인 정책집행을 강조하는 것으로, 대통령의 관리적 리더십의 향상에 주안점을 둔다는 것이다. 결과적으로 향상된 정책성과에 의해 국민의 대통령에 대한 지지도와 인기가 높아져 대통령의 대중적 리더십이 높아진다는 것이다.

리더십은 권위와 연계되고 헤드십은 권력과 관계된다. 권력은 명령의 형태로 공식성과 하향성의 성격을 내포하지만 권위의 성격은 자발성, 지속성, 정당성으로 비공식성, 수평성, 상향성의 가치들을 포함하고 있다. 베버(Weber)는 권위의 정당성에 대한 기준들을 전통적 권위, 카리스마적 권위, 합리적 합법적 권위로 구분하고 있는데, 전통적 권위는 전통이나 지배자의 권력의 신성성을 보여주고, 카리스마적 권위는 지도자 개인의 초인적인 능력, 자질, 영웅적 행위에 대한 절대적 신뢰를 의미하고, 합리적 합법적 권위는 법규화된 질서나 명령권의 합법성에 대한 신념을 설명한다. 사이몬(H. Simon)은 권위수용의 기준들을 신뢰의 권위, 제재의 권위, 정당성의 권위로 구분하여 설명하고 있다. 첫째, 신뢰의 권위는 비판 없는 신뢰성을 바탕으로 하고 있다. 둘째, 제재의 권위는 불리한 결과(벌)와 유리한 결과(상)를 가져올 수 있게 하는 상급자의 능력을 의미한다. 셋째, 정당성의 권위는 인간이 조직에 참여할 때 조직이 정한 절차와 규칙의 정당성을 인정하는 가를 보여준다. 에치오니(Etzioni)는 권리의 유형에 따른 기준들을 강제적 권위, 공리적 권위, 규범적 권위로 구분하는데, 강제적 권위는 강제조직에서 물리적 힘에 의한 권위이고, 공리적 권위는 공리조직에서 경제적 보수에 위한 권위이고, 규범적 권위는 규범조직에서 도덕적 기준에 의한 권위이다.

민주적 리더십을 위한 필요조건(necessary condition for democratic leadership)으로 ① 합법성(legitimacy) ② 도덕성(morality) ③ 근대화 작업의 성패인 효과성(effectiveness) 등이 포함되는데, 합법성과 효과성의 관계에 근거한 정부의 안정성과 불안정성의 유형의 설명은 다음과 같이 기술될 수 있다. 효과성은 시민의 근본적인 요구의 만족도를 의미하고 합법성은 민주주의의 장치와 규칙을 내포한다. 첫째, 효과성과 합법성이 높을 때 정부가 가장 안정된다. 둘째, 효과성과 합법성이 낮을 때 정부는 매우 불안정하게 된다. 셋째, 효과성이 높고 합법성이 낮을 때 정부는 불안정하다. 넷째, 합법성이 높고 효과성이 낮을 때 정부는 비교적 안정된다는 것이다(Lipset, 1960).

2 관료(bureaucracy)

일반적으로, 대통령과 의회 지도자는 정책의제의 결정을 주도하고, 관료들은 실현 가능한 정책대안들을 검토한다. 행정국가의 경우에, 이익집단과 같은 비공식적 참여자들의 정치 체제에 대한 투입 기능이 활성화되지 못하고, 행정 관료들이 정책의제 설정에 미치는 영향이 크다. 관료는 전문지식을 통해 대안탐색에서 유리하고, 정책결정자는 목표 달성을 위한 전반적인 정책의제 형성을 주도한다. 강한 행정국가의 경우에 관료들은 실재 정책을 만드는 정책결정자(policy—maker)이고 정치가는 정책수용자(policy—taker)일 수도 있다.

행정조직이 정책집행을 주도할 수 있는 요인으로는 ① 국민의 요구에 대한 행정조직의 밀접한 관련성 ② 전문성에 근거한 문제의 해결 ③ 행정조직의 지속성 등이 포함된다. 다른 한편, 관료행정의 문제점으로는 ① 관료의 부패성 ② 사익을 위한 권력의 남용 ③ 관료의 계층적인 정치권력 독점 ④ 단일의 권력 중추에 책임지는 계층조직으로 능률성과 다양성이 부족한 측면들이 있다.

관료행정과 대비되는 오스트롬(Ostrom)의 민주행정 이론에서 정치경제학적 시각에 입각하여 제도적·헌법적 의사결정을 중시하고, 다양한 의사결정자의 결정에 근거해서 공공제와 공공서비스를 마련하기 위해서는 다양한 상호경쟁과 조정이 요구되고, 다양한 집단과 단체 사이의 권한 분산과 함께 안정적인 정치와 사회 질서를 유지하기 위한 조건이 필요하다.

Nakamusa & Smallwood(1980)은 정책결정자와 행정관료 간의 역학관계에 따라 정책결정과정에 있어서 관료의 역할을 고전적 기술자형, 지시적 위임형, 협상자형, 재량적 실험형 및 관료적 기업가형의 다섯 가지 역할로 분류하였다. 고전적 기술관료형에서 관료적 기업가형으로 갈수록 집행자의 재량권이 확대된다. 관료의 정책집행의 유형에서 일반적인 평가기준을 보면, 고전적 기술관료형(classical technocracy)은 효과성이고, 지시적 위임자형(instructed delegation)은 능률성, 협상자형(bargainers)은 주민 만족도, 재량적 실험가형(discretionary experimenters)은 고객의 대응도, 관료적 기업가형(bureaucratic entrepreneurs)은 체제유지로 구분될 수 있다.

1) 고전적 기술관료형(classical technocracy)

정책결정자가 정책목표를 결정하면 집행자는 목표를 전적으로 수용한다. 계층제적 명령구조에 근거해서 정책결정자는 "목표 달성을 위해 특정 집행자에게 약간의 기술적 권한(technical authority)을 위임"한다.

2) 지시적 위임자형(instructed delegation)

정책결정자가 정책목표를 결정하면, 집행자는 목표를 바람직하다고 판단한다. 정책결정자는 집행자들에게 목표달성을 지시하고, 집행자들은 상당한 정도의 행정적인 권한을 가진다. 행정적 재량권의 범위 내에서 행정 관료들 간에 기술적, 행정적, 수단적 협상의 추진을 통해 설정된 정책목표를 달성한다.

지시적 위임자형에 대한 비판은 다음과 같이 정리될 수 있다. 첫째, 집행자의 비전문성으로 인하여 정책 집행이 효과적으로 추진되지 않을 수 있다. 둘째, 다수의 집행자 집단이 정책 집행에 개입함으로써, 정책목표의 달성을 위한 수단의 선택문제에서 의견충돌과 갈등이 발생될 수 있다. 셋째, 이 관료제의 형태의 기본전제와 조건은 정책 결정자가 집행자에게 정확하게 구체적인 지시를 한다는 것인데, 만약 정책 결정자의 정책결정의 목표와 수단이 구체적이지 않다면 집행자들 간에 목표 달성을 위한 수단에 관해서 정치적인 갈등이 발생할 수 있다. 넷째, 정부 부처들 간의 갈등과 분쟁으로 집행수단에 합의할 수 없는 경우가 발생할 수 있다. 다섯째, 정책 수단에 대한 결정자와 집행자간에 의견 불일치가 정책집행의 실패의 사례로 간주될 수 있다.

3) 협상자형(bargainers)

공식적인 정책결정자가 정책목표를 정하고, 고전적 기술관료형과 지시적 위임자형에서 의견일치가 상존하지만, 협상자형에서 정책결정자와 집행자가 정책목표에 대해 상호간 반드시 의견이 일치하지 않는다는 것이다. 집행자인 관료는 정책결정자와 정책목표를 달성하기 위한 수단과 방법을 협상한다. 이 모형의 문제점으로, 정책결정자와 집행자들 간의 협상의 실패는 정책 집행 과정에서 주요한 장애가 된다. 집행자들에게 선호되지 않는 정책들은 집행자들이 집행을 하지 않거나 협상의 실패로 인한 교착상태로 집행이 실패한다. 정책결정자와 집행자들이 정책목표에 대한 의견의 불일치의 경우에 정책회피가 발생한다.

4) 재량적 실험형(discretionary experimenters)

공식적 정책결정자는 추상적인 목표를 설립하지만 지식의 부족과 불확실성으로 인하여 목표를 명확히 수립하지 못한다. 정책결정자는 목표의 구체화와 목표 달성을 위한 수단을 개발할 수 있도록 집행자들에게 광범위한 재량권을 위임한다. 이 모형의 비판으로 네 가지의 실패요인들은 다음과 같다. 첫째, 집행자가 지식의 전문성 부족으로 인한 기술적 실패이다. 둘째, 애매모호한 불투명한 정책으로 인한 혼란이다. 셋째, 집행자의 사욕으로 인한 실패이다. 넷째, 책임 한계의 불분명한 상황 및 조건과 함께 정책결정자와 집행자의 무책임성(unaccountability)으로 인하여 정책결정자나 집행자에 대한 책임 추궁의 어려움이 있다.

5) 관료적 기업가형(bureaucratic entrepreneurs)

관료적 기업가형은 집행자가 정책결정자의 권력의 장악과 정책과정을 지배하는 모형이다. 정책결정자가 정책 목표를 형성하는 것이 아니고,

집행자가 정책목표를 설정하고, 정책결정자는 집행자가 설정한 정책목표를 수용한다. 이 과정에서, 집행자는 정책결정자가 정책목표의 수용을 위한 설득, 협상, 타협을 추진한다. 정책결정자는 집행자가 정책목표를 달성할 수 있는 능력을 믿고, 집행자인 관료가 형성한 정책목표와 수단을 지지한다. 이 모형의 비판으로, 집행자들은 정보의 독점, 조절과 함께 정책과정을 지배하고, 정책결정자의 역할과 기능은 축소되고 안전성과 계속성의 원리가 강조되는 행정 관료제가 정치적 기술을 발휘하여 정책형성과정을 지배한다. 정책형성과정을 지배하는 역할을 수행하는 행정 관료가 정책결정권을 가지고 있는 경우이다. 관료가 정책결정을 위한 정보전달체계를 독점하고, 정치적인 정책결정자의 임기보다는 경력직인 관료의 임기가 지속성과 연속성이 있다는 점과 실질적인 정책형성과정의 실무자라는 관점에서 관료들이 "기업가적 이니셔티브(entrepreneurial initiative) 또는 기술(skill)"을 동원하여 정책결정권을 장악하는 경우이다.

3 입법부(legislature)

입법통제의 목적은 행정 책임의 확보와 행정 후원의 의도와 함께 입법부가 주체가 되어 행정이 입법의 목적에 부합되도록 제어하는 기능과 역할을 통해 행정의 합리적인 정책결정과 정책집행에 대한 후견적 영향력을 행사하는 것으로 간주될 수 있다. 입법통제의 개념에는 "행정책임을 확보하려는 의도, 행정을 통제하려는 의도, 행정을 후원하려는 의도" 등이 있다. 입법통제는 행정의 책임영역을 넓게 규율하는데, 이러한 입법통제의 책임은 "법률적 책임과 정치적 책임"을 모두 포함한다. 입법통제는 외부통제이므로 정치적이나 법률적 책임을 강조할 수 있다는 것이다.

의원내각제와 비교할 때 대통령중심제는 정책의 의제설정단계에서 의회의 역할 축소와 정책결정단계에서 입법부의 권한 약화를 초래할 수 있다. 입법부는 정책집행과 평가에서, 예산심의를 통해 예산을 삭감 혹은 지연의 수단을 통해 정책집행활동에 커다란 영향을 미치고, 국정감사나 국정조사를 통해 집행활동을 감독한다.

행정통제는 행정부의 법령, 시책, 사업계획 등을 집행하는 과정에서, 적법성, 공정성, 효율성 등을 감시하는 통제장치가 피드백(feedback) 시스템이다. 행정체제가 환경과의 사이에서 안정적인 유지와 효율적인 발전을 위해서는 환경으로부터의 피드백 기능이 원활하게 작동되어야 하는데, 피드백에는 내부피드백과 외부피드백으로 구분될 수 있다. 내부피드백에 해당하는 제도적 장치로서는 중앙의 경우 대통령비서실, 감사원, 국무총리 국무조정실, 안전행정부, 기획재정부, 기획예산처, 사정당국, 사법적 기관 등과 각 부처의 경우 기획관리실, 감사 담당관실 등이 포함된다. 외부피드백으로는 국회, 법원, 헌법재판소, 정당, 언론, 각종 이익단체 및 연구기관 등이 해당된다. 이런 피드백 과정과 절차를 통해 행정통제의 역할과 기능을 수행하게 된다(박동서·안해균, 1999: 29).

국민의 대표성을 보여주는 국회의 중요한 임무는 행정통제로 대통령은 국정운영을 책임지고, 국민은 국회와 행정부 각자에게 "입법과 예산의 심의·확정과 국정운영에 관한 대표성을 위임"하는데, 국회와 행정부가 국정운영의 과정에서 견제와 균형의 시스템을 구축하는 것이다. 국회의 행정부 통제권한은, 입법기능에 의한 통제권한, 국정감독기능에 의한 통제권한, 재정기능에 의한 통제권한, 국회자율에 의한 통제권한 등이 포함된다. 구체적으로, 입법기능에 의한 통제권한은 법안심의의결권, 법률안 제출권, 헌법개정안 발안의결권이 포함된다. 국정감독기능에 의한 통제권한은 국정감사 및 조사권, 국무총리·국무위원 국회출석 요구권·질문권, 탄핵소추권, 해임건의권, 국무총리·감사원장 임명동의권, 조약체결비준권, 일반사면요구권 등이 포함된다. 재정기능에 의한 통제권한은 예산안심의확정권, 계속비·예비비의 의결승인권, 긴급재정명령처분 및 긴급명령의 승인권 등이 포함된다. 국회자율에 의한 통제권한은 내부조직권, 국회규칙 제정권, 의사에 관한 권한 등이 포함된다.

요약하면, 입법부는 국민의 선출에 의해 구성되는 국가대표기관으로, 기능은 국민의 의사를 반영한 법률제정, 예산심의를 통한 정책결정, 집단

간 갈등조정, 행정부 통제 등이 포함된다. 구체적으로, 입법부에 의한 행정통제 방법으로는 입법심의, 공공정책의 결정, 예산심의, 각종 상임위원회의 활동, 국정조사 및 국정감사 활동, 임명 동의 및 해임 건의 또는 탄핵소추권, 기구개혁, 청원제도 등을 들 수 있는데, 입법부의 행정부에 대한 통제가 효과적으로 이루어지기 위해서는 의회의 전문성이 확보가 필요하다. 의회의 정책형성과정 참여의 의미는 전체사회의 윤리성 확보, 다양한 요구와 갈등의 조정을 통한 정치적 통합, 정치적 절차의 적절성 확보를 통한 정책의 수용성 제고, 통치행위의 정당성 확보를 위한 정책의 정당화기능, 민의 반영의 통로로 실질적인 국민 대표성 구현이 포함된다.

행정 관료의 전문성·기술성의 향상, 행정 관료에 대한 광범한 자유재량의 허용, 재정규모의 팽창과 행정 관료가 장악하고 있는 막대한 예산권 등의 요인으로 행정권이 날로 강화되어 입법권과 사법권보다 상대적으로 영역이 확대되고 있다(박창홍, 2003). 사회현상의 정보화와 전문화에 기인해서 신속성과 타당성의 대응이 강조되고 있지만, 의회의 정책결정에서 적실성의 부족, 전문성의 미흡, 공공성의 미흡 등의 경향 등은 입법부의 역할보다는 "전문지식과 경험을 갖춘 행정관료"들의 기능을 선호한다는 관점에서 행정국가화 경향이 있다는 것이다. "행정을 수행하는 행정 관료의 역할 권능과 재량"의 확대는 권력구조의 폐단, 삼권분리 원칙의 저해, 비효율적인 자원배분의 문제점들을 야기하였고, 현대행정이 전문화, 복잡화, 다원화되는 추세에서 입법주체로서의 국회의 역할이 상대적으로 축소되는 상황과 여건에서 입법부의 행정통제의 수단과 조치가 필요하다는 것이다. 구체적으로 입법통제 수단들은 입법권, 예산·결산심사권, 고위직 임명승인권, 국정감·조사권, 질문권, 민원처리 등이 포함된다.

Robert Presthus의 견해에서, 의회는 행정통제의 중요한 기능을 수행하는 과정에서 ① 예산심의·확정권 ② 회계감사권 ③ 청문권 ④ 고급공무원 임명동의권 ⑤ 입법권 등의 수단들을 활용한다(Robert Presthus, 1975: 373; 장인식, 2001: 26). Joseph P. Hariss는 의회통제 방법을 공식적 방법과 비공식적 방법으로 나누고 공식적 방법으로는 ① 입법권 ② 예산심의·확정권 및 회계검사권 ③ 고급공무원 임명동의권 ④ 질문권 ⑤ 국정감사권 ⑥ 조약동의권 ⑦ 기타 건의권 등을 들고, 비공식적 방법은 위와 같은 공식적 권한에 의해 행해지는 것이 아니라 각종 위원회와 개개의원에 의하여 정부 공무원들과의 협의를 통해 이루어진다고 할 수 있다(장인식, 2001: 26). Bernard Rosen에 따르면 미국의회의 경우 입법통제의 수단으로 민원처리, 세출과정, 상임위원회 감독활동(청문회, 조사활동, 행정부처의 보고의무 등), 권고와 승인(advice and consent), 입법감사기구, 비법규적 비공식 감독 등 6가지를 들고 있다.

국회의 중요한 기능인 행정통제의 방안으로 국정감사제도를 운영하고 있는데, 의회는 삼권분립의 원칙에 근거해서 행정부에 대한 감시활동을 위한 국정감사와 국정조사는 중요한 제도로 인식되고 있다. 국정감사·조사권은 국회가 행정부의 정책 결정과 집행에 관한 국정 전반의 행정부의 시정을 감시·비판하는 기능을 수행하기 위한 수단으로 국정사안에 관하여 감사·조사할 수 있는 권한을 의미한다. 매년 정기국회의 중심활동으로 시행되고 있는 국정감사는 국회의원, 행정부, 일반 국민에게도 중요한 의미를 부여하고 있다. 행정부 입장에서는 국회와 국민에게 정책 집행의 정당성을 평가받고 의원들의 입법의도를 측정해서 정책 방향을 재정립하는 기회로 삼을 수 있다(장인식, 2001: 2).

국정감사의 회의론으로 국정감사제도와 운영의 문제점으로 감사 의제의 비조직성과 비체계성 문제, 행정부와 입법부의 정보의 비대칭 문제, 정책감사의 상실 문제, 국정감사결과 사후결과와 조치의 처리 문제의 미흡, 피감기관의 과다, 인기영합의 감사, 의정지원기관의 전문성 부족 등이 지적되고 있다. 한국의회정치의 퇴화원인들은 ① 권력구조상의 문제로서 국회에 대한 행정부의 상대적 우위 ② 의회지도자의 리더십 빈곤 ③ 국회의원의 윤리성과 전문성 자질 저하 ④ 입법보조기관의 미비 ⑤ 국가 산업화정책이 강화됨에 따라 능률주의와 기술 관료주의가 상대적으로 중시 ⑥ 의회정치의 토대인 정당체계의 취약성 ⑦ 선진화된 정치

문화의 미숙 등이 포함된다.

입법부의 의사결정유형으로는 흥정, 설득, 명령 등이 포함된다. 흥정은 상호 수용 가능한 위치에 도달하기 위해 벌이는 협상, 대등한 교환, 타협으로, 흥정이 사회의 지배적인 의사결정 양식이 되기 위해 두 가지 전제 조건이 필요하다. 첫째, 사회적 다원주의는 부분적인 자율성을 지닌 다양한 집단(노동조합, 실업단체, 전문직업단체, 농업단체, 환경집단, 체육인 클럽, 민권집단)이 존재해야 한다. 둘째, 권력 분립과 양원제와 같은 헌정 관행이 있어야 하고, 헌정 관행은 정치권력을 다양한 결정점에 분산시키는데 기여한다. 협약(understanding)과 신사협정(gentlemen's agreement) 같은 흥정은 국회에서 자주 발생하는데, 의원들은 장래의 협력을 약속받는 조건으로 주어진 법안에 대해 다른 의원을 지지하기로 동의한다.

흥정의 일반적인 두 형태들은 통나무 굴리기식 상호협력(log-rolling)과 타협(compromise)이다. 첫째, 통나무 굴리기식 상호협력(log-rolling)은 서로 다른 두 개 항목에 대한 지지의 상호교환으로 예를 들면, 자신의 출신구나 지역구에 어떤 사업을 유치하기를 원하는 의원들은 실제로 다른 의원들의 출신구나 지역구의 사업을 지지할 것을 동의한다. 둘째, 타협(compromise)으로, 흥정자는 반조각의 빵이 전혀 없는 것보다 낫다고 생각하고 합의에 도달한다. 예산배정의 논제는 전형적인 타협의 대상으로 간주되고 있다. 설득의 경우에, 흥정자와는 달리 설득자는 자신의 견해를 수정 없이 지지를 모색한다. 대통령의 사업계획이 의원과 선거구민에게 이점을 소개하며 국회지도자들에게 사업계획의 지지를 호소하는 경우이다. 명령의 경우에, 흥정은 동류집단간의 상호작용을 강조하지만, 명령은 상관과 부하간의 계서적 관계로, 민주사회보다는 독재사회 그리고 민간보직보다는 군대조직의 의사결정 과정으로 간주되고 있다. 실제적인 의사결정 상황에서는 흥정, 설득, 명령이 혼재되어 있다. 흥정은 다원주의의 정치과정에서 가장 일반적인 의사결정 형태이고, 설득과 명령은 흥정의 부수적 수단으로 가치에 대한 보편적인 합의로, 권위체제로 특정 지워지는 사회에 더 적합하다.

이익집단(interest group)

집단의 개념은 일정한 목표를 향해 활동하려는 사람의 집합체로 기초 집단은 가족이고, 준정치집단은 압력단체이고, 성숙된 정치 집단은 정당 으로 간주될 수 있다. 압력의 개념은 저항, 설득, 선전으로, 균형의 개념 은 압력과 반압력 사이의 상호관계로 형성된 상태나 결과이다. 이익집단 의 발생과 참여 동기로는 대중사회와 대중민주주의의 요구, 정당역할의 한계성, 이익의 다양화, 국가의 역할의 제한과 통제 기능, 참여적 정치문 화의 증대 등이 포함된다.

대상 집단의 사회적 형성과 정치적 권력(Schneider and Ingram 1993; Ingram, Schneider and deLeon 2007) 논의는 다음과 같이 서술될 수 있다. 정치적 권력은 대상집단이 다른집단과 쉽게 연합을 형성할 수 있는지, 얼마나 많은 자원을 보유하고 동원할 수 있는지, 집단 구성원들이 높은 전문성 을 가지고 있는지를 평가한다. 사회적 형상에서 긍정적 형상은 자질성, 영리성, 정직성, 이타성 등을 표현하고, 부정적 형상은 비자질성, 비영리 성, 비정직성, 이기성 등을 포함한다.

표 7-1　대상 집단의 사회적 형성과 정치적 권력

정치적 권력/ 사회적 형상	긍정적	부정적
높음	수혜집단(advantaged groups) 기업, 과학자, 군대	주장집단(contenders groups) 노동조합, 환경운동가
낮음	의존집단(dependents groups) 미망인, 고아, 노숙자	이탈집단(deviants groups) 범죄자, 테러리스트, 마약상

자료: Schneider and Ingram(1993), Ingram, Schneider and deLeon(2007)

수혜집단은 "높은 정치적 권력과 긍정적인 사회적 형상"으로 이 집단 의 특징들은 공공정책에 의한 수혜집단으로 국익을 위한 봉사와 역할을 강조한다. 주장집단은 "높은 정치적 권력과 부정적으로 인식되는 집단"

으로 법률에 의해서 규제를 받는다. 의존집단은 "낮은 정치적 권력과 긍정적인 사회적 형상"으로 정치력 권력이 부족하기 때문에 자신들의 요구를 정책에 효과적으로 반영하기 어려운 측면들이 있다. 이탈집단은 "낮은 정치적 권력과 부정적인 사회적 형상"으로 정책결정자들은 대중의 지지와 함께 부정적인 집단에 대해 규제나 처벌을 강화한다.

18세기는 개인 발전의 시대, 19세기는 사회 발전의 시대, 20세기는 집단 발견의 시대로 구분될 수 있다. 집단은 이익집단, 압력집단, 정치집단으로 구분할 수 있는데, 이익집단은 집단의 이익에 초점을 두지만, 압력집단 또는 정치집단은 집단의 정치적 영향력 행사와 역할에 초점을 둔다. 또한, 사익집단은 구성원의 사적이익의 증진을 위한 결사체이지만, 공익집단은 공적문제에 관한 구성원의 신념 또는 태도에 따라 구성된 결사체로 소비자보호단체, 경실련, 참여연대, YMCA, 환경운동연합 등이 사례로 설명될 수 있다. James Q. Wilson(1995)은 정부 규제의 4가지 정치적 상황을 이익집단정치, 대중적 정치, 고객정치, 기업가적 정치로 구분하는데, 아래의 <표 7-2>와 같이 설명할 수 있다.

표 7-2 Wilson의 규제 정치적 상황

	넓게 분산(감지된 편익)	좁게 집중(감지된 편익)
넓게 분산(감지된 비용)	대중적 정치 (majoritarian politics)	고객정치 (client politics)
좁게 집중(감지된 비용)	기업가적 정치 (entrepreneurial politics)	이익집단 정치 (interest group politics)

자료: James Q. Wilson(1995), 이달곤 외(2007: 811)에서 재인용

첫째, 이익집단 정치는 정부규제로 인해 비용과 편익이 소수의 동질적인 집단에 집중될 수 있고, 국민의 이익보다는 이익집단의 이익은 중시될 수 있다는 것으로, "의약분업, 노사관계규제, 벤처기업지원제도" 등이 사례로 포함될 수 있다.

둘째, 대중적 정치는 비용과 편익이 불특정 다수에게 영향을 미치는

경우로, 규제필요성은 사익을 추구하는 이익집단보다는 공익을 추구하는 집단에 의해 제기된다. 이 과정에서, 규제 기관의 책임자 또는 최고국정 책임자은 반대 의견과 견해의 극복과 함께 합의적인 여론 형성을 통해 최종적인 규제 여부에 대한 결정을 한다. 사례로는 "낙태규제, 독과점 및 공정거래 규제, 언론의 윤리규제, 사회적 차별 규제" 등이 포함된다.

셋째, 고객정치는 편익이 소수에게 집중되고 규제비용이 다수에게 분산되는 상황으로, 잘 조직화된 소수의 정치적 압력 단체가 막후교섭과 로비를 통한 강력한 정치적 영향력을 행사하는 경우로, 전체 시민의 공익은 저해될 가능성이 있다는 것이다. 사례로는 "수입규제, 농산물 최저 가격제, 택시사업인가" 등이 포함된다.

넷째, 기업가적 정치는 편익은 대다수에게 넓게 분산되고 비용은 소수의 동질적인 집단에 집중되는 경우로, 비용부담을 하는 기업가와 편익의 수혜자인 일반대중을 대표하는 공익집단의 역할이 중요한다. 사례로는 "환경오염규제, 자동차안전규제, 산업안전규제" 등이다.

이익단체 영향에 대한 긍정적과 부정적 논의들은 다양한 학자들에 의해 논의되고 있다. 집단 이론들은 비역사적 · 비이념적인 태도로 인하여 사회의 변혁보다 현존 정치체계의 설명과 분석에 초점을 둔다는 것이다. 벤틀리와 트루만의 정치 집단론자들은 정부 역할을 중립자로 인식하지만, 조합주의 이론가들은 국가는 사회의 발전을 위해 적극적 조정과 통제를 추구해야 한다는 것이다. 또한, 리브롬(Lindblom), 돔호프(Domhoff), 울프(Wolfe)는 기득권층의 비즈니스 그룹의 영향들을 논의하고, 멕코넬 (McConnell)은 강한 정치적인 제도를 위한 의회 기능 보다 강한 대통령제를 선호하고 있다. 로위(Lowi)는 비효과적인 정책들로써 정부 공공정책보다 개인 관심들의 그룹들의 영향을 설명하고 있고, 쉐쉬나이더(Schattschneider)는 상위 소득 계층, 높은 교육 계층, 비즈니스 계층에 의해 조직된 이익단체 그룹의 강한 영향력의 주장과 함께 이익단체 영향의 부정적 논의들을 보여주고 있다.

전통주의적 시각에서 이익집단 이론은 사적이익집단(private interest group)

을 중심한 다원주의(pluralism)적 시각으로 인식될 수 있다. 서구의 자유주의적 전통을 강조하는 다원주의적 시각은 개인 사회구성원들의 다양한 집단들의 형성과 상호작용을 통해 시장민주주의(market democracy) 체제가 작동한다는 것이다. 다원주의적 시각은 미국을 비롯한 서구선진국의 정치모델인 갈등해결의 정치(politics as conflict-resolution)모델로서, 이익집단은 경쟁구도에 의해 설정된 게임규칙에 의거하여 민주정치 질서를 형성한다는 것이다. 다원주의는 "정치적인 숲(political forest)보다는 정치적인 나무(political tree)"를 강조하는 개념으로 개인주의에 바탕을 둔 합리주의적 사고에 근거한 정치모델로 간주되고 있다.

정치 집단 이론의 주창자 벤틀리(A. Bentley, 1870~1957)는 정치를 제도와 구조의 분석이 아닌 동태적인 과정(process)의 중심으로 개인보다는 집단의 행동 현상의 분석을 통해 이전의 국가 중심의 분석에 대한 문제점을 제기하고 있다. 매디슨(Madison)은 첫 번째 중요한 미국 그룹 이론가로 인간 본성의 이기주의와 공공 관심에 반대하는 투쟁들과 파벌로 인한 강력한 정부를 지지하지만, 트루만(Truman)은 다른 그룹 관심들의 이성적, 합의적, 상호적인 조절과 협의들을 강조한다. 다알(Dahl)의 견해에서 대중과 지도자들의 양쪽에 의해 정책의 결정이 이루어지는데, 투표의 권리, 자유로운 경쟁적인 선거를 통한 지도자들의 선출, 공정한 관료 임용 절차, 구속과 제한 없는 의견을 표출하기 위한 권리, 독립적인 정당과 이익 단체를 만들기 위한 정책들이 강조된다. 절대적인 권위(authority)와 권력(power)은 행동(action)의 타락(corruption)으로 정책과정에서 참여(participation)의 과정을 강조하는데, 다원 민주주의 딜레마(dilemmas of pluralist democracy)는 권리(rights) vs 효용(utility), 개인적인 평등(individual equality) vs 조직적인 평등(organizational equality), 획일성(uniformity) vs 다양성(diversity), 집중화(centralization) vs 분권화(decentralization) 등이 포함된다. 다원주의에서 권리, 개인주의, 다양성, 분권화의 가치와 개념들이 강조되고 있다.

이와 같이, 다원주의의 중심이론들은 벤틀리(Arthur Bentley), 트루만

(David Truman), 다알(Robert Dahl) 등에 의하여 주장된 이론으로, 이익집단은 정책결정과정에서 중심적인 역할과 기능을 하고 정부는 중립적인 지위를 지니는 심판자(umpire)로 다양한 집단들 간의 상호작용의 조정과 중재를 통한 공익을 추구한다는 것이다.

고전적 이익 집단론자들은 공통의 이해관계에 기반을 둔 이익집단의 결성을 자연스러운 현상으로 보고 있다. 투입에 따른 산출의 정치 과정이 민주주의 체제로 사회 구성원들은 다양한 이익집단을 형성해서 개별적 보다는 집단적으로 이해관계들을 표출하는 것이 큰 정치적 효과를 갖는다고 생각하기 때문에 이익 집단을 형성하게 된다는 것이다. 벤틀리(Arther Bentley)는 집단 성원의 공통의 이해관계에 의해 이익집단이 형성되는 과정을 분석하고 있는데, 벤틀리(1980)는 정부의 과정(The process of government)의 저서에서 제도와 개인의 분석의 정태적 관계가 아닌 사회 구성원들의 요구, 지지, 반대의 상호 작용의 정치 과정을 분석하였다. 벤틀리는 동일한 이익활동을 중심으로 모인 사람들의 집합을 '집단'이라고 정의하고, 이익활동이 있는 곳에는 반드시 이익집단이 형성된다는 것이다.

또한, 트루만(David Truman)은 이익집단의 분출경로를 두 가지 이론으로 설명한다. 첫째, 한 집단의 형성은 형성된 집단에 대항해서 다른 집단을 형성한다는 파도이론(wave theory)이다. 둘째, 현대사회에서 급속한 변화, 기술의 전문화, 이해관계의 다양화가 집단의 확산을 가져온다는 확산이론(proliferation theory)이다. 벤틀리와 같이, 트루만(1951)은 The government process의 저서에서 이익 집단은 집단 성원의 공통의 이해관계에 의해 형성되는데, 집단을 정치의 중심으로 이해하였다. 다원론자들은 이익집단의 활동을 정당한 가치 있는 기능으로 인식하고, 개인이익이나 국가이익보다 집단이익을 중요시하며, 집단압력의 형성이 정부의 정책결정과정에 있어서 주요한 결정인자라고 주장한다.

그러나 이런 다원주의 시각은 다알의 견해와 같이 이익집단들 간에 "물적·인적 자원, 지도력, 로비능력, 영향력 수준 등의 불평등적 요인"에 의해 "국가의 무지배성(unruliness), 불안정성(unstableness), 비효율성

(uneffectiveness) 등과 같은 통치력의 위기를 초래"하고 있으며, 특히 공익의 침해는 "물적·인적 자원이 우세한 사적이익집단"에 의해 발생되고 있다. 결과적으로 정부의 공공선의 추구는 다원주의적 이익집단정치에 의해 침해되고, 국가이익보다 집단이익을 중요시함으로써 국가의 공익정신과 정통성을 파괴한다는 것이다.

고전적 이익 집단론자들의 관점에서 이익집단은 공통의 이해관계에 근거해서 자연적으로 구성된다는 것이지만, 각 개인들의 공통된 이해관계가 존재하면 자연적으로 조직이 결성될 것이라는 다원주의자들의 견해는 올슨(M. Olson)에 의해 비판받고 있다. 이익집단에 대한 전통적 접근방법과 올슨의 집단이론의 비교적인 논의는 다음과 같이 설명될 수 있다.

올슨(M. Olson)은 각 개인들의 공통된 이해관계가 존재하면 자연적으로 조직이 결성될 것이라는 다원주의자들의 견해를 비판하고 있다. 즉, 벤틀리와 트루만은 집단의 이익이 존재하는 곳에서는 이익 집단이 결성된다고 보았으나, 올슨은 조직 기술과 수단의 동원이 없이는 공통의 이해관계가 있는 곳에서도 집단이 쉽사리 조직되지 않는다고 주장하였다. 예를 들면, 집단 성원들에게 금융상의 경제적 혜택들을 제공하여 집단의 결성을 촉진시키는 것 등을 살펴볼 수 있다. 이와 같이, 공통된 이해관계라는 기반이 없이는 집단이 조직될 수 없다는 점에서 벤틀리와 트루만의 이론은 타당하지만 이해관계가 있는 곳에 반드시 자동적으로 집단이 결성되는 것이 아니라는 것이다.

대규모의 잠재적 집단의 경우에 합리적·이기적인 개인들은, 집단의 목표에 대한 전원일치의 합의가 있다고 할지라도 강제나 유인이 제공되지 않는다면 집단의 공동이익을 위해 비용을 감수하려고 하지 않는다는 것이다. 또한 소비자나 납세자와 같이 공통이익을 갖고 있으면서도 조직을 갖고 있지 않은 경우도 있다는 것이다. 대규모 집단이 어떤 강제나 선택적 유인이 없이도 구성원들의 이익을 증진시키기 위해 자발적으로 결성되는 것은 아니라는 것이다.

이와 같이, 올슨의 사상은 고전적 다원주의 이론을 비판한다. 고전적 다원주의 이론은 공동의 이해관계가 있으면 이익 집단을 조직하고, 집단들의 경쟁은 사회 전체에 보편적 이익을 야기한다는 것이다. 그러나 올슨은 큰 이익집단은 결속력이 약하고 이익집단들의 경쟁이 사회전체의 보편적 이익을 야기시킨다는 관점을 부인하고 있다.

결과적으로, 올슨(Mancur Olson, Jr.)은 "The logic of collective action"(1968)에서 합리적 선택이론의 관점에서 기존의 다원주의이론을 비판하고, 개인과 집단의 상호작용에 대한 새로운 견해를 제시하였다. 집단을 소집단과 대집단으로 구분한 올슨은 큰 규모의 잠재적 대 집단은 합리적인 개인에게 비용을 분담하려 한다는 "부산물이론"을 제시하였고, 소집단은 자발적인 조직을 결성해서 소수를 위한 특수이익을 모색한다는 "특수이익이론"을 주장하였다. 실업계와 같은 소집단은 대집단에 비해 정치적으로 유리하며, 이들의 특수이익은 비활동적·비조직적인 국민들의 이익을 압도하는 경향이 있다. 소그룹은 결집력과 영향력 높아 그룹 이기심을 관철하기도 용이하지만 소비자, 납세자, 노인 등의 대규모의 집단들은 응집력과 영향력이 약한 이유로 조직된 이익집단을 형성하기에 어렵다는 것이 올슨의 설명이다. 경쟁대신 기득권에 추구하는 이익집단은 재화를 생산해 수익을 창출하는 것이 아니라 "조직이 미약한 그룹들을 희생시켜 이익을 챙기는 분배연합"이라는 것이다.

올슨은 이런 논리로 지대추구 사회의 등장을 설명하는데, 지대추구란 "생산적인 경쟁 대신 국가의 보호를 받아 힘들이지 않고" 수익을 창출하는 행동이다. 주목할 것은 집단행동의 논리가 경제번영에 미치는 영향이다. 분배연합의 목적은 구성원들을 경쟁으로부터 보호하는 것이기에 혁신 능력과 생산성 하락은 필연적이다. 이익집단은 경제적·사회적으로 나타나는 특수한 이익을 대변하고, 공정한 시장경제의 시스템을 훼손할 수 있다는 것이다. 공정한 시장질서와 체제는 성장을 가로막는 것이 이익집단이라는 것이다. 재산권의 확립과 기반으로 하는 시장경제체제는 번영과 성장의 근본적인 요인으로 자본, 자원, 인구가 아니라 민주주의 시장경제가 발전을 위해 중요하다는 것이다.

그러나 올슨의 집단이론은 "자선적 로비나 종교적 로비와 같이 합리성이 낮은 집단에는 적용되지 않는 한계"를 가지고 있다. 집단행동에서 올슨은 이익집단이 정부에게 영향력을 행사해서 각종 특권과 특혜를 얻어내고, 공정한 경쟁 없이 공급자들이 담합을 통해 경쟁자의 시장 진입을 막고 가격 상승을 유도하고 소비자들의 희생을 통해 막대한 이익을 챙긴다. "경쟁 없이 손쉽게 돈을 벌 수 있는 방법을 찾는 것이 인간의 보편적 심리"로, 이익집단은 로비를 통해 정부를 압박해서 여러 가지 특권과 특혜를 획득한다는 것이다. 특권이란 "경쟁으로부터 집단구성원들을 보호하는 면허제, 인허가제, 관세, 비관세, 시장규제들"이다.

이러한 올슨의 집단이론은 정치현상을 경제학적 방법으로 연구하고자 하는 합리적 선택접근법에 기초를 두고 있는데, 분석의 초점은 개인의 행위로 사회현상에 관한 법칙은 미시적 법칙으로 환원될 수 있어야 한다는 방법론적 개인주의'(methodological individualism)에 기초하고 있다.

올슨은 집단행동이론을 통해서 역사적인 경제적 성장과 실패들을 분석하고 있다. 올슨은 2차 세계대전 이후 승전국과 패전국의 경제성장률 차이를 설명하고 있는데, 세계대전 패전국인 독일과 일본이 전후 연평균 8%의 높은 성장률을 달성한 반면 영국과 미국은 2~3%의 낮은 성장률을 기록한 원인들은 이익집단에 있다고 논의하고 있다. 독일과 일본은 패전과 함께 이익집단이 붕괴했지만 미국과 영국은 안정된 사회를 배경으로 이익집단이 분배연합으로 상존하면서 경제적으로 어려움에 직면했다는 것이다. 혁명과 전쟁과 같은 사회적 현상들은 기득권을 유지하려는 이익집단의 분배연합을 해체시키고, 경제성장과 번영에 활력소로 작용하지만, 분배연합의 상존과 성장은 큰 정부를 야기시키고 경제번영에 장애요소로 작용한다는 것이다.

또한, 올슨은 이익집단의 논리로 소련과 중국의 사례들을 설명한다. 스탈린의 강력한 철권통치로 인해 분배연합의 특권층인 노멘클라투라 공산귀족이 득세할 수 없었기 때문에 계획경제가 처음에 성공하였다는 것이다. 하지만, 점차적으로 국유산업에서 번성한 공산귀족 특권층이 정부의 관료와 담합해 최고지도부의 권력과 권위의 붕괴와 함께 공산당체제의 붕괴로 이어졌다고 말한다. 체제 붕괴 이후, 지속적인 분배연합의 존속은 러시아의 체제 전환의 중요한 장애물로 작용하였다는 것이다. 이와 달리, 중국에서 기득권 세력인 분배연합이 문화대혁명 기간 중 근절됨으로써 중국의 개혁이 성공하였다는 것이다.

하지만 중국은 시장체제를 수용하였지만, 구소련은 시장체제를 적극적으로 수용하지 않았다. 시장경제가 성장과 번영의 길이라는 올슨의 견해인데, 노멘클라투라의 분배연합이 창궐하지 않았다고 해도 소련경제는 붕괴할 수밖에 없었다는 것이 오스트리아학파의 인식이다.

이와 같이, 올슨의 사상은 사적 재산권을 기반으로 하는 시장경제체제를 강조하는데 시장경제의 번영과 성장을 방해하는 요소들은 이익집단이고, 공정성에 근거한 시장체제와 민주주주의가 사회발전을 야기한다는 것이다. 사회 번영과 발전의 원동력은 자본, 자원, 인구가 아니라 시장경제체제로 그룹 이기주의에 이익집단이 경제번영과 사회발전의 장애물로 작용한다는 것이다.

올슨은 정부의 기능과 역할 없이는 경제번영은 가능하지 않다고 지적하고 다원주의의 이익집단의 문제점을 논의하고 있다. 다원주의는 공동의 이해관계에 근거한 자생적 이익집단의 발생과 함께 다수의 이익집단들의 대칭적 경쟁들을 통해 사회 전체에 보편적 이익을 가져온다는 것인데, 올슨은 대집단의 경우에 결속력과 응집력의 부족으로 경쟁적 대칭성을 부인하고 있다. 또한, 올슨은 마르크스의 계급이론인 프롤레타리아 계급이익을 위해 모든 노동자가 혁명에 동참한다는 견해를 비판하고, 혁명에 동참하지 않고도 다른 사람들의 기여로 달성된 결과를 향유하는 무임승차 행동의 가능성을 지적하고 있다.

결과적으로, 역사적 분석과 함께 집단행동이론의 개념에 기초한 올슨의 견해는 다음과 같이 설명될 수 있다. 집단행동의 핵심적인 논리에서, 경쟁 없이 손쉽게 돈을 벌 수 있는 방법을 찾는 것이 인간의 보편적 심리다. 결과적으로 경쟁대신 힘들이지 않고 재력을 획득할 수 있는 기득권에 집착한다. 공급자들이 담합해 경쟁자의 시장 진입을 막고 가격을 올려 소비자를 희생시켜서 이익을 챙긴다. 올슨은 이익집단이 정부에 대한 압박과 로비를 통해 면허제, 인허가제, 관세, 비관세, 시장규제의 각종 특권을 얻어낸다고 생각했다.

현재의 선진국들의 경기침체도 "기득권 수호의 그룹이기주의"의 분배연합의 개념으로 설명될 수 있다는 것이 올슨의 분석이다. 올슨는 "경제적 번영을 위해선 독재보다 민주주의가 바람직하다"고 언급하고 있는데, 정부 없이는 재산권의 확립과 경제번영도 가능하지 않다는 올슨의 주장은 홍콩, 싱가포르, 중국의 경우에 시장체제의 수용 하에 이익집단의 분배연합의 창궐을 방지함으로써 경제적 번영과 성장을 달성하고 있다는 것이고, 그룹이기심에 근거한 이익집단은 공익적인 사회전체에 피해를 주는 경제성장의 주요한 장애물이라고 지적한다. 올슨은 국가가 생산성의 향상과 번영을 이루기 위해선 "정치와 경제가 이익단체의 압력으로부터 벗어나 자유경쟁을 통한 생산적 이윤추구를 할 수 있는 구조"를 만들어야 한다고 강조한다.

노르웨이 출신 이민 가정에서 태어난 올슨(M. Olson)은 새로운 집단행동 이론의 개념에 공헌하였고, 집단행동 논리 연구로 정치학, 사회학, 행정학, 정책학의 공공선택론을 포함하는 사회과학 전반의 발전에 큰 기여를 하였다. 올슨의 개념은 불평등한 이익집단들이 상존하기 때문에 정부가 취약한 이익집단의 대항력을 키워야 한다는 케네스 갤브레이스 견해를 비판한다. 하지만, 케인즈와 하이에크의 견해에서 사회 변동의 추진력은 이념인데, 올슨은 집단행동이론에서 경제적 이해관계의 주안점을 두고 이념과 신념 등의 요인들을 간과하는 경향이 있다는 것이다. 올슨의 견해와 같이 하이에크는 "현대사회의 진정한 착취자"인 이익집단은 "그룹 충성심으로부터 권력을 도출해 민주주의를 부패시킨 집단"이라고 지적하고, "이익집단의 정치적 영향력을 차단할 수 있는 헌법장치를 마련해야 한다는 것을 강조"한다.

이익집단은 "이해관계를 공유하는 사람들이 공동의 이익을 실현하기 위하여 정부의 정책에 영향력을 행사하려는 집단"이다. 정당 조직의 과도화, 거대화, 관료화로 인해 개인의 이익을 대변하지 못한다는 여건과 조건에서 대의정치의 한계의 극복과 이익의 다원화를 위해 이익집단을 형성하였다. 민주주의 국가의 정치과정은 투입을 통한 산출이 중심이고, 전체주의 국가는 산출을 통한 투입이 중심이라는 점에서 차이를 나타내고 있다. 이익 집단의 순기능과 역기능은 다음과 같이 설명될 수 있다. 이익 집단의 순기능의 관점에서, 이익 집단은 특수한 이익의 사익과 공익과의 관계에서 갈등들이 발생될 수 있지만, 궁극적으로 공공의 이익에 공헌을 한다는 것이다. 이익 집단의 역할의 순기능으로 일반적으로 세 가지로 설명될 수 있다.

첫째, 시민의 이익을 대변한다는 것이다. 이익 집단은 정치 과정에서 경제적, 사회적, 직업적인 특수한 이익들을 대변하는 역할을 수행한다. 이익집단의 활동을 통해 대의민주정치의 실천과 정부의 정책 결정 과정에 시민의 의사들을 반영으로 직능대표제적 기능을 수행한다고 볼 수도 있다.

둘째, 이익집단의 기능은 정부 정책에 대한 정책 요구의 투입으로, 공공의사 결정 과정에의 직접적인 참여와 함께 정부에 대한 감시를 통하여 정부의 책임성과 투명성 증대에 공헌하게 된다는 것이다. 이와 같이 이익 집단은 정부의 기능과 역할에 대한 감시 역할을 수행한다. 서로 다른 이익을 추구하는 집단 사이에 경쟁이 이루어져 시민의 의사가 정부에 수용되어 사회 성원의 이익에 부합하는 방향으로 조화와 균형을 이루는 정책을 결정할 수 있다는 것이다.

셋째, 이익 집단은 국민의 정치적 관심을 유도하여 참여 정치 문화를 형성한다. 다양한 이익집단의 형성은 정치 과정의 관심의 증가와 시민의식의 신장에 기여하며, 결과적으로, 참여 민주주의 정치 문화의 형성에 기여한다.

다른 한편, 이익 집단의 역기능들은 여러 가지 측면에서 설명될 수 있다. 첫째, 우선 이익 집단의 활동은 소수의 이익을 대변할 수 있기 때문에 공익과의 충돌과 갈등이 발생될 수 있다. 정치력 영향력이 큰 이익 집단은 시민의 의사와는 다른 사적인 이익을 위한 정책 결정에 영향력을 행사할 가능성이 있다.

둘째, 이익 집단은 정당의 기능을 저해할 가능성이 있다는 것이다. 정당 보다는 이익 집단이 정치과정에서 투입의 역할이 지나치게 증대된다면 정당의 역할과 기능은 축소될 것이다. 특수 이익과 정치권력이 결합하는 정경유착의 경우와 같이 거대의 자본력을 통한 로비의 가능성이 있다는 것이고, 이익 집단의 활동은 시민의 공익보다는 일부 소수 기득권 세력의 사익을 위한 활동으로 전락해 버리게 된다는 것이다.

셋째, 정당의 경우 시민들에 대한 정치적 책임과 의무가 있지만, 이익 집단의 경우는 집단들의 이익만을 추구하기 때문에 정치적으로 무책임하고, 시민의 공익에 반하는 기능과 역할을 할 수 있기 때문에 이익집단에 대한 시민의 감시 기능이 필요하다는 것이다.

5 정당(political party)

정당은 "공익 실현을 목표로 권력 획득을 추구"하는 집단이라는 관점에서 사익을 추구하는 이익 집단과 구분될 수 있다. 정당의 목표는 선거를 통해 의회의 다수당을 차지하여 정권을 획득하는 것으로, 보편적으로 정당의 기능은 다양한 시민의 의사를 수용, 시민의 대표를 선출, 정부 정책의 지지와 감시를 통한 공적기능을 담당하는 것이다.

정당은 brokerage model vs ideological model로 구분될 수 있는데, 브로커리지 모델(brokerage model)에서 정당 정책은 비즈니스그룹, 정책결정자, 이익집단의 영향을 받고 이념적인 정강 정책에 주안점을 두지하지 않는 경향이 있다. 정책결정자와 지도자의 영향은 타협과 통합을 중시하고, 극단적인 이념적인 생각과 행동을 회피하고, 국론의 분열 방지를 위해 중도적인 입장을 취한다.

Triepel은 정당 시스템을 다섯 단계로 설명하고 있다. 첫째, 정당 시스템에 대해 적의적인 단계에서, 정당은 개인적인 이익의 추구 때문에 정치적인 악이고 분파이다. 둘째, 무시의 단계에서, 흄(Hume)과 매디슨(Madison)의 논의로 정당은 정부아래 존재하며 정치적인 시스템에 저해가 된다. 셋째, 필요성의 단계로 국민정부에서 필요한 정치적인 조직이다. 넷째, 헌법적인 승인 단계로 헌법의 합법적인 승인이다. 정당의 중요한 기능들은 ① 관심의 통합(aggregation of interests), ② 의견의 표출(articulation of opinion), ③ 국민의 정치적인 사회화(political socialization of people) ④ 지도자들을 위한 정치적인 지도자 충원(political recruitment for leaders)이다.

정부와 정당간의 관계 유형들은 세 가지 형태로 구분될 수 있는데, 첫째, 정부와 정당이 완전 독립형 또는 분리형으로 절대군주 국가와 19세기 중부 유럽 국가들의 사례이다. 둘째, 정부 우위형으로 군주국가와 행정국가의 형태로, 정당이 정부에 완전히 의존하고, 정책결정이 정부 내의 소수 집단에 의해 이루어지고, 정당의 영향력이 매우 약하다. 셋째, 정당 우위형으로 정부가 정당에게 완전히 의존하는 형태로, 전통적인 사회주의 국가들의 사례로 정당 지도부들이 대부분의 정책을 결정한다.

Duverger의 견해에서, middle class parties는 이념적인 정강 정책을 강조하지 않고 정부 우위형과 정당 우위형사이의 혼합형의 형태이다. socialist parties는 대중의 동원화, 이데올로기의 강조, 영구적인 관료적인 행정의 형태로 정당 우위형이다. communist/fascist parties는 집중화, 의회적인 대표제의 무시, 선전화(propaganda)의 형태로 정당 우위형이다. Sartori의 견해에서, 헤게모닉 정당(hegemonic party)은 정당들 사이에 경쟁의 존재, 힘없는 반대정당의 존재, 정부들간의 권력 이동의 부재의 형태로 정당 우위형이다. 지배적인 정당(predominant party)은 공정한 선거를 통한 정권교체의 기회에도 불구하고 한 지배적인 정당의 형태로 정당 우위형이다. 원자화된 정당(atomized party)은 특별한 지배적인 정당의 부재, 정당들 사이에 영향력의 부재, 많은 소수 정당의 존재로 정부 우위형이다. 두 정당(two party system)의 형태는 제한된 다원주의(limited pluralism)와 극단적인 다원주의(extreme pluralism)로 구분되는데 혼합형의 형태이다. 전제주의 정당은 강한 이념, 억압적인 수단의 사용, 하위조직의 부재로 정당 우위형이다. 권위주의 정당은 약한 이념, 억압적인 수단의 사용, 정치적인 그룹의 부재로 정당 우위형이다. 실용주의 정당은 이념적인 정강 정책의 부재와 실용주의적인 정책의 적용을 특징으로 하는 혼합형의 형태로 간주된다.

보편적으로, 의회주의의 유형은 정당국가적 의회주의와 행정국가적 의회주의로 구분될 수 있다. 정당국가적 의회주의의 특징들은 ① 의원은 정당에 종속 ② 국회의 결정은 정당대표간의 합의에 따라 좌우 ③ 의회의 정부에 대한 통제는 야당의 집권당에 대한 통제와 비판으로 대체 ④ 의원내각제와 밀접한 연관성 등이 포함된다. 행정국가적 의회주의의 특징들은 ① 행정부에 대한 의회의 종속 ② 행정이 의회를 통제 조종하는 행정지배현상 ③ 대통령 중심제와 밀접한 연관성 등이 포함된다. 정당국가적 의회주의에서는 의원내각제의 형태로 정당 내에서 영향력 있는 지도자의 역할이 강조되고, 행정국가적 의회주의에서는 대통령 중심제의 형태로 정부 내에서 지도자의 기능이 중요하다. 정치지도자의 유형은 정부 내에서만 영향력이 있는 지도자, 정당 내에서만 영향력이 있는 지도자, 정당과 정부 모두에서 영향력이 있는 지도자로 구분될 수 있는데 의원내각제 혹은 대통령 중심제와의 관계를 보여주고 있다(Bondel, 1995: 140-141).

Huntington의 정당발전에서 정당의 제도화의 네 가지 지표인 ① 정치적 환경변화에 적응성(adaptability)과 경직성(rigidity) ② 정당구조의 복합성(complexity)과 단순성(simplicity) ③ 정당이 통치자 또는 정치세력으로부터의 자율성(autonomy)과 종속성(subordination) ④ 응집성(coherence)과 균열성(disunity)을 제시하고 있는데, 우리 정당정치의 실패요인들은 ① 유교문화에 기초를 둔 권위주의 정치문화의 영향 ② 만성적인 파벌주의 ③ 효율적인 지방자치 제도의 부재 ④ 분단구조와 안보위기에 수반된 반 혁신풍토 등으로 경직성, 종속성, 균열성 등이 문제점으로 지적되고 있다.

6 언론(mass media)

언론은 정부기구 중 제4부(the fourth branch of government)로 간주되며, 공공문제의 의제설정을 위한 수단으로 작용하고, "갈등의 사회화(socialization of conflict)를 위한 촉매제(catalysts)"로 작용한다. 정책 과정상 언론 역할에서, 정책의제 설정은 여론 형성 기능을 통해 공중의제로 확산하는 외부 주도형 혹은 동원형으로, 정책결정에서 사회문제를 해결하기 위한 주요한 정책 대안을 소개하고, 정책집행에서 집행상의 부정과 비리를 보도함으로써 행정 통제의 기능을 수행한다. 정책평가에서 정책의 집행 과정 중 발생한 비리와 예산의 낭비 등과 같은 문제를 보도하는 수단을 통해 정책평가에 영향을 미친다.

정부와 언론 간의 관계에서, 일반적인 이론적 틀은 "대립적 관계모형(adversary relationship model), 협조적 관계모형(cooperative relationship model), 교환적 관계모형(exchange model)" 등이 포함된다. 정부가 언론에 대해 취하는 관계 양식의 유형은 "언론에 대한 구속기관(restrictive agency)으로서의 정부, 언론에 대한 조정기관(regulating agency)으로서의 정부, 언론에 대한 조성기관(facilitating agency)으로서의 정부, 언론에 대한 참여기관(participating agency)"으로서의 정부로 구분할 수 있다. 첫째, 언론에 대한 구속기관(restrictive agency)으로서의 정부는 국민 의식을 조작하기 위한 언론 활동에 관한 구속과 억압을 하는 권위주의 언론 체제이다. 둘째, 언론에 대한 조정기관(regulating agency)으로서의 정부는 언론 활동에 관한 조정활동을 행사하지만, 언론의 자유를 침해하지 않는 범위와 영역에서 언론의 공적 기능을 수행하도록 기여하는 것으로 언론인의 자격요건에 관한 정부의 심사, 독점금지법의 제정, 언론법의 조정기능과 같은 경우이다. 셋째, 언론에 대한 조성 기관(facilitating agency)으로서의 정부는 언론에 대해 원조 등을 제공하는 경우로, 감세, 면세, 신문사에 대한 편의 제공 등이다. 넷째, 언론에 대한 참여기관(participating agency)으로서의 정부는 언론사와 방송사를 소유함으로써 언론의 공적 기능의 강조와 함께 언론사의 상업성의 사회적 역기능을 방지하기 위한 언론의 사회책임론을 강조하지만 민주주의 정부가 아닌 권위주의 정부에 적용될 때 사회 책임이론은 수용되기 어려운 점이 있다.

미국의 언론학자들인 시버트(Fred S. Siebert)·피터슨(Theodore Peterson)·슈람(Wilbur Schramm)은 국가·사회체제와의 관계를 4가지의 이론(Four theories of the press)으로 분류하여 설명하고 있다. 4가지의 이론들은 언론의 체제와 통제방식 등에 관한 개념으로 권위주의 이론(authoritarianism theory), 자유주의 이론(libertarian theory), 공산주의 이론(soviet communist theory), 사회책임 이론(social responsibility theory)이다. 권위주의 이론은 "플라톤에서 마키아벨리에 이르는 권위주의적 정치사상에 기초"를 두었고 자유주의 이론은 "밀턴, 로크, 밀 및 계몽사상에 기반"을 두고 있고, 사회적 책임이론은 공공성과 책임성의 정신가치를 강조하고, 소비에트 공산주의 이론은 맑스, 레닌, 스탈린 및 소비에트 공산당의 독재 체제에 기초를 둔 것이다. 사회체제의 변화와 언론제도의 변화에도 불구하고, 역사적 변천과정에 따라 분류한 네 가지 이론의 틀에서 설명될 수 있다.

1) 권위주의 이론(authoritarianism theory)

권위주의 언론제도는 민간이 미디어를 운영하지만 정부로부터 허가를 받도록 하며, 국가기관에서 국가의 통치이념과 정부의 정책들에 대한 미디어의 보도 내용들을 검열하는 언론제도이다. 이러한 권위주의 이론에 의하면, 미디어의 기본역할은 국가의 통치이념과 정책을 국민대중들에게 전달하는 것이다. 17세기 이전에 서양의 거의 모든 국가들은 권위주의 언론제도에 근거해서 미디어를 통제하여 오다가, 여러 국가들에서 자유주의이론(libertarian theory)을 채택하게 되었고, 일부 독재국가들에서는 권위주의 언론제도를 기반으로 언론을 통제하고 있다.

권위주의 이론은 권력에 근거해서 묵시적으로 복종하는 태도, 사고, 행동양식을 말한다. 권위주의 이론은 맹자, 플라톤, 마키아벨리, 파시즘 등으로부터 기원을 고찰할 수 있다. 맹자와 플라톤의 견해에서, 진리는 일반대중으로부터 나오는 것이 아니라 소수의 현인과 철인들에게서 출현하는 것이라고 했다. 플라톤은 "진리의 획득자와 '선(善)의 이데아'의 체득자"는 조직사회의 지도자가 되어야 한다고 "철인정치(哲人政治)의 당위성"을 주장한다. 마키아벨리는 인간의 이기적, 위선자적, 탐욕적 본성을 인지하고, 세속의 정치권력의 획득과 권력을 유지하는 수단으로 권위주의 체제를 중시하였다.

2) 자유주의 이론(libertarian theory)

자유주의 이론의 사상적 근원은 로크(Locke)나 루소(Rousseau)의 계몽주의 사조로 자유롭고 합리적인 존재인 인간은 옳고 그름을 할 수 있는 합리성을 가지고 있다는 것이다. 이와 같이, 정부는 언론을 제약할 필요가 없고, 언론은 "자유로운 사상의 시장(free market place of idea)"으로서의 역할을 해야 한다는 것이다. 그러나 인간의 합리성과 공정성에 대한 회의와 함께 자유주의 이론의 대안으로 사회책임 이론(social responsibility theory)이 대두됐다.

자유주의 이론은 "계몽주의, 이성주의 이론, 천부적 인권론"에 근거한 권위주의적 언론통제의 반대 개념으로, 개인은 언론에서 제공하는 정보에 대한 합리적인 판단을 할 수 있다는 것이다. 언론의 자유주의 이론의 기본적 전제는 인간은 이성적 동물이며, 국가는 개인의 잠재적 능력을 실현할 수 있는 환경을 제공하는 수단의 존재로 국가의 궁극적인 목표는 개인의 행복과 복지이다. 자유주의와 언론의 관계에서, 매스미디어의 지위나 기능에 미친 자유주의 철학의 효과에서 베커(Lee B. Becker) 교수에 의한 기본적 가설요약들은 다음과 같다. 첫째, 인간은 진리를 추구한다. 둘째, 진리에 도달하는 유일한 방법은 자유로운 의견들의 개진이다. 셋째, 자기 의견과 타인 의견들은 존중받아야 한다. 넷째, 이 상호 의견들의 비교 검토를 통한 합리적인 의견의 도출이다.

3) 사회책임 이론(social responsibility theory)

사회책임 이론은 정부는 언론의 자유를 보장해주지만, 국민에 대한 언론의 책임성을 강조하는 이론이다. 자유주의 이론의 수정안인 사회책임 이론은 언론의 공공성을 강조하는 개념으로 언론의 사익적인 관심을 방지하기 위한 목적이다.

1947년 "자유롭고 책임 있는 언론에 대한 허친스 위원회의 보고서(Hutchins commission report on a free and responsible press)"에서 "민주주의를 수행하여 나가기 위해서는 국민들에게 모든 종류의 정보 의견을 제공하고 국민들로 하여금 결정을 내리도록 해야 한다"는 자유주의 이론의 자유공개시장(free market place of ideas)의 원칙을 수용하고 있으나, 자유공개시장 개념의 한계성을 극복하기 위한 대안으로 사회책임 이론이 대두되었다. 자유주의 이론의 역할에서 언론기관의 상업화, 관료화, 독점화의 역기능을 고려하여 언론체제의 개혁의 한 대표적 실례가 상업방송들의 공영화였다. 구체적인 사례로는 "언론에 대한 접근권(access), 경영의 공영화, 각 계층을 위한 소규모 매체 또는 지역 매체의 개발" 등이 포함되는데, 맥퀘일(McQuail)의 민주적 참여이론(democratic participation theory)으로 발전되었다.

요약하면 사회책임 이론의 5가지 원칙은 다음과 같이 정의내릴 수 있다. 첫째, 미디어는 사회에 대한 책무가 있다. 둘째, 뉴스미디어는 진실성, 정확성, 공정성, 객관성, 적합성을 추구해야 한다. 셋째, 미디어는 자기 조정력이 있어야 한다. 넷째, 미디어는 전문직으로서 직업윤리 강령을 따라야 한다. 다섯째, 미디어에 대한 정부의 간섭은 용인될 수 없다.

사회책임 이론 하에서의 언론의 기능 중에서 경제적 수익의 기능보다는 교육과 정보 제공의 기능이 강조되어야 한다. 이 이론의 대두에 중요한 배경이 되었던 당시 언론의 문제점을 열거하면 다음과 같다. 첫째, 언론이 자기의 이익을 위해 힘을 행사한다. 둘째, 언론은 기업에 약하며 광고주의 입김이 너무 강하다. 셋째, 언론은 사회변화에 부정적이다(Fred

Siebert, Thedore Peterson, Wilbur Schramm, 1963: 78-80).

또한, 사회책임주의 이론의 등장 배경은 ① 인간의 본성에 대한 회의 ② 자본주의 경제체제가 발전하면서 언론의 역할과 기능의 조정의 필요 ③ 언론의 사회적 부작용과 역기능의 문제 ④ 언론의 전문화에 대한 요구의 증대 등이 포함된다(Fred S. Siebert, Theodore Peterson, Wilbur Schramm, 1963: 31-35).

4) 소비에트 공산주의 이론(soviet communist theory)

소비에트 공산주의 이론에서, 자본가 계급인 기득권세력이 언론을 소유하는 한 언론의 자유와 역할이 보장될 수 없기 때문에 언론은 당의 엄격한 통제와 명령 아래 두어야 한다는 것이다. 권위주의 이론과 맑스주의적 소비에트 이론과는 가장 많은 유사성을 갖고 있다. 초기의 권위주의 이론에 기원을 두는 맑스주의적 이론은 공산당에 의한 프롤레타리아의 독재를 완성시킬 필요성을 강조한다. 매스 커뮤니케이션의 미디어는 국가목표의 지지와 목적 달성을 위해 존재하는 것으로 인식된다. 그러나 소비에트 제도는 두 가지 면에서 다른 권위주의적 제도와 다르다. 첫째, 공산주의자는 세계 혁명의 달성과 국가 목적의 달성을 위한 선동 수단으로 매스미디어를 적극적으로 사용하는 것이다. 둘째, 공산주의 하에서는 국가가 언론의 모든 독점권을 장악하고 있다는 점이다.

5) 발전 이론(development theory)과 민주참여 이론(democratic participation theory)

언론제도의 유형분류로, 시버트(F. S. Sibert)의 언론의 4이론 분류에 따른 한계점을 극복하는 차원에서 맥퀘일(D. McQuail)이 언론의 4이론에 발전이론과 민주참여 이론을 첨가해서 제안하였다. 발전이론은 개발도상국에서의 언론모델로 국가의 발전을 추진하기 위해 정부의 언론에 대한 검열과 통제를 합리화하는 것으로, 언론이 사회변동과 국가발전에 기여하여야 한다는 것이다.

민주참여 이론은 시민들이 매스미디어에 접근할 수 권리가 보장되는 참여적인 커뮤니케이션을 지향하는 언론이론으로, 사회 각 계층이 언론기관의 경영에 참여와 함께 정부가 언론에 대한 통제나 간섭은 배제하면서 일반 수용자의 언론에 대한 접근권(Access)의 권리의 확대, 경영의 공영화, 각 지역 매체의 개발 등을 강조하고 있다.

언론매체 효과이론들은 ① 정보획득이론(information acquisition theory) ② 의제설정이론(agenda-setting theory) ③ 이용과 충족이론(uses and grat-ifications theory) ④ 침묵의 나선형 이론(spiral of silence theory) ⑤ 의존효과이론(media dependency theory)에 의해 설명될 수 있다(한국언론학회, 2005: 405-414).

첫째, 정보획득이론(information acquisition theory)에서, 언론은 사람들이 직접 접촉하여 경험할 수 없는 정치, 경제, 사회, 문화 환경에서 범죄사건, 선거, 전쟁, 인플레이션과 문화 행사 등에 대한 정보를 전달해주는 주된 수단이 된다는 것이다. 언론매체가 의도적으로 수용자를 설득하기 위해 정보를 전달하는 경우는 없고, 언론매체의 목적은 설득하기 위한 것이 아니라 정보나 오락을 제공하는 것이다.

둘째, 의제설정이론(agenda-setting theory)에서, 언론매체는 정보를 선택하고 내용에 따라 다르게 강조하여 전달함으로써 수용자의 인지구조에 큰 영향을 미친다. 언론매체가 개인들이 직접 경험할 수 없는 세계에 대한 개념을 형성하는데 중요한 역할을 한다. 수용자 의제 중에서, 개인적 의제(intrapersonal agenda)는 개인적으로 가장 중요하다고 생각하는 의제이고, 대인적 의제(interpersonal agenda)는 한 사람이 다른 사람과의 대화 중 가장 빈번하게 언급되는 주제이고, 지역사회 의제(community agenda)는 지역사회의 다른 사람이 가장 중요하다고 인식되는 의제이다.

셋째, 이용과 충족이론(uses and gratifications theory)은 수용자의 능동성을 강조하고, 자신의 욕구와 동기를 충족시키는 방향으로 언론매체를 사용하는 목적 지향적인 행위를 추구한다. 정보동기(cognitive motivation), 오락동기(diversion motivation), 정체성동기(identity motivation) 등은 신념이나 가치체계에 영향을 미친다.

넷째, 침묵의 나선형 이론(spiral of silence theory)은 언론매체가 여론에 미치는 영향력을 설명하기 위해 제시된 이론이다. 자신의 의견과 다수의 의견이 일치하지 않을 때 고립의 두려움으로 자신의 의견을 공공연하게 표명하지 않고, 자신의 의견이 소수의 의견에 속한다고 믿으면 침묵을 지키는 경향이 있다는 것이다. 다른 한편, 시민들은 여론의 추이를 민감하게 주시하면서 자신의 견해가 언론에서 공표되고 있는 다수의 견해와 일치한다고 믿게 되면 자신을 의견을 공공연하게 표출한다.

다섯째, 의존효과이론(media dependency theory)에서, 언론매체의 효과는 수용자가 언론매체를 신뢰하여 의존의 정도가 높을 때 커진다. 또한 수용자가 속한 사회가 겪는 갈등의 정도가 클 때 증가하고, 언론매체가 정보기능을 성공적으로 수행할 때 언론매체의 효과는 증대된다. 언론매체가 정보생산과 전달체계의 독점과 함께 언론매체가 특정내용을 지속적으로 반복함으로써 수용자에게 누적적인 영향력을 행사한다. 언론매체인 라디오, 텔레비전, 신문과 잡지 등이 특정문제에 대해 획일적인 내용을 전달함으로써 수용자에게 영향력을 미친다. 현대사회에서 언론매체가 수용자의 생각, 태도, 의견에 지대한 효과와 영향들을 미치고 있다.

7 시민단체(civil group)와 시민정신(civil spirit)

시민사회학 학자들은 넓은 의미에서 사회를 정부·기업·시민사회 영역으로 3분하고 있다. 세 분야의 견제와 균형의 시스템이 이상적이지만 특히 제3의 비영리 섹터인 시민사회 영역 비중이 증가해야 선진국형 사회가 될 수 있다는 것이다. 각 영역의 내용과 개념들을 상호 비교하면 다음과 같이 설명될 수 있다.

첫째, 제1섹터(sector)는 정부 혹은 국가로 행정부의 관료·국영기업체 등의 준공무원과 여야 정치권 관련 인사들이 포함되고, 주된 정신으로 국익과 공익을 강조하고 있다. 권력의 남용과 사익의 추구를 방지하기 위해 시민사회의 끊임없는 견제와 감시가 필요하다는 것이다.

둘째, 제2섹터(sector)는 기업 혹은 시장으로 대기업 혹은 중소기업의 분야라 볼 수 있다. 이 영역에서의 활동주체는 대기업 혹은 중소기업 관련 종사자들이고, 이윤추구를 목적으로 하고 있다. 시민사회의 지속적인 평가와 견제를 통해 이윤추구와 사회적 형평성간의 균형과 조화가 모색되어야 한다.

셋째, 제3섹터(sector)인 시민사회 혹은 비영리섹터는 국가나 시장을 제외한 나머지 영역이고, 주된 활동주체는 NGO를 비롯한 비영리단체이고, 주된 정신은 시민성으로 요약된다.

세계화와 정보화 시대에 비정부기관(nongovernmental organizations: NGO)의 역할이 증가되고 있고, 시민참여 과정이 증대되고 있는데 참여과정은 세 가지로 구분될 수 있다. 첫째, 정부가 주도권을 갖는 참여 제도로 민원실, 고충처리, 정보 공개의 사례로 일반적으로 시민 참여의 영향력은 크지 않다. 둘째, 정부와 시민간의 대등한 상호작용이 이루어지는 참여 제도로 공청회, 간담회, 토론회 등이 사례이다. 셋째, 시민이 상당한 주도권을 소유하는 참여 제도로서 민주 정치의 이상에 접근한 형태로, 심의위원회, 토의민주제, 투표와 함께 시민발의와 소환 등의 수단을 활용하는 직접민주제등의 사례들이 포함된다.

이외에 국민이 참여하는 정책 과정으로 공통적인 사회 문제로 피해나 어려움을 겪는 사람들이 민원을 제기하는 경우, 정책안에 대해 직접 투표와 선거 및 공직자들과 직접 접촉하는 경우, 시민단체에서 정책의 분석과 평가를 통한 정책과정에 간접적으로 참여하는 경우 등이 포함된다. 시민단체의 역할과 시민의 공공정신들은 공유지의 비극을 방지하기 위해 필요한 요소로 간주될 수 있다.

공유지의 비극(The Tragedy of the Commons)은 1968년 12월 13일자 사이언스지에 실렸던 논문의 제목으로 개럿 하딘에 의해 최초로 사용되어진 개념이다. 공유지의 비극에서 지하자원, 초원, 공기, 환경과 같은 공공재들을 사적 이익을 추구하는 시장의 기능에 전적으로 맡겨 두면 현재

세대에서 남용하여 자원의 고갈과 훼손의 위험성이 있다는 것이다. 이와 같이, 시장실패의 요인과 현상을 막기 위해 공공 자원에 대한 국가의 간섭과 관여가 필요하고, 아니면 이해당사자들의 합의와 협력을 통해 이용권을 제한하는 제도의 형성이 필요하다는 것이다.

하딘에 의해 설명된 사례는 제한된 공유지에서 100마리의 양만을 양육할 수 있는데 100마리 이상의 양을 양육하는 경우에 과밀방목으로 인해 공유지가 황폐화 된다는 내용을 논의하고 있다. 축산업자들은 공유지가 공공재이기 때문에 개인들의 이익 추구를 위해 비용이 들지 않는 공유지에 양을 계속 풀어 놓기만 하지 줄이지는 않을 것이고, 결국 목초지는 과밀방목으로 황폐화되고, 축산업자들 전체가 손해를 보게 된다. 이와 같이, 개인들의 사익적인 이익 추구에 의해 전체의 이익은 훼손되어지고 공멸의 원인이 된다는 것이다.

이와 유사한 상황은 다른 공공재의 사용에서도 발견될 수 있는데, 환경의 훼손, 대중목욕탕에서 물 사용의 남용, 공중화장실 휴지가 가정의 휴지보다 빨리 소모되는 경우와 같이 개인들의 사익적인 이익의 행위들이 공유지의 비극을 야기할 수 있다는 것이다. 공유지의 비극을 가장 단적으로 보여주는 현상은 환경오염일 것이다. 사람들이 물과 공기의 오염을 방지하기 위한 노력을 하지 않고, 공공자원의 무차별적인 개발은 자연의 황폐를 야기시킨다는 것이다. 최근에는 지구 대기 중 이산화탄소량이 증가되면서 이상기후 현상의 원인이 되고 있고, 우리나라에서도 과거에는 제한 없이 이산화탄소를 배출하였지만 배출할 수 있는 이산화탄소의 양이 제한되는 탄소배출권거래 제도를 시행하고 있다. 공유지나 공유자원은 사유지가 아니기 때문에 소비에 제한과 규제가 없고, 궁극적으로, 과다한 사용은 비극적인 상황에 직면한다는 것이다. 공유지 비극을 막기 위해선 국가의 개입과 규제를 통한 공공재의 보호 또는 공공재산을 사유화해야 한다는 주장이 제기되기도 한다.

공유지의 비극을 방지하기 위한 가장 근원적인 방안은 시민들의 공공의식의 함양이다. 공유지의 비극은 시민들의 공공재의 훼손, 공장주들의 대기와 환경오염, 어류의 불법적인 포획 등의 우리생활 곳곳에서 발견된다. 개인들의 사익적인 이기심의 현상과 공공재에 대한 정부의 규제가 부재하다면, 공유지의 비극과 같은 결과로 이어진다는 사실이다. 털럭의 관점에서 인간은 경제적 이익에 근거해서 효용극대화를 추구하는데, 5%의 이타적 인간을 제외하고는 자신의 이익과 유익에 관심을 갖는 이기적 존재라는 것이다. 그러나 이기심을 반드시 부정적인 의미로만 생각할 필요는 없다. 합리적인 이기심은 경제의 효율성과 능률성을 증가시킬 수 있는 동기와 유인을 제공할 수 있고, 개인에게 합리적인 이기심의 동기는 경제 시스템을 효율적으로 운영시킬 수 있는 신공공관리론의 개념의 전제조건과 부합될 수도 있다.

이 공유지의 비극은 공기업의 비극과 관련되어 설명될 수 있다. "신(神)도 부러워하는 직장"인 공기업에서 주인은 없고, 공기업은 사실상 임자 없는 공유지와 다를 바 없다. 주인 없는 목초지의 풀은 먼저 획득하는 것이 이익이라는 상황아래 목초지는 황폐해지고 공유지의 비극이 발생된다. 이런 공유지의 비극은 공기업의 비극과 연관되어 논의될 수 있다. 엽관주의에 근거해서 낙하산 인사에 의해 임명된 공기업 사장이 무사안일과 함께 내 회사처럼 경영하지 않을 수도 있고, 노조와 공기업 경영진은 서로의 이익을 추구하는 야합을 통해 경영이 이루어진다면, 주인의 개념이 없는 공기업은 태생적으로 방만 경영이라는 유전인자를 갖고 있다는 것이다.

공유지의 비극을 극복하는 새 대안을 제시한 엘리너 오스트롬 인디애나대 교수가 올리버 윌리엄슨 UC버클리대 교수와 노벨 경제학상을 공동 수상했는데, 공공재의 비극을 방지하기 위해 공공자원을 중앙정부가 관리하거나 민영화해야 한다는 개념에 반대해서, 시민이나 지역 커뮤니티 등의 사용자 단체들의 협력과 협조를 통한 해결 방안을 제시하고 있다. 이 해결방안의 전제 조건은 시민단체의 시민성과 시민의 공공정신이 요구된다는 것이다.

제 8 장
정책집행

정책집행론은 정책의 집행과정에 관한 이론과 모형으로 정책집행에 작용하는 여러 가지 요인들에 관한 연구이다. 정책집행의 성공 및 실패에 영향을 미치는 요인들로 정책집행의 절차, 이익집단의 영향, 국민들의 지지 등 정치적인 변수들이 포함되고, 정치적 변수들을 계량화하는 실증주의적인 방법들을 활용하여 왔다. 정책집행론의 연구는 정책집행의 과정에 관한 일반모형들의 제시와 정책의 집행에서 보여주는 정책 순응 및 불응의 과정 등이 포함된다.

정책집행에서 순응(compliance)은 정책 결정자의 정책 의도나 정책 내용에 포함된 행동 규정에 대해 정책 집행자나 대상 집단이 일치된 행동이다. 순응은 정책산출물에 대해 "정책결정조직과 정책집행조직 등 정책 주체조직과 정책대상조직"이 이의 없이 동의하는 것이다. 불응(non-compliance)은 정책 의도나 규정과 일치하지 않는 행동으로 거부하는 행태를 말한다. 한편, 혼재는 "정책결정조직, 정책집행조직, 정책대상조직에 세부적으로 구성되어 있는 조직 간에 일치를 보지 못하고 순응과 불응이 양립하는 행태"로 사례로 정책대상조직의 경우 의약분업정책을 둘러싸고 대한의사협회는 불응과 대한약사회는 순응을 보이는 경우이다.

정책집행상의 순응은 정책 대상 집단 및 집행주체의 순응으로, 순응 확보를 위한 수단들은 ① 도덕적 설득(normative persuasion) ② 유인

(incentives) 또는 보상(rewards) ③ 처벌(punishment, penalty) 또는 강압(coercion) 등이 포함된다. 정책집행자의 불응형태는 첫째, 의사전달에 대한 고의적 조작으로 자신에게 불리한 정책을 전달하지 않거나, 유리한 것만 전달한다. 둘째, 지연 및 연기로 정책집행을 계속 유보해두거나 연기하여 속도를 느리게 한다. 셋째, 정책의 임의변경으로, 정책목표와 정책내용, 정책집행수단의 선택 및 절차 등을 자신에게 유리하게 변경한다. 넷째, 부 집행의 경우로, 정책을 처음부터 집행하지 않는다. 다섯째, 정책에 대한 무효·취소로 전문적 판단과 기술적 제약에 기인하여 무효나 취소시키는 적극적 불응형태이다.

불응의 발생 원인과 대책으로 다음과 같이 설명될 수 있다(Bullock & Rodgers, 1976 & Anderson, 1979). 첫째, 발신자의 왜곡된 전달, 수신자의 잘못된 이해, 전달체계의 붕괴나 과다한 정보량 등으로 인한 불분명한 의사전달에 기인한 불응이다. 둘째, 순응에 필요한 자금, 능력, 시간 등의 자원이 부족해 불응이 발생하는 부족한 자원에 기인한 불응이다. 셋째, 부적절한 정책에 기인한 불응으로, 목표로 인한 불응은 대상 집단이 정책의 목표 자체에 반대하는 경우 또는 정책목표에 우선순위를 낮게 부여하는 경우에 발생한다. 신념으로 인한 불응은 목표 자체에는 동의하지만 목표 달성을 위해 채택된 수단이 목표를 달성하리라고 생각하지 않는 경우에 발생한다. 넷째, 순응에 수반되는 부담에 기인한 불응으로, 대상 집단은 순응과 불응을 놓고 순응이 불응보다 받게 되는 손실이 더 크게 되면 불응하고, 반대로 불응할 때 받게 되는 처벌이 클 때는 순응한다. 순응할 경우 조세상이나 금융상의 혜택과 같은 지원 약속과 불응할 경우 벌금 부과와 신체적 제재 조치 등이 포함될 수 있다. 다섯째, 권위에 대한 불신에 기인한 불응으로, 정책이 합법적인 과정을 밟아 제정되면 정책대상 집단은 순응하고, 기관의 정통성 결여와 정책으로부터 부당한 이득이 상존할 때 불응한다.

집행정책결정과 정책집행의 비교에서의 공통점은 본질적으로 의사결정행위로, 집행의 주체인 행정부가 실질적으로는 결정과정을 주도한다.

정책결정과 정책집행의 차이점은 다음과 같이 설명될 수 있다. 첫째, 정책결정은 정책의 기본적인 틀과 방향 설정을 위한 계획이고 정책집행은 세부적인 구체화된 행동지침이다. 둘째, 정책결정은 조직상층부에서 주도하는 정치적 성격이 강하지만, 정책집행은 조직 하층부에서 담당하는 기술적·전문적 성격이 강하다.

결과적으로 정책집행은 정책의 내용을 실현시키는 과정으로, 의지·생각만으로 변화가 자동적으로 이루어지지 않고 행동이 필요하며 집행에 따라서 정책의 효과와 결과가 달라질 수 있다. 정책결정 이외에 집행과정은 정책성패를 좌우하는 독립변수이다. 집행과정에서 결정되는 사항들은 상대적으로 구체성이 있는데, 집행과정은 결정과정에 비해 상대적으로 낮은 직급에서 담당하고, 결정과정에 비해 참여자의 수가 상대적으로 많다.

Wildavsky & Majone의 '진화'로서의 정책집행이론에서, 기본 전제는 정책과 집행은 서로 영향력을 미친다. 정책은 고정된 설계가 아니고, 집행과정에서 지속적으로 수정·변화가 가능하다. 진화로서의 집행개념에서, 집행은 계속적인 행정과정을 통해서 새로운 상황과 직면하게 되고, 정책은 지속적으로 재설계·재형성된다.

정책집행의 성패에 영향을 미치는 요인들은 ① 정책의 특성과 자원 ② 정책결정자와 정책 관련 집단의 지지 ③ 집행조직과 담당자 ④ 정책집행상의 순응 ⑤ 일선집행기관의 재량권 등이 포함된다. 정책의 특성과 자원은 ① 의사전달의 왜곡과 불완전 ② 정책의 일관성 ③ 정책내용의 명확성 ④ 실질적·절차적 측면에서의 정책내용의 소망성 ⑤ 정책집행수단 및 자원의 확보 등이 포함된다. 정책결정자와 정책관련 집단의 지지는 ① 고위 정책결정자의 관심 및 지지 ② 대중 및 언론의 지지 ③ 정책대상 집단의 태도 등이 포함된다. 집행조직과 담당자는 ① 집행주체의 능력 ② 집행조직의 관료규범과 집행절차 ③ 집행체제의 특성과 중간매개집단 등이 포함된다. 일선 집행기관의 재량권은 중앙 통제식 집행(programmed implementation)과 현지 적응적 집행(adaptive implementation)

으로 구분할 수 있다.

성공적인 정책 집행을 위하여 고려되어야 할 사항들은 다음과 같이 설명할 수 있다. 성공적 정책집행을 위한 고려사항으로, 정책의 유형, 사업의 성격, 집행자의 전문성, 환경 등이 제시될 수 있다.

첫째, 정책의 유형에서, 정책이 분배정책인지, 규제정책인지, 상징정책인지에 따라 성공적 정책집행의 방법들이 상이하다.

둘째, 사업의 성격에서, 사업의 성격은 사업의 명확성, 일관성, 소망성 등을 기준으로 설명된다. 명확성은 사업의 구체화 정도를, 일관성은 합리성을, 소망성은 추진하는 정책의 가치성을 의미한다. 의약분업의 사례에서, 이해관계자인 의사와 약사에게는 사업의 명확성이 인식되었으나 국민에게는 혼란을 야기시켰고, 일관성과 소망성의 측면이 미흡한 것으로 인식되었다.

셋째, 행정부의 집행의 과정에서 집행자의 관리적 전문성과 정치적 전문성이 상당히 요구된다. 예를 들면, 공적자금 투입과 관련한 재원마련에 있어서는 재무행정의 흐름과 금융시장에 대한 전문적 지식이 요구되며, 공적자금을 의회로부터 승인 받는 정치적 고려가 필요하다. 수혜집단과 손해집단 상호간의 Win-Win 전략이 필요하지만, 대상 집단 간에는 이기주의의 팽배와 상호갈등이 증폭되곤 한다.

넷째, 환경적인 요소로, 효과적인 정책을 집행하기 위해서는 사회적 환경을 특히 중시해야 한다. 환경에 있어서는 매스컴이 중요한 요소로 자리 잡고 있다. 경제적 환경도 중요한데, 특히 구조조정 정책에 따른 감원에 있어서는 경제적 환경이 좋을 때는 순응도가 높을 수 있다.

정책집행을 위한 연구는 Great Society 사업의 실패와 Okland 사업의 실패 사례연구를 통해 큰 영향을 받는다. Great Society 사업의 실패의 경우에, 미국 존슨행정부에서는 「위대한 사회」 프로그램의 실패를 통하여 정책결정과 정책집행에 있어서는 효과적인 유기적 통합이 요구됨을 인식하였고, 정책집행 과정에서 다수의 '의사결정점'의 문제점이 제기되었다. 또한, 학문적 배경이 된 소수민족취업사업인 Okland 사업의 실패에 관한 정책 집행의 연구에서 프레스만(Pressman)과 윌다브스키(Wildavsky)의 두 학자는 "의사결정점의 다수"와 "정책결정 및 집행자의 비전문성"의 문제점을 연구하였다. 1970년대 초 프레스만(Pressman)과 윌다브스키(Wildavsky)는 미국 오클랜드 프로젝트(Oakland Project)의 정책 집행에 관한 체계적 연구를 통해 성공적인 정책의 집행에 영향을 미치는 요인들을 분석하였다. 이 과정에서 정책 집행에 관한 연구는 정책학의 중요한 한 분야로 인식되었다.

정책집행연구의 접근방법은 하향적 접근방법(top-down approach), 상향적 접근방법(bottom-up approach), 통합모형이 포함된다. 첫째, 하향적 접근방법(top-down approach)의 사바티어(P. Sabatier)와 마즈마니언(D. Mazmanian)의 견해에서, 정책의 결정은 중앙정부에 의해 결정되고 집행도 상부의 지시를 따른다. 중앙정부의 정책결정자는 핵심적인 행위자로, 일선관료나 정책대상 집단의 전략적 행동의 중요성을 과소평가한다. 하향적 접근방법은 "정부의 정책에 관한 결정에서부터 출발"하고, 주요한 행위자는 "정책결정자나 집행담당조직의 최고관리층"이고, 하향적 접근방법에서는 효과성의 달성이 정책목표이며 계획된 정책성과를 달성하기 위하여 집행체제의 운영과정에 주안점을 둔다.

둘째, 상향적 접근방법(bottom-up approach)은 립스키(M. Lipsky)의 관점으로, 일선관료(street-level bureaucracy)의 집행 행태 연구로 다수의 참여자들 사이에서 발생하는 상호작용을 분석한다. 상향적 접근방법은 네트워크 이론으로 지방의 집행구조의 분석에서 출발하고, 중요한 행위자는 "정책의 전달자, 대상집단, 민간부문" 등이 포함된다. 상향적 접근방법에서는 다양한 평가기준과 함께 모두 목표평가에 주안점을 두고 있고, "정책네트워크에 있어서의 다수의 행위자들의 전략적인 상호작용에 초점"을 둔다.

셋째, 통합모형은 하향적 접근방법과 상향적 접근방법의 통합으로 인식될 수 있다. 결론적으로, 하향적 접근방법에서 정책결정자는 효과적인 집행수단의 선택에 초점을 두지만 상향적 접근방법에서 정책목표의 달성 대신 특정 집행 문제의 해결이 중요한 관건이다. 하향적 접근방법은 도구적 합리성을 근거로 이론 구성을 하지만 상향적 접근방법은 정책 결정자의 제한적 합리성에 근거를 두고 있다. 하향적 접근방법은 법률적·규범적 체계와 함께 "비교적 구조화된 상황"에 유용한 접근법이지만, 상향적 접근방법은 법률적·규범적 체계의 미흡과 함께 "비교적 독립적인 다수의 행위자가 있는 상황"에 적합한 접근법이다. 일반적으로, 고전적·현대적 집행 모형, 스미스의 집행 모형, 바르다크의 집행 모형, 레인과 라비노비츠의 집행 모형, 엘모어의 집행 모형, 제1세대·제2세대·제3세대의 집행연구비교들은 다음과 같이 설명될 수 있다(박성복·이종렬, 2005: 344－365).

1 고전적·현대적 집행 모형

고전적 행정이론의 특징은 ① 기술적 해결 ② 계층제 ③ 정치 행정 이원론 ④ 과학적 관리법 등이 포함되고, 고전적 행정학의 집행이론의 문제점들은 ① 정책만능주의 ② 정태적 정책관 ③ 계층적 조직관 ④ 목표수정불가론 등이 지적되고 있다.

정책집행의 이론모형에서, 고전적 집행론의 시기는 1973년 이전이고, 현대적 집행론의 시기는 1973년 이후이다. 고전적 집행론은 정치적 영역에서 정책이 결정되고 집행은 자동적이며, 행정인을 단순한 기계 부품으로 간주한다. 정치 행정 이원론으로 정책의 결정은 정치의 영역이고, 행정은 단지 정해진 정책을 구체적으로 집행한다.

현대적 집행론은 상호작용(interaction) 및 상호거래(transaction)로, 프레스맨(Pressman)과 윌다브스키(Wildavsky, 1973)의 단일방향적 집행의 연구 사례에서, 오클랜드 도시지역의 인종문제와 실업자 구제를 해결하기 위한 사업의 집행 과정을 분석하였다. 오클랜드 프로젝트(Oakland Project)는 인구 36만 5천명의 오클랜드 지역이 미국 평균 실업률의 2배가 넘는 8.4%의 실업률의 상황에서, 공공사업 및 건설금융을 통한 1966년 4월

29일 보조금과 융자의 형식으로 약 2,300~2,400만 달러의 자금투자를 통해 2,200개의 일자리 창출과 3,000명의 대다수의 흑인 실업자를 구제하겠다는 상무부 차관보 폴레이의 사업계획이다. 1969년 3월 마련된 이 사업은 단지 20개 분야로 소수민족의 고용에 대해서 관료들이 서로 대립하였고, 160만 달러 사기업 융자금을 통한 800개 일자리 창출을 기대하였지만 연방정부가 100만 달러를 사기업에 융자하여 겨우 43개의 새로운 직업만 창출하였다.

이 사업의 집행과정에서 다수의 중간기관(intermediaries)과 복합성의 결합행동(joint actions)으로 인해 수많은 결정점(decision point)이 집행을 마비시켰다는 것이고, 집행과 정책결정은 분리시켜서는 안 된다는 것이다. 이 사업의 분석에서, 지도자의 계속성이 성공적인 집행을 위해 중요한데, 창안자인 상무부 차관보 폴레이가 중간에서 사임하고, 경기 회복을 담당하는 기관(EDA)이 사회복지사업을 추진하는 것은 불합리하였다. 그리고 오클랜드 항만청과 EDA간의 갈등은 이 사업의 성공적인 집행의 저해요인으로 작용하였다는 것이다. 이 연구사례의 정책적 시사점으로, 단일방향성(unidirectional)의 정책과정을 강조하는데, 정책결정자가 정책을 결정한 이후에 중간집행자들을 통하여 정책이 수행되는데 고전적인 집행모형과 달리 정책의 설계와 집행간의 밀접한 상관관계가 요구된다는 것이다.

결과적으로, Oakland Project(1966)의 실패 원인들은 ① 너무 많은 참가자의 수 ② 다수의 의사결정점(decision point)으로 인한 참여자들의 합의의 실패 ③ 중요한 지위에 있는 자들의 교체 ④ 정책목표와 선택된 수단 사이에 타당한 인과관계 결여 ⑤ 적절치 않은 집행기관 선정으로 부적절한 정책수단 선택 등이 포함된다.

요약하면, 1973년 이전은 고전적 정책결정과 집행론의 시기이고, 1973년 이후는 현대론 정책결정과 집행론의 시기로, 고전적 정책결정과 집행론에서 정책결정과 정책집행은 분리된 개념이 아니고 정책이 결정되면 집행은 자동적으로 추진된다는 것이다. 테일러(F. W. Taylor)의 과학적 관리론에서 집행자를 기계의 부속품으로 인식하듯이 행정인을 단순한 기계 부품으로 간주하고, 정치 행정 이원론으로 정책의 결정은 정치의 영역이고 행정은 단지 정해진 정책을 구체적으로 집행한다는 것이다. 고전적 정책결정과 집행은 기술적, 전문적, 비정치적 성격으로 결정과 집행을 단일방향적(unidirectional)으로 추진한다는 것이지만, 현대적 정책결정과 집행론에서 상호작용(interaction) 및 상호거래(transaction)를 강조한다.

2 스미스의 집행 모형

정부에 의해 형성된 정책이 사회 내의 긴장 유발력(tension generating force)으로 작용될 수 있는데, 정책집행 매트릭스 내의 변수들은 정책, 집행조직, 대상 집단, 환경 등이 포함된다. 이 모형에서 긴장발생(tension), 교환거래(transaction), 제도(institution), 환류(feedback), 정책결정 등의 개념들이 포함된다. 첫째, 이상화된 정책(idealized policy)의 네 가지 관련 변수의 범주들은 "① 정책의 형성과정 ② 분배적, 재분배적, 규제적, 자기규제적, 정서적, 상징적으로 구분되는 정책의 성격 ③ 정책의 집행에 대한 사회적 지지도의 정도 ④ 정책에 대한 인상(image of the policy)" 등이 포함된다. 둘째, 정부 관료조직의 한 단위인 집행조직(implementation)에서 고려해야 할 세 가지 변수들은 집행조직의 구조와 인적 속성, 집행조직의 리더십, 집행 프로그램과 프로그램을 수행할 능력이다. 셋째, 정책에 의해 가장 큰 영향을 받는 대상 집단의 조직화나 제도화의 정도, 대상 집단의 리더십, 대상 집단의 이전의 정책 경험 등을 고려한다. 넷째, 정책집행에 영향을 미치는 정치적, 경제적, 사회적, 문화적 여건과 환경들이다.

3 바르다크의 집행 모형

바르다크의 집행게임은 여러 가지 측면에서 설명될 수 있다. 첫째, 압력정치(pressure politics)로서의 집행으로, 피해를 보는 집단과 이익을 보는 집단의 갈등이다. 둘째, 동의의 집합(massing of assent)으로서의 집행으로, 동의의 집합은 성공적인 집행을 위한 요구조건이다. 셋째, 행정통제(administrative control) 과정으로서의 집행으로 관료들의 중요한 역할이 요구된다. 넷째, 부처간 협상(inter-governmental bargaining)으로서의 집행으로 관련기관들의 상호관계이다. 다섯째, 결합행동(joint action)의 복잡성의 집행으로, 관련 기관이 많음으로 해서 결정점과 통과 기관이 많아져 집행의 지연(delay)이 발생된다. 여섯째, 게임체제(a system of games)로서의 집행으로, 협상, 설득, 책략 등의 수단을 통해 집행을 실행한다.

부정적인 집행게임의 경우에 자원유용, 목표의 굴절, 행정의 딜레마가 발생한다. 자원유용(diversion of resource)은 공공자금 유용, 뇌물, 부정적인 자금의 활용이다. 목표의 굴절(deflection of goals)은 새로운 목표의 추가와 함께 정책 집행과정에서 혼란이 발생하는 것이다. 행정의 딜레마(dilemmas of administration)는 정책의 집행이 부분적으로 이루어지는 경우로, 하위 집행기관의 강한 독점권의 행사와 함께 집행에 대한 강한 저항을 보여주는 것이다.

4 레인과 라비노비츠의 집행 모형

레인과 라비노비츠의 순환성 원칙의 세 가지 대원칙은 ① 법적 대원칙(legal imperative)으로, 법률의 내용과 의도를 따라야하고, ② 합리적·관료적 대원칙(rational-bureaucratic imperative)으로, 도덕성의 원칙의 부합과 함께 행정적으로 실현 가능해야 하고, ③ 합의적 대원칙(consensual imperative)으로 당사자들 간의 합의가 요구된다.

집행의 단계(순환의 원칙)는 ① 지침개발(guideline development)은 입법의 의도가 행정적인 처방으로 전환되는 점이고, ② 자원의 배분(resources distribution)은 입법 의도를 실행하기 위해 책임 있는 행정기관에 자원을 할당해 주는 단계이고, ③ 감시(oversight)는 관료제의 하위 수준에서 책임을 증진시키기 위한 방법으로, 정책과정을 단일방향성으로 여기지 않고 순환적으로 본다. 정책의 집행과정에 영향을 미치는 세 가지 결정적인 환경 상태들은 ① 목표의 명확성 ② 과정 자체의 복잡성 ③ 가용자원의 수준과 속성 등이 포함되는데, 레인과 라비노비츠는 집행의 정치가 대원칙 사이의 충돌을 해결하는 방법으로 ① 목표의 명확성과 일관성 ② 많은 양의 자원 ③ 과정의 단순화 등을 제시하고 있다.

5 엘모어의 집행 모형

엘모어는 집행모형에서 후방향적 접근 방법을 강조하고 있다. 전방향적 접근 방법은 ① 집행을 일정한 정책목표의 달성을 위한 수단적 행위로써 파악 ② 고전적 행정이론처럼 계층제적 조직구조의 강조 ③ 정치행정 이원론과 기술적 능률성 등의 개념을 중시한다. 다른 한편, 후방향적 접근 방법은 ① 참여자들 사이의 상호작용 ② 정치성, 분권화, 민주성 등의 개념 강조 ③ 집행 과정의 상층부가 아닌 일선 행정 조직 ④ 고위 정책 결정자의 의도보다는 정책을 필요로 하는 최하층부 집행과정의 구체적 형태에 초점을 둔다. 이와 같이, 전방향적 접근 방법은 정책의 근원에 가장 가까이 있는 정책결정자의 능력과 영향력을 강조하지만, 후방향적 접근 방법은 문제의 근원에 가까이 있는 일선 관료의 지식과 능력을 강조하고, 통제 보다는 재량의 확대 선호에 주안점을 둔다.

정책집행의 유형에서 Elmore의 정책집행의 조직모형은 다음과 같이 설명할 수 있다. 첫째, 체제관리모형은 조직을 합리적 가치극대자로 보는 모형으로, 효율적인 관리통제체제는 성공적인 집행을 야기한다. 둘째, 관료과정모형에서 조직의 핵심적인 속성은 재량과 규칙으로, 집행의 성공을 위해 조직의 통상적인 수단과 방법을 새로운 정책과 통합시키는 것이 중요하다고 보고, 정책의 수정과 관료제의 폐쇄성의 변화를 요구한다. 셋째, 조직발전모형은 집행이 성공을 거두기 위해서는 조직에서 개인의 적극적인 참여를 통해 정책결정자와 집행자간에 정책에 관한 합의를 강조하고, "집행자들의 정책에 대한 합의나 위임이 결여될 때 집행이 실패"한다고 본다. 넷째, 갈등협상모형에서, 조직은 갈등의 장으로 인식하고 집행의 성공과 실패는 상대적 개념으로, 협상과정은 주관적으로 평가가 다를 수 있고, "집행의 성공 여부에 대한 유일한 객관적 기준은 협상과정의 존속 여부"라고 본다.

엘모어(Elmore)의 연구는 하위직 집행 관료들이 문제해결을 위해 어떤 바람직한 행동을 해야 하는지의 서술과 조직운용 절차를 파악한다. 하위직 집행 계층에서 차상위 계층으로 올라가면서 바람직한 행동과 조직운용 절차를 유발시키기 위해 어떤 재량과 자원이 필요한지를 살펴보고 가장 큰 효과를 줄 수 있는 계층에게 그러한 재량과 자원을 부여한다. 집행의 성공과 실패의 판단기준은 정책 결정권자의 의도에 대한 순응 정도가 아니라 일선 집행 관료들의 바람직한 행동이 얼마나 유발되었는지에 따라 결정된다는 것이다.

6 제1세대, 제2세대, 제3세대의 집행연구 비교

프레스맨과 윌다브스키의 집행연구의 제1세대의 집행연구는 정부의 정책집행 능력에 대하여 매우 비판적인 시각으로, "하향식 시각, 전방향적 도식화(forward mapping), 거시적 분석(macro-analysis)" 등이 포함된다. 정책결정보다는 정책집행에 주안점을 두고, 정책집행은 자동적인 과정이 아니고 복잡성과 동태성을 특징으로 한다는 것이다. 집행과정에서 정책하위체제(policy subsystem), 주정부, 지방정부, 이익집단들의 역할을 강조하고, 이러한 하위체제 때문에 연방정부가 집행 과정의 통제와 조정의 문제점들을 논의하고 있다. 정책이 원래 의도한 목표의 실패에 대한 이유의 분석과 집행연구가 특정 집행 실패사례에 초점을 두는 관계로 집행에 관한 부정적인 시각이다.

제1세대 집행연구가 거시적 분석을 추구한데 비해 제2세대의 집행연구는 미시적 분석을 시도하여 경험적·이론적인 접근으로, 미시정치에 초점을 맞추고 정책집행의 상황론을 주장한다. 정책의 유형에 따라 집행이론이 상이(Lowi, 1972; Ripley & Franklin, 1982)하고, 제1세대 비관론에서 긍정론으로의 전환의 시각에서 집행의 성공사례에 많은 관심을 두고, 정책집행의 복잡한 현상을 분석하기 위한 분석틀의 개발과 집행에 영향을 미치는 주요 변수들을 파악하는데 연구의 초점을 둔다.

이 연구의 공헌들은 ① 집행은 정책마다 다르고 시간의 흐름에 따라 변화, ② 중간 매개체인 지방정부에서는 원래 정책의 의도와는 다른 집행과정, ③ 정책집행의 이론적 탐색의 시도와 집행을 체계적·실증적으로 연구하는데 직면하는 여러 어려움들을 설명하고 있다. 이 연구의 한계점은 정책집행에 영향을 미치는 많은 변수들이 파악되었으나, 예시적일 뿐 다양한 정책영역에 적용하는데 어려움이 있고, 지방정부에서 일어나는 집행의 차이를 체계적으로 연구하지 못한다는 한계점이 있다.

제3세대 대표적 연구자인 오툴(O'Toole, 1987)의 견해에서, 제1세대, 제2세대 집행연구는 집행 결과의 형태에 관한 구분의 미흡과 함께 집행 결과와 관련된 인과관계와 다양한 독립변수들의 특수한 효과에 관한 설명이 부족하다는 것이다.

제3세대 집행연구의 세 가지 본질적 특징은 ① 집행에 영향을 미치는 변수들의 인과적 복잡성(casual complexity) ② 집행의 동태성 ③ 집행 결과의 다양성 등을 보여주고 있다. 이 연구는 과학적 접근 강조로, ① 집행연구의 주요 개념을 명확하게 정의, ② 상이한 정책집행 양태를 결정하는 여러 인과적 경로를 구체화, ③ 집행에 영향을 미치는 여러 변수들을 조직화하여 집행모형을 개발하고, 모형으로부터 도출되는 가설들을 검증할 수 있는 과학적인 개념화와 측정에 초점들을 두고 있다.

제3세대 집행연구를 강조하는 고긴(M. C. Goggin)은 정책집행의 결과를 성공과 실패로 구분하지 않고 성공의 정도에 따라 부집행, 탁상집행, 적응적 집행 및 조정된 집행으로 구분한다(Goggin, 1986: 330-331). 가장 성공적인 집행은 조정된 집행이고, 가장 성공적이지 못한 집행은 부집행이며 부집행과 탁상집행은 정책집행상의 실패로 간주한다. 성공적 정책

집행을 좌우하는 요인은 정책 자체 요인, 집행 체제 요인, 환경적 요인 등이 포함된다. 정책 자체 요인은 정책내용과 자원·순응의 확보를 포함하는 정책집행수단이다. 집행 체제 요인은 집행자의 능력과 태도, 집행 조직의 구조가 포함된다. 환경적 요인은 ① 사회 경제적·정치적 상황 ② 대중 및 매스컴의 반응 ③ 정책 결정자의 지지 및 태도 ④ 정책대상 집단의 태도 등이 포함된다. 정책의 영향을 받는 정책대상 집단은 정책의 혜택을 보는 수혜집단과 희생을 감수해야 하는 비용부담 집단으로 구분되는데, 성공적인 정책집행을 위해서는 수혜집단의 강력한 지지와 희생집단의 저항이 약해야 한다.

　제3세대 집행연구의 주 대상은 정부 간 정책집행(intergovernmental implementation)으로 지시와 복종이라는 단순한 인과관계로 설명될 수 없고, 많은 복잡한 요인들이 영향을 미친다. 복잡한 상호 작용을 하는 요인들 때문에 집행의 결과는 다르지만, 집행 형태에 관한 일반성과 규칙성을 발견할 수 있다면 집행 유형의 다양성에도 불구하고 정부 간 집행모형의 유사성을 도출할 수 있을 것이다. 정부 간 정책집행 모형에서, 주정부는 연방정부로부터의 하향적 집행과 지방정부로부터의 상향적 집행의 중간에 위치하고, 주정부는 연방정부로부터 정책집행에 관한 지시와 유인을 받고 지방정부로부터도 압력을 받는다. 주정부의 여러 가지 집행의 형태는 반항(defiance), 연기(delay), 전략적 연기(strategic delay), 순응(compliance) 등이 포함된다. 주정부의 결정은 주정부의 외부적 영향과 내부적 요소에 의하여 결정되는데, 외부적 영향은 연방정부가 제안하는 여러 방안과 의견들이고, 내부적 요소는 주정부가 선호하는 정책과 주정부의 집행 수행 능력이다.

　이 제3세대 연구의 몇 가지 단점은 다음과 같이 정리될 수 있다. 첫째, 정책 결정권자가 통제할 수 있는 집행의 거시적 틀, 집행의 제도적 구조, 집행자원의 배분 등의 변수들을 경시하고, 일선 집행 관료의 영향력을 강조한다. 둘째, 자율권과 재량권을 강조하는 집행가능성의 관심과 함께 공식적 정책목표가 중요한 변수로 측정되지 않는다는 관점에서 집행실적의 객관적 평가의 어려움이 있다. 셋째, 정책결정과 정책집행의 구분이 불필요하다는 주장과 함께 국가전체의 입장에서 고려해야 할 문제를 간과한다는 것이다.

제 9 장
정책평가

1 정책평가의 의의

정책평가는 정책집행 후에 정책의 영향과 효과에 관한 연구들(policy impact study)로 정책의 성공과 실패에 대한 연구가 포함된다. 정책평가를 위한 실증주의적·객관주의적인 계량 평가 방법들은 일반적인 정책분석 기법들로 간주되고 있다. 넓은 의미에서 정책평가는 정책이 결정되기 이전부터 정책집행 이후까지의 전반적인 정책 과정에 대한 평가연구로 인식되기도 한다.

평가(evaluation)란 정책과 사업의 "정도, 조건, 양, 중요성, 질, 가치" 등을 검토하고 판단하는 것으로 판단(judge), 분석(analysis), 서열(rank), 심사(examine), 점수화(score), 검토(review), 사정(assessment, appraise), 감사(audit), 사후조치(follow–up), 점검(monitoring)이 포함되고, 평가에서 중요하다고 생각되는 기준들은 능률성, 효과성, 적절성, 형평성, 대응성 등이다(Suchman, 1967, Dunn, 1983, Nakamura & Smallwood, 1980, 윤은기, 2007: 118).

정책평가란 의도하였던 목표를 정책이 얼마나 효과적으로 달성했는가를 측정하는 활동으로 정의(Gerston, 1997: 120)할 수 있고, 사업평가는 평가의 "한 가지 특수한 유형"으로서 어떤 특정한 사업과정과 목표에 대한 판단, 분석, 심사 등의 평가를 포함하는 것으로 인식되고 있다. 홀리 등 (Wholey, et al., 1976: 25)은 정책평가를 "국가의 목표를 달성함에 있어 국가사업의 전반적 효과성의 평가 혹은 공통의 목표를 달성함에 있어 몇 몇 사업의 상대적 효과성을 평가"하는 것이라고 정의하고, 나크미아스 (Nachmias, 1993)는 정책평가 연구를 "정부의 정책이나 공공사업이 달성하고자 하는 목표를 얼마나 효과적으로 달성하였는가에 대한 객관적·체계적이며 경험적인 분석 연구"라고 정의하고 있다(윤은기, 207: 118). 이와 같이, 정책평가는 정책 목표를 "정책이 얼마나 효과적으로 달성했는가를 측정하는 활동(policy evaluation assesses the effectiveness of a public policy)으로 정의"하고 있다(Gerston, 1997: 120; 백승기, 2003: 250).

정책평가의 기준들은 ① 목표달성 ② 능률성 ③ 주민의 만족 ④ 수혜자의 대응성 ⑤ 체제유지 등이 포함된다. 정책의 목표 달성은 효과성의 수단에 측정될 수 있고, 능률성은 비용편익분석의 수단에 의해 평가될 수 있다. 비용효과분석은 일정액의 예산안에서 최소한의 비용의 투입과 산출의 극대화를 모색하는 것이다. 여러 정책 대안들의 선정에서 일반적으로 사용되는 기법인 비용편익분석은 여러 대안들에서 하나를 선택할 때는 순편익이 가장 큰 것을 선택하고, 여러 대안들에서 예산이 허용되는 한도까지 몇 개라도 선택하는 경우 비용편익분석 비율이 가장 높은 순서부터 예산한도액에 이르기까지 선택한다.

2 정책평가의 유형

정책평가의 유형은 ① 사전평가, 과정평가, 사후평가 ② 전략평가, 실적평가, 결과평가 ③ 산출평가, 성과평가, 임팩트평가 ④ 사이비평가, 형식적 평가, 결정이론적 평가 ⑤ 기술적 평가와 인과적 평가 등으로 구분할 수 있다.

첫째, 사업평가는 사전평가, 과정평가, 사후평가로 구분될 수 있다. 사전평가는 정책적 타당성, 경제적 타당성, 사회적 합의성을 평가한다. 과정평가는 원래의 설계대로 집행과 운영이 되었는지, 그리고 원래의 요구했던 수요가 여전히 존재하는지의 평가가 포함된다. 사후평가는 정책목표 달성 여부와 정책 영향력 평가 등이 포함된다.

둘째, 전략평가, 실적평가, 결과평가의 구분에서, 전략평가는 설정된 목표를 최소의 비용으로 어떤 전략 수단을 채택할 것인가를 결정하기 위하여 사용되는 것이다. 실적평가는 계획과 실적을 자원 활용 측면과 생산 측면에서 대비해 보는 것이다. 결과평가는 정책집행의 결과를 평가하는 것이다.

셋째, 산출평가, 성과평가, 임팩트평가의 구분에서, 단기간을 측정하는 산출평가는 계량적으로 측정하기가 가장 용이하지만 장기간을 측정하는 성과평가는 다소 계량화하기 어려운 측면이 있다. 임팩트평가는 정책의 단기적인 성과보다는 더 오랜 후에 나타나는 효과를 측정하는 것이다.

넷째, 사이비평가, 형식적 평가, 결정이론적 평가의 구분에서, 사이비평가는 정책의 효과평가에 관한 신뢰성과 타당성을 마련하기 위하여 과학적인 방법을 사용하지만 가정의 오류가 포함되어 있다. 형식적 평가는 질적 평가 방법이 포함되지 않기 때문에 정확한 정책성과를 측정하기에 미흡한 측면이 있다. 결정이론적 평가는 가치적·사실적인 접근 방법을 사용하여 가치 있는 정책성과에 관한 신뢰성과 타당성을 제공하는 평가이다.

다섯째, 기술적 평가와 인과적 평가의 구분에서, 기술적 평가는 원인과 결과의 규명 없이 사실의 열거이다. 인과적 평가는 사실의 열거에 그치지 않고 원인과 결과의 관계를 분석하는 평가방법이다.

또한 평가는 총괄평가와 과정평가로 구분할 수 있는데, 총괄평가는 양적 방법에 의존하고 과정평가는 주로 질적 방법에 의존한다. 총괄평가(summative evaluation)는 정책집행 후에 정책이 사회에 미친 영향을 추정하는 것으로 정책영향평가라고도 지칭된다. 일반적으로 정책평가는 총괄평가이지만 총괄평가는 집행과정에 대한 분석이 결여되어 있다. 과정평가(process evaluation)는 집행이 이루어지는 과정을 평가하는데, 집행과정상에서 나타난 집행계획, 집행절차, 투입자원, 집행활동을 검토한다. 과정 평가에서 정책효과에 대한 경로 발생의 분석으로 정책효과가 발생하지 않은 경우, 수단 – 목표 사이의 인과 관계의 문제점들을 분석한다(노사평 외, 1999: 382 – 383).

3 정책평가의 기준

정책평가의 일반기준은 필요성, 효율성, 유효성, 공평성, 우선성, 효과성, 효용성, 적절성 등이 포함된다. 첫째, 필요성은 정책의 목적이 국민과 사회적 요구의 타당성과 행정개입의 필요성에 부합되는지를 평가한다. 둘째, 효율성은 투입되는 자원량을 평가하는 것으로, 필요한 효과를 얻기 위해 투입되는 자원량의 적절성과 투입되는 자원량보다 많은 효과를 얻을 수 있는 다른 방법과 수단의 계획성 등을 평가한다. 효율성 평가는 ① 정책의 직접적 비용의 평가 ② 부작용이나 사회적 충격을 포함한 사회적 비용의 평가 ③ 비용의 상쇄를 위한 정책의 효과 분석이 포함된다. 이와 같이, 효율성은 투입대비 산출의 극대화를 위한 투입 대비 산출도(정량), 산출대비 투입의 극소화를 위한 산출 대비 투입도(정량), 유사한 사업의 중복 여부(정성)를 평가한다. 셋째, 유효성은 기대되는 결과의 가능성과 실질적인 결과의 달성도를 평가한다. 넷째, 공평성은 정책효과의 편익과 비용이 공평하게 배분되는지를 평가한다. 공평성 평가는 정책의 집행 후에 나타난 사회집단과 지역 간의 배분 등이 공평한지를 분석하는 평가로 정책결정과 집행과정에서의 행정의 투명성 확보가 요구된다. 다섯째, 우선성은 평가 대상 정책이 다른 정책보다 우선적으로 실시되어야 할 이유들을 평가한다. 여섯째, 효과성 평가는 ① 의도했던 정책효과가 발생하였는지의 여부 ② 정책 효과가 해결하고자 했던 원래의 문제 해결에 충분한 정도인지의 내용 ③ 분석을 토대로 정책의 중단, 정책의 축소, 정책의 현상유지, 정책의 확대 등의 평가가 포함한다. 이와 같이, 효과성은 계획 대비 달성수준과 사업의 파급효과를 포함하는 목표달성도(정량)를 평가한다. 일곱째, 효용성은 수혜자가 사업효과에 만족하는 정도를 측정하는 사업의 만족도(정성과 정량)를 평가한다. 여덟째, 적절성은 정부개입의 필요성과 상위목표의 부합성을 평가하는 목표의 타당성(정성), 목표달성을 위한 적절한 수단이 사용되었는지를 평가하는 수단의 적절성(정성), 사업의 추진전략의 수립과 내용이 적절하였는지를 평가하는 추진전략의 적절성(정성)이 포함된다.

자료 분석에서, 정성분석(Qualitative Data Analysis)의 평가는 "심층면접, 단체면담, 참여자 관찰, 현지 관찰, 문서(평가자의 주관적인 경험과 전문가들의 의견)" 등이 포함되고, 정량분석은 "통계적인 기법을 통한 평가로 비용효과분석, 재무분석, 통계분석, 다기준분석" 등이 포함된다. Fitzpatrick의 관점에서 객관주의와 주관주의 평가의 구분에서, 객관주의는 동일한 수준의 평가 방법을 통한 객관적인 방법론의 활용을 추진한다. 주관주의는 과학적인 방법론에 근거한 객관적인 평가가 아니라 경험에 근거한 평가를 모색하는 접근방법이다. 또한, 공리주의와 직관주의의 구분에서 공리주의적 접근방법은 사업에 의해 영향을 받는 전체 효과를 평가하고, 직관주의는 사업이 개인에게 미치는 영향을 평가한다.

사업관리자들과 평가자들의 관심과 분야에는 차이가 있다. 첫째, 관리자는 구체적인 프로그램의 요소를 모니터링하는데 관심이 있지만 평가자는 전반적인 프로그램의 영향에 더 관심이 있다. 둘째, 관리자는 자신들이 직접 통제할 수 있는 프로그램 요소를 모니터링하는데 관심이 있지만 평가자는 관리자들의 통제 가능 범위를 벗어나있는 요소와 분야에도 주안점을 둔다. 셋째, 관리자는 프로그램의 직접적인 영향에 관심이 있고, 평가자는 프로그램의 직접적인 영향 이외의 다른 요소들에 의한 영향도 측정하는데 관심이 있다.

인과관계의 분석은 정책평가의 중요한 부분으로 인과관계를 경험적으로 증명하는 것은 귀납법이고, 인과관계가 경험적으로 증명되지 않더라도 논리적으로 추론하는 것은 연역법이다. 독립변수가 종속변수에 어떻게 영향을 미쳤는가를 분석하는 것이 인과관계에 관한 추론이다. 사회과학에서 인과관계의 서술에서 독립변수라는 원인이 종속변수라는 결과를 야기시킨다는 결정적인 문장을 사용하지 않고, 독립변수라는 원인이 종속변수라는 결과를 발생시킬 수 있다는 확률적인 표현을 사용한다. 특정한 현상과 상황에 영향을 미치는 변수가 너무 많고 독립 변수 이외의 기타 변수들의 영향을 완전히 통제할 수 없기에 인과관계가 있을 것이라는 추론을 사용한다.

사업평가의 접근방법은 단일학문의 분석보다는 다양한 시각의 학제적 접근(trans-discipline)이다. 보통 사업(program or project)은 정책(policy)의 한 구성 요소로서 정책의 하위 개념으로 사용되고 있다(정정길, 1991: 603). 사업의 단계와 평가유형의 관계에서 1년 이하의 잠재적 사업은 필요성 사정(needs assessment)이고, 1년차 사업기획(program on paper)은 평가 설계(design evaluation)이고, 1~3년차 신규(new) 사업은 집행(implementation) 평가, 4~7년차 확립된(established) 사업은 결과(outcome) 평가, 7년 이상의 성숙사업(mature program)은 영향(impact) 평가의 범주로 설명될 수 있다.

사업평가 체계 및 방법에서 평가영역에는 사업계획, 추진과정, 사업성과 등이 포함된다. 사업계획의 평가항목은 사업목표와 실행계획이 포함되고 평가기준은 사업수요분석의 적절성, 사업목표의 연계성과 명확성이다. 추진과정의 평가항목은 추진체계와 사업관리이고 평가기준은 역할분담 및 협조의 원활성과 위험관리의 체계성 등이 포함된다. 평가점수의 가중치가 가장 높은 사업성과의 평가항목은 고객만족도, 전문가의견, 사업결과가 포함되고, 평가기준 및 평가방법은 주민만족도 설문조사, 전문가 설문조사, 재화와 서비스 양 등이 포함된다.

사업평가의 접근방식(Vedung, 1997)은 목표달성 평가, 포괄적 평가, 고객지향 평가, 이해관계자 중심 평가, 경제중심 평가, 의사결정 중심 평가, 종합의견 등이 포함된다. 목표달성 평가는 "목표달성의 측정과 영향의 분석"이고, 포괄적 평가는 "결과, 집행, 기획단계"도 포함된다. 고객지향 평가는 "정책결정자와 사업담당자 입장에서의 평가를 벗어나 사업의 대상이 되는 사람들의 기대, 관심사, 필요 등이 평가의 기본원칙 및 판단기준"이다. 이해관계자 중심 평가는 "이해관계자 중심 접근방식은 고객지향 접근법의 확대모형으로서 다양한 참여자와 이해관계자를 포괄하는 평가 방식"이다. 경제 중심 평가는 "생산성을 중시하는 관점으로 비용극소화와 산출극대화"이다. 의사결정 중심 평가는 "현재나 미래의 의사결정의 과정과 절차가 평가의 중심"으로 인식된다.

제 10 장
정책변동

정책변동은 원래의 목표가 달성 불가능한 경우에 목표를 변경해서 다른 정책 목표를 선택하는 것을 의미한다. 정책의 변동은 목표의 전환을 의미하는 것이다. 목표의 다원화와 확장은 정책이 기존의 목표가 유지되는 동안 종래의 목표에 새로운 목표를 추가하든지 목표의 범위를 확장하는 것이다.

Michael Howlett & M. Ramesh은 속도를 기준으로 4가지 정책변동을 설명하고 있는데, 변동의 방식을 원형적인 것(paradigmatic; P)과 정상적인 것(normal; N)을 가로축으로, 변동의 속도는 빠른 것(fast; F)과 느린 것(slow; S)을 세로축으로 하여 ① 빠르고 원형적인 것(PF), ② 느리고 원형적인 것(PS), ③ 빠르고 정상적인 것(NF), ④ 느리고 정상적인 것(NS)으로 유형화하였다(Howlett & Ramesh, 1988: 471-472).

Hogwood & Peters(1983: 26)의 정책변동의 이론은 정책개혁, 정책유지, 정책승계, 정책종결로 구분될 수 있다. 첫째, 정책개혁(policy innovation)은 정부가 이전에 존재하지 않았던 새로운 분야의 정책을 수립하는 유형으로, 기존의 법률, 조직, 예산이 부재한 경우로, 문민정부 시절의 금융실명제의 사례로 담당할 조직과 예산이 없는 상태에서 정부가 새로운 정책을 결정하는 것이다. 정책 개혁의 세부유형에서 창조형(creative type)은 기존의 정책결정과 정책집행이 부재한 상황에서 새로운 정책을 도입하는 형태이고, 반복형(repetitive type)은 기존에 정책결정을 하였지만, 정책 집행은 부재했던 상황에서 유사정책을 참고하여 새로운 정책을 추진하는 형태이다.

둘째, 정책유지(policy maintenance)는 기존 정책의 법률·조직·예산이 유지되면서, 기존의 정책을 낮은 수준으로 수정하는 형태이다. 구체적으로, 정책유지(policy maintenance)에서, ① 정책원형은 정책의 기본 성격, 수단, 예산액과 과목이 원형대로 유지되는 것이고, ② 정책변형은 반대세력의 저항에 의한 비합리적 정책변동이고, ③ 정책유지는 상황의 변화에 따라 기존의 정책목표를 달성하기 위하여 정책수혜 대상의 수, 수혜자 자격, 수혜액 등의 정책수단을 조정하는 경우이다. 정책 유지의 세부유형에서, 순응형(compliance type)은 정책유지 결정 이후에 이해당사자들이 순응을 하는 형태이고, 불응형(noncompliance type)은 정책유지 결정 이후에 이해당사자들이 불응을 하는 형태이다.

셋째, 정책승계(policy succession)는 기존 법률의 개정과 새로운 법률의 제정, 기존 조직의 개편, 기존 예산의 조정을 통해 기존의 정책을 높은 수준으로 수정하는 형태이다. 세부유형으로는 선형형, 비선형형, 정책통합형, 정책분할형, 부분종결형으로 분류할 수 있는데, 선형형(linear type)은 정책 A와 기존 정책과 목표는 동일하지만 정책 B로 변동되는 것이고, 비선형형(nonlinear type)은 정책 A와 기존 정책과 목표가 상이한 정책 B로 변하는 유형이다. 정책통합형(policy integrative type)은 정책 A와 B가 통합하여 정책 C의 통합된 정책으로 변동되는 것이고, 정책분할형(policy divided type)은 통합된 정책 A가 정책 B와 C로 분할되는 유형이다. 부분종결형(partial termination type)은 A의 기존 정책의 일부는 종결되는 정책 B와 일부는 대체되는 정책 C로 구분되는 형태이다.

구체적으로, 정책승계(policy succession)의 특징으로, 첫째, 정책의 기본 목표는 유지하지만 정책의 근본적인 수정과 기존의 정책을 없애는 것이다. 둘째, 기본 정책목표가 변하지 않는다는 점에서 정책종결과 차이가 있고, 사업과 예산 항목 등에서 변화가 일어난다는 점에서 정책유지와 차이가 있다. 셋째, 종전과 동일한 정책목표를 달성하기 위해 새로운 사업계획을 수립하는 선형적 승계이다. 넷째, 두 개 이상의 정책이 완전히 또는 부분적으로 종결되고, 유사한 정책목표를 추구하기 위해 새로운 단일의 정책이 제도화되는 정책통합(보건정책과 복지정책이 보건복지정책으로 통합)이다. 다섯째, 정책 통합과 반대로 기존 정책이 두 개 또는 그 이상의 정책으로 나누어지는 정책분할(문화공보부가 문화부와 공보처로 분리)이다. 여섯째, 시행되고 있는 정책에 기존의 정책목표는 변화시키지 않고 정책 수단과 지침 등을 변화하여 조직개편과 법률을 개정하는 것이다.

요약하면, 정책승계의 유형들은 ① 기존의 정책이 폐지되거나 유사한 목표를 지닌 새로운 정책이거나 과거 정책으로의 환원이나 회귀 등을 포함하는 선형적 정책승계(정책대체) ② 복합적인 정책승계로 나타나는 비선형적 정책승인 ③ 우연한 원인이나 사건에 의해 일어나는 우발적 정책승계 ④ 두 개 이상의 정책이 결합하는 정책종합 ⑤ 앞의 경우와 반대되는 정책분할 ⑥ 정책내용이 일부분만 유지되는 부분적 정책종결 등이 포함된다(Hogwood & Peters, 1983: 62; 안해균, 1998: 448-449).

넷째로, 정책종결(policy termination)은 기존 정책이 종결하여 폐지되면서 다른 정책으로 대체하지 않는 경우이다. 정책종결에서 기존 법률·조직·예산이 폐지되면서 불필요한 기존 정책들의 의도적인 종결을 의미한다. 정책 유지의 세부 유형에서, 단기형(short type)은 급히 기존 정책이 폐지되는 경우이고, 장기형(long type)은 기존 정책이 오랜 기간 후 중지되는 유형이고, 단계형(stage type)은 시기적으로 단기형과 장기형의 중간 수준으로서 단계적으로 소멸되는 형태라고 할 수 있다.

소요시간을 기준으로 한 정책 종결의 유형(안해균, 1998: 450-451)은 폭발형, 점감형, 혼합형 등이 포함된다. 첫째, 폭발형은 장기간의 정치적 논쟁의 사례로, 1960년대 말에 격렬한 논의 끝에 중학교 입시제도가 폐지되는 경우이다. 둘째, 점감형은 점진적으로 정책이 소멸되는 과정을 거쳐 없어지는 경우로, 자원의 계속적인 감소로 미국의 월남전 종결과 일부 주립정신병원의 폐쇄 등의 사례이다. 셋째, 혼합형은 폭발형과 점감형의 혼용으로 정책을 의도적으로 종결시키고자 할 때의 전략으로 몇 년간에 걸쳐 단계적으로 지원사업을 종결시키는 경우이다.

정책은 기능, 조직, 정책의 종결로 구분될 수 있다(Deleon, 1978: 375-377). 기능의 종결은 서비스의 종결을 의미한다. 조직의 종결은 정부조직의 폐지이고, 정책의 종결은 정책 수행 중에 정책 문제가 해결되면 정책을 폐지한다. 정책종결의 방법으로는 선임권(seniority), 고용 동결(hiring freeze), 동일 비율 감축(even-percentage-cuts-across-the-board), 생산성(productivity), 영 기준 예산(ZBB: zero-base budgeting), 일몰법(sunset laws) 등이 포함된다(Levine, 1978: 23-24 & Brewer, 1978: 341-343).

첫째, 선임권(seniority)에서, 최근 고용인부터 먼저 해고시키는 것을 의미하고, 경력에 입각한 유능한 고용인을 확보하려는 원칙으로서 형평성과 효율성과는 관계가 없다.

둘째, 고용 동결(hiring freeze)에서, 퇴직 등의 경우에 신규채용을 하지 않음으로써 자연 소멸되고, 전문 인력 확보에 어려움이 있다.

셋째, 동일 비율 감축(even-percentage-cuts-across-the-board)에서, 모든 부서의 사정을 고려함이 없이 동일비율로 감축시키는 것을 의미하고, 감축 결정이 용이한 반면 각 부서의 필요성이나 생산성 또는 특수성을 고려하지 못하는 어려움이 있다.

넷째, 생산성(productivity)에서, 낮은 생산성을 산출하는 조직과 인력을 축소한다.

다섯째, 영 기준 예산(ZBB: zero-base budgeting)에서 작년기준에다 금년 예상에서 물가 인상 등만 고려하여 예산을 요구하는 전년도 답습주의 예산제도를 탈피해, 전년도 예산에 구애됨이 없이 어떠한 사업이든지 그 사업의 타당성을 먼저 검토한 후에 예산을 배정하는 제도이다. 영 기준 예산(ZBB: zero-base budgeting)은 우선순위가 낮은 사업을 융통성 있게 폐지 삭감할 수 있는 장점이 있으나 모든 사업을 대상으로 매년 정밀한 분석 평가가 어렵다는 현실적인 한계가 있다.

여섯째, 일몰법(sunset laws)에서, 정부의 조직, 법규, 사업, 예산 등에 대해 폐지 기한을 정하고 주기적으로 평가를 통해, 재승인 절차를 통과하지 못할 경우 자동적으로 해당 조직과 사업을 종결시키는 제도이다. 점증주의 예산의 관행을 타파하기 위한 제도로, 예산을 포함해서 위원회, 법규, 기능, 조직에까지 적용되는 전반적인 행정관리 수단이라 할 수 있다는 점에서 영 기준 예산(ZBB)과 구별된다.

정책종결의 접근방법은 관리기법적 접근방법, 정책지향적 접근방법, 정치경제학적 접근방법 등이 포함된다. 첫째, 관리기법적 접근방법은 정책종결을 자원 난으로 수반되는 예산상의 감축관리(cutback management)에 초점을 두고 연구하는 접근방법이다. 행정관리들은 재정난 해결의 방편으로 우선 정부조직의 감축(retrenchment)과 행정서비스의 축소 내지 삭제를 시도한다.

둘째, 정책 지향적 접근방법은 기존의 정책을 합리성의 평가에 근거해서 불합리한 정책을 종결하고 새 정책으로 대치(replacement)하는 것이다. 이 방법은 통태성과 순환성을 강조하지만 관리기법적인 관심수준이다.

셋째, 정치경제학적 접근방법은 정책종결로 인하여 누가 이득을 얻고 누가 손해를 보는가의 초점을 둔다. 미국 레스터 더로우(Lester C. Thurow)의 제로섬 이론(Zero-Sum theory)에서, 제로섬이란 말 그대로 합치면 제로가 된다는 것이다. 서로 다른 이해를 가진 두 사람이 게임을 할 때 한 쪽의 이익은 상대방의 손해를 가져오고 한 쪽의 손해는 상대방의 이익을 가져와 결국 합치면 0이 된다는 것이다. 더로우는 모든 정책은 이익을 보는 집단이 있으면 손해를 보는 집단이 있게 마련이라는 것이다. 지나치게 민주화와 다원화된 사회에서는 어느 집단도 손해를 보려 하지 않기에, 정부는 결국 아무 것도 할 수 없다는 정부의 무능력의 논의도 포함된다. 사례를 들면, 국유화 vs 민영화의 문제는 국가와 독점자본(대기업, 금융, 부동산업자)의 관계와 증세와 감세 문제는 큰 정부와 작은 정부의 이슈로, 조세 감축, 보조금 증가, 공해와 같은 문제들에서 규제 완화 정책 등을 통하여 기업에 유리하게 정책 선택을 할 수 있고, 기업 이윤에 필수적인 아닌 정부 고용이나 주민복지사업 등은 감축과 폐지를 할 수 있다.

정책변동의 각 형태에서 차이점들을 기술할 수 있다. 정책개혁, 정책승계, 정책유지, 정책종결 유형은 의도적(purposive)인 성격이다. 정책유지의 경우에는 기존 조직, 법률, 예산 등에 변화가 거의 없고, 정책승계의 경우에는 기존 조직에 대한 개편과 법률 개정(superceded)이 요구되고, 정책개혁과 정책종결의 경우에는 정부지출의 변화를 초래한다(정정길, 1999: 790; Hogwood & Peters, 1983: 29-49). 정책변동 연구모형들에서 Hofferbert, Sabatiert, Kingdon, Hall, Rose의 연구들을 논의할 수 있다.

1 호퍼버트(Hofferbert)의 연구

정책변동연구는 정책산출연구(policy output studies) or 정책결정요인이론(policy determinant theory) 등이 포함되고 ① 주로 정책내용의 결정과 좌우하는 요인들의 분석 ② 정치적 요인과 사회·경제적 요인들의 정책의 영향 ③ 정책과 상관관계가 높은 요인들의 변동의 연구가 포함된다.

Dye(1966)는 정책결정요인이론에 입각하여 사회·경제적 요인이 정책을 결정한다고 주장한다. R. Hofferbert는 직·간접적으로 정책 산출에 영향을 미치는 요인들로 ① 역사적·지리적 조건 ② 사회·경제적 조건 ③ 대중 정치행태 ④ 정부제도 ⑤ 엘리트 행태들을 포함시키고 있다. 사회·경제적 요인이 직접 또는 간접적으로 정책에 영향을 미치는 것이 사실이지만 최종 단계에서 정책에 결정적인 영향을 미치는 것은 엘리트(정책결정자)로 인식하고 있다(Hofferbert, 1974: 225-232).

정책에 영향을 주는 위의 독립변수들 간의 안정화된 유형을 정책하부구조(substructure of policy)로 인식하고, 정책의 내용은 정책하부구조의 변화에 영향을 받고, 정책영역별로 정책하부구조의 모습은 상이하다는 것이다. 특정한 정책영역에서 시간이 지나면서 정책하부구조 내의 구성요소 간에 안정된 유형이 변화되는 정책변동이 이루어진다고 설명하고 있다.

이 모형에 대한 비판으로는 첫째, 정책변동에서 엘리트 행태의 독자적인 영향력의 강조와 정책변동과정에서 나타나는 대립 집단 간 작용의 영향력을 간과하고 있다는 점이다. 둘째, 정치적 요인이 정책에 미치는 영향은 과소평가하고, 환경적 요인 중 사회·경제적 요인이 정책에 미치는 영향은 과대평가하고 있다는 점이다. 셋째, 정책환경-정치체제-정책 간의 관계에서, 정책환경이 정치체제와 정책에 영향을 미치고 정치체제는 정책에 영향을 미치되 그 반대로 미치는 영향에 대한 언급이 없다는 점이다(정정길, 1999: 85).

2 사바티어(Sabatier)의 연구

이 모형은 Sabatier의 정책하위체제 내 지지연합모형(advocacy coalition model)으로 1986년에 집행연구결과로 정책과정이론을 제시하였다. 1988년에 미국의 환경정책과 에너지정책 등에 적용되어 정책변동의 요인을 설명하는 틀로 사용되었다. 정책변동은 체제 외적 요인에 의한 지지연합의 변동과 체제 내적 요인에 의한 지지 연합 내 상호작용을 통해 지지연합의 변화가 정책변동을 야기한다는 것이다.

P. A. Sabatier는 정책하위체제에 영향을 미치는 외적 요인을 크게 두 가지로 구분하는데, 비교적 안정된 체제 파라미터(system parameter)와 외적 요인이다. 비교적 안정된 체제 파라미터에는 ① 정책문제의 특성 ② 천연자원의 배분 ③ 사회 문화적 가치 및 사회구조 ④ 기본적 헌법구조 등이 포함된다. 외적 요인들은 ① 사회·경제적 여건의 변화 ② 통치집단의 변화 ③ 다른 하위체제로부터의 영향 및 정책결정을 들고 있다(Sabatier, 1988 & 유훈, 1995: 465-466).

정책하위체제내(within policy subsystems)의 지지연합모형에 입각하여 정책변동을 이해하기 위해 제시된 분석 틀은 다음과 같은 사항들을 전제한다. 첫째, 정책변동의 과정과 정책학습의 역할을 이해하기 위해서 10년 이상의 시간적 분석을 필요로 한다. 둘째, 정책은 신념체계라는 용어로 개념화한다. 셋째, 정책변동을 일으키는 요인으로 대규모의 사회적, 경제적, 정치적 변동 등의 거시변수와 정책체제내의 참여자들의 전략적 상호작용에 의해서도 정책이 바뀐다는 점을 분석하고 있다.

이 모형의 문제점으로는 다원론적 시각을 인정하는 점에 근거를 두고 있는데 정책에 대한 비판과 대안제시가 자유롭지 못한 정치체제에서는 설득력에 한계가 있다. 또한, 정책변동이 가능한 조건으로 외부 환경적 요인의 발생 및 정책학습으로 체계화시키고 있기는 하지만 이것들이 정책변동으로 이루어지는 과정에 대한 설명이 부족하다(이병길, 1992: 29-34).

3 킹던(Kingdon)의 연구

J. W. Kingdon의 정책흐름모형(policy stream model)은 "조직선택(organizational choice)에 대한 쓰레기통 모형에 기초하여 정책의제설정을 위한 모형"이다. 이 모형은 정책문제의 흐름, 정치의 흐름, 정책대안의 흐름 등은 독립변수들로 간주한다. 첫째, 정책문제흐름은 지표의 변동과 위기, 재난 및 환류 등이 포함된다. 둘째, 정치의 흐름은 정권의 교체와 국회 의석수의 변화, 국민적인 분위기 및 이익집단의 압력 등이 포함된다. 셋째, 정책대안의 흐름은 정책체제의 분화정도와 정책 활동가의 활동 및 이익집단의 개입 등이 포함된다. 세 가지의 흐름이 결합하여 정책의제설정이 이루어지고, 이 세 가지 흐름 중 2개 또는 3개가 결합할 때 정책변동의 발생한다는 것이다(Kingdon, 1984 & 유훈, 1995).

주요한 정책개혁은 세 가지 흐름과 만나는 경우에 이루어지게 되고, 인지된 문제에 대해 전문가 등으로 이루어진 정책공동체가 반응하여 재정적·기술적으로 가능한 대안의 제시와 정책 결정자에 의한 대안의 승인이 발생할 때 정책변동이 발생된다는 것이다. 정치적 변수의 중요성 외에 정책흐름모형에 의한 정책변동을 설명하는데 공헌한 반면, 정책대안의 흐름과 정치 흐름간의 관계에 큰 거리를 두고 있는 점 등에서 비판받는다(권용현, 1995: 20-21).

4 홀(Hall)의 연구

영국의 경제정책을 연구한 Peter A. Hall은 패러다임 순환모형(paradigm shift model)에 의한 정책변동이론을 논의하고 있다. 정책변동과정에 있어 정책학습의 중요성을 강조하고 있으며, 사회적 학습으로서의 정치와 권력 투쟁으로서의 정치가 관련되어 있다는 사실도 강조한다(Hall, 1993 & 유훈, 1995).

Hall은 정책형성을 정책목표, 정책산출물, 기술·정책환경 등 세 가지 변수를 포함하는 과정으로 설명하는데, 정책목표와 정책산출물에 있어서 급격한 변화를 가져오는 정책변동을 패러다임 변동으로 개념화했으며, 1970년부터 1989년까지의 영국 경제정책의 변화과정에서 다음과 같은 세 가지 유형의 정책변동을 구분하였다(양승일, 2012).

첫째, 매년 정부예산을 조정하는 것처럼 정책목표와 정책산출물의 근본적인 변화 없이 산출물의 수준만이 변동되는 1차적 변동, 둘째, 영국에서 1971년에 도입한 금융통제제도와 같이 거시경제정책의 목표에는 변화가 없으나 정책산출물을 변경하는 2차적 변동, 셋째, 그 동안 케인즈주의가 통화주의로 전환됨에 따라 정책환경, 정책목표, 정책산출물이 급격하게 변동한 3차적 변동 등으로 구분하고, 마지막 3차적 변동을 설명하는 틀로서 패러다임 변동모형을 제시하였다(양승일, 2012).

1차적, 2차적 변동은 기존의 정책패러다임에 영향을 미치지 않는 일반적인 정책형성의 경우로 정책패턴의 연속성이 유지되고, 1차적 변동은 점증주의적 성격을 보여주고, 2차적 변동은 새로운 정책수단의 개발을 의미하지만, 3차적 변동은 기존의 정책패턴의 연속성이 보장되지 않는 패러다임의 변화가 초래되는 급격한 변동을 초래한다는 것이다(양승일, 2012).

5 로즈(Rose)의 연구

로즈(Rose)는 수평축을 시간(time)과 수직축을 정책목표(policy goal)로 시간과 정책목표를 변동요인으로 설명하고 있고, 네 가지의 동적 모형 (dynamic models)을 제시하고 있다(Richard Rose, 1976: 14-23). 로즈(1976: 17)는 정적모형, 순환모형, 선형모형, 불연속모형들을 설명하고 있는데, "정적(static)모형은 선이 편평하며, 현상을 유지하는 정책이고, 순환(cyclical)모형은 주기성이 나타나는 정책이고, 선형(linear)모형은 항상 직선이지는 않지만 상향적 성향을 띠는 정책이고, 불연속(discontinuous)모형은 목표가 다른 불연속적 성향을 띠는 정책"이다.

정책변동원인은 정책집행요인과 관련되어 있는데, 성공적인 집행을 위한 요인과 관련한 것을 체제 내부적 요인으로 ① 정책 목표 ② 자원(인적, 물적) ③ 조직구조 ④ 집행담당자 ⑤ 집행절차를, 체제 외부적 요인으로 ① 사회경제적 여건 ② 기술, 문화 ③ 여론 국민적 지지를 들고 있다(안해균, 1998). 또한 정책집행에 영향을 미치는 요인을 ① 정책의 내용(목표, 수단, 자원, 수혜자 등) ② 정책 문제의 성격 ③ 정책 집행의 환경과 맥락 ④ 집행기관과 과정 ⑤ 정책 대상 집단 등이 포함된다(노화준, 2003).

Sharkansky(1982)는 집행이 잘 안 되는 이유들로 ① 충분하지 못한 자원(insufficient resources) ② 중앙정부와 지방정부간 혼란과 조정 대신 혼란을 야기하는 복잡한 조직인 준정부(quasi-government) ③ 부적절한 계획(inadequate planning) ④ 과장된 포부나 소망(inflated aspirations) ⑤ 외고집(perversity) ⑥ 복잡한 환경 등이 포함된다. 또한 정책집행 향상을 위한 전략으로 ① 집행을 방해하는 요인과 이유에 관심을 가지면서 계획을 잘 세울 것 ② 추구하는 목적이 방해받지 않도록 신중할 것 ③ 집행 자체에 관심 ④ 분명한 목표 ⑤ 의사교환 ⑥ 적절한 자원 확보 ⑦ 환경 예측 ⑧ 집행 프로그램의 발전 등이 포함된다. 또한, Larson은 정책집행에 영향을 미치는 요인으로 ① 모호하거나 비현실적인 목표 ② 집행절차의 결함 ③ 정부 간 활동의 복잡성 ④ 경제적 환경 등을 포함한다(유훈, 1995: 354).

결국 집행요인에 관하여 종합해 보면 집행영향요인은 주로 정책내용, 정책환경, 조직의 의사결정과 전달 및 집행자의 성향에 근거해서 ① 정책결정자의 의지 ② 기준과 목표 ③ 자원 확보 ④ 정치·경제·사회적 환경 ⑤ 정책 프로그램 ⑥ 조직간 의사전달과 추진활동 ⑦ 집행기관의 조직구조 ⑧ 여론·국민의 지지와 태도 등이 포함된다. 정책결정자는 국정을 담당하고 있는 최고책임자를 지칭하고, 기준과 목표는 정책을 통하여 획득하고자 하는 최선의 가치를 의미하고 있다. 자원 확보는 재정의 확보이고, 정치·경제·사회적 환경은 외적인 제약 요소이고, 조직간 의사전달과 추진활동 및 집행기관의 조직 구조는 행정기구의 설계, 운영절차, 공공관리와 관련되어 있다. 여론·국민의 지지와 태도는 정부의 정책 제안에 대한 사회의 지지도를 의미한다고 볼 수 있다.

제 11 장
정책과 행정 및
정치 이론의 담론

1 공공선택이론

1) 개념과 가정

공공선택이론의 주요 내용은 ① 정부는 공공재의 공급자이고 시민은 수요자 ② 시민 개개인의 선호와 선택 ③ 외부계약, 민영화, 정부 부처 간 경쟁 ④ 신고전주의 경제학(neo-classical economics)의 적용이다(백승기, 2003: 211). 정치적 행위자들도 경제적 행위자들과 마찬가지로 그들의 효용(만족)을 극대화하기 위하여 합리적으로 행동하는데 시장원리를 관료제에 적용할 수 있다는 것이다. 이와 같이, 주요 개념은 "① 고객의 선호(preference of customers) ② 권한의 분산(fragmentation of authority) ③ 다조직 배열(multi-organizational arrangements) ④ 관할권의 중첩(overlapping jurisdiction) ⑤ 공공재와 공공 서비스의 공급(supply of public service) ⑥ 시장의 유추(market system) ⑦ 경쟁의 이용(competition) ⑧ 대응성(response) ⑨ 사회적 능률성(social effectiveness)" 등이 포함된다.

공공선택이론은 시민 개개인의 선호 중시, 공공부문의 시장 경제화, 전통적인 정부관료제의 한계를 설명하고 있다. 첫째, 시민 개개인의 선호 중시로, 공공선택론자들은 시민 개개인의 다양한 선호와 선택을 파악하여 존중하고, 경쟁을 통하여 서비스를 생산하고 공급하고 행정의 대응성을 높일 수 있다는 주장이다. 둘째, 공공부문의 시장 경제화로, 정부가 공공재의 생산자, 시민들은 공공재의 소비자라고 규정하고, 비용의 극소화와 시민의 편익을 극대화하고, 서비스의 공급과 생산은 공공부문의 시장경제화를 통해 가능하다는 것이다. 셋째, 전통적인 정부관료제의 한계로, 전통적 정부 관료제는 공공서비스를 독점적으로 공급하여 시민의 요구에 민감하게 반응할 수 없는 제도적 장치이다. 공공선택론자들은 대립되는 이해관계 사이의 상호작용의 결과로 공익이 이루어진다고 주장하는 다원론자들과 점증주의자들을 비판과 함께 과정이 좋다고 하여 반드시 산물이 좋은 것은 아님을 주장하고 있다.

표 11-1 전통적 행정학과 공공선택론적 행정학 비교 연구

기준	전통적 행정학 연구	공공선택론적 행정학 연구
연구의 초점	조직(계층제)의 의사결정에 초점	개인의 의사결정에 초점
공익지향 여부	공익적 정책목표의 극대화	이기적 동기의 극대화
실현되는 가치	국가의지(will of state)	개인의지(will of man)
극대화 대상	부서 목표의 극대화	개인 목표의 극대화
의사결정의 추론방식	연역적	귀납적
의사결정제도	비제도	제도를 중시

자료: 이달곤 외(2007: 51)

1986년 노벨경제학상을 수상한 뷰캐넌(Buchanan)은 공공선택론을 발전시킨 대표적 학자로, 「공공선택론」이라는 말은 뷰캐넌이 발행한 잡지 "public choice"의 연구발표에서 유래되었다. Tullock 등에 의하여 확립된 공공선택이론을 행정학에 적용하였고, Vincent Ostrom은 1973년에 공공선택론의 관점에서 '미국 행정학의 지적위기'라는 저서를 발표하였고, 뮐러(D. Mueller)는 공공선택이론(public choice theory)을 '비시장적 의사결정에 관한 경제학적 연구'라고 정의하였다.

공공선택이론은 합리모형의 정책결정수단으로서의 성격을 인정하면서도 전문적 능력을 가진 관료가 계층제 구조를 통하여 일방적으로 국가목적을 능률적으로 달성할 수 있다는 전통적인 Wilson식 행정관을 비판하면서 정치적 입장과 공공재의 선택을 중요시하는 민주적 행정관을 제시하였다. 대외적으로는 환경으로부터의 정당성 확보, 대내적으로는 목표의 능률적 달성을 중시한다는 점에서 정치·경제학적 접근으로 공공선택이론은 1970년대 이후 정부관료제의 공공재의 생산과 공급에 관한 대표적인 연구로서, 공공부문에서도 파레토 최적점에서 가장 합리적인 정책결정이 이루어질 수 있다고 간주하는 접근법이다.

공공선택모형의 기본적인 가정은 자원의 희소성, 개인주의, 이기심, 합리성이 포함된다. 자원의 희소성은 사회에는 모든 개인이 원하는 만큼 공적, 사적 재화가 충분하지 않다는 것이다. 사회적 산출은 개인의 선택행위의 결과로 투표행위는 투표의 사회적 의사결정 메커니즘으로 개인의 선호들을 집계하기 위한 절차이다. 개인의 선호체계는 일차적으로 자신의 이기심에 바탕을 두고 있고 개인의 합리성은 자신의 이익을 극대화하려고 한다.

공공선택론은 방법론적 개인주의(methodological individualism)로 합리적·이기적 경제인을 가정한다. 이 이론은 거시적 설명이 아니라 개인의 행동을 기본적 분석단위로 하여 정치, 경제, 행정현상을 분석한다. 대안의 우선순위의 판단에서 합리적인 개인은 효용의 극대화전략을 채택한다고 가정한다. 개인들은 공공재를 최소의 비용으로 향유하려고 하기 때문에 공동으로 사용하게 될 재화와 용역의 공급과 개선에는 자발적인 의욕을 보이지는 않을 것이며, 동시에 공익 추구를 위해 자발적으로 단체를 구성하지도 않을 것이라고 가정한다. 공공선택론의 행정인에 대한 가정은 다음의 <표 11-2>와 같이 베버의 관료제론(M. Weber), 과학적 관리론(F. Taylor), 인간관계론(E. Mayo), 자아실현적 동기론(A. Maslow), 발전행정론(E. Weidner)과 다른 견해들을 보여주고 있다.

표 11-2 행정인에 대한 가정

베버의 관료제론(M. Weber)	공익에 전념하고 사익에는 무관심
과학적 관리론(F. Taylor)	합리적-경제적 타산에 좌우
인간관계론(E. Mayo)	사회적 동기에 의해 좌우
자아실현적 동기론(A. Maslow)	자아실현의 고등한 동기에 의해 좌우
발전행정론(E. Weidner)	발전목표라는 공익 추구에 몰입
공공선택론	자신의 이익극대화-합리적 행동

자료: 이달곤 외(2007:51)

이 이론에서, 공공재의 결정과 전달을 위한 최적의 제도나 절차에 관한 정책적 제안으로, 공공정책은 공공재와 공공서비스를 사회에서 합리적으로 배분할 수 있는 수단이며, 어느 한부문의 공공정책은 사회의 모든 부문에 직·간접적으로 영향을 미친다. 정치 역시 일종의 교환행위로, 정치인이나 관료는 공공재를 교환함으로써 자신의 사익의 극대화를 추구한다.

2) 공공선택론의 주요 모형

공공선택론은 경제학적 분석도구를 사용하여 정치적 현상을 재해석한 다양한 이론으로, Buchanan과 Tullock은 전원일치의 규칙과 같은 투표를 통한 공공선택이론을 전개하였고, Niskanen은 관료의 목적은 예산극대화에 있다는 입장에서 관료의 행동을 이론화하여 관료기구의 비효율성을 분석하였다. Stigler, Posner, Peltman 등의 견해에서, 산업에 대한 규제는 공공의 이익을 위해서가 아니라 오히려 규제의 대상이 되는 산업의 이익에 맞도록 계획된 것이라는 규제의 경제이론을 전개하였다.

Downs의 민주주의 경제이론은 정당과 유권자의 행동을 분석하였다. Downs의 공공선택론의 개념에서, 정당 대 국민 관계에서 국민에게는 기업 등의 생산자적 소비자와 일반 국민 등의 소비자적 소비자가 있는데, 정당에 물적과 인적자원을 제공할 수 있는 능력은 생산자적 소비자가 가지고 있으므로 정당은 이들을 위해 정책을 만들어 결과적으로 일반 국민들의 이익에 반하게 되는 정책들이 산출되어 정부실패가 발생한다는 것이다.

Ostrom은 민주행정의 패러다임으로서 공공재와 집단이론에 관한 집합행위론을 논의하였다. Ostrom은 Wilson이래로 미국 행정이론의 패러다임과 관료 제도를 비판하며, 정치경제학 혹은 공공선택이론의 입장에서 그의 이론적 패러다임을 제시하였다. Wilson류의 패러다임에 의하면 좋은 행정체제란 계층제 또는 단일의 권력중추 아래서 중앙정부의 장이 내린 정치적 지침에 따라 명령이 하달되는 체제로 행정조직은 계층적으로 서열화·전문화되고, 훈련된 공무원에 의하여 체계화·능률화된다는 것이다(Wilson, 1887).

그러나 Ostrom은 이와는 반대로 단일의 권력중추에 귀속하는 전문화된 공무원을 계층제 구조 안에 완벽하게 서열화하게 되면 시민의 다양한 요구와 변화하는 환경조건에 부응하지 못하고 대규모 행정체제의 능력을 감소시키며, 전문화 및 정치기능을 경시하게 되고, 서비스의 형평을 고려하지 못하여 정부실패의 원인이라고 진단하고 있다. 급변하는 상황 속에서 시민의 복지를 증진시키기 위해서는 다양한 권력중추들 사이에 정부의 각 수준에 적합한 다양한 규모의 분권적인 제도적 장치의 마련이 필요하다는 것이다. 그리고 각 권력기관은 경쟁을 통하여 고객에 대한 서비스를 만족시킴으로써 자신의 관할권을 유지하려고 할 것이라는 주장이다.

Ostrom의 이론이 민주행정의 패러다임이라고 하는 것은 공공서비스와 공공재의 결정 및 공급이 단일의 권력중심체제가 아니라 분권화된 다양한 결정중심체에 의하여 행해져야 한다는 주장에서 찾을 수 있다. Ostrom에 의하면 "중첩되는 관할권(overlapping jurisdiction), 권한의 분산 (fragmentation of authority), 다조직적 관리방식(multi-organizational arrangements)"은 공공서비스 경제에 있어서 다양한 공공재와 공공서비스의 생산을 촉진한다.

공공선택모형의 행정의 주요개념은 "① 다조직적 관리방식(multi-organizational arrangements) ② 자율적 조직과 권한의 분산 ③ 행정활동의 시장적 특성 강화 ④ 선호가 동질적인 집단별로 다양한 공급영역을 설정하여 고객의 수요에 부합하는 다양한 행정수요에 대응하기 위한 소규모 서비스체제 구성" 등이 포함된다.

3) 공공선택론 평가

공공선택론은 행정의 분권화와 국민에 대한 행정의 대응성을 촉진시킴으로써 자원배분의 효율성을 증진시킬 수 있고, 시민이 능동적으로 공공서비스를 선택할 수 있으므로 행정의 민주화에 기여할 수 있으며 정부에 의한 공공재와 공공서비스 공급역할의 감축을 유도할 수 있다.

공공선택론은 시장지향적이며 공공문제에 대하여 민간부문에 의한 해결책에 찬성하고, 대내적으로는 경제적 측면에서 산출의 극대화와 비용의 최소화를 강조하였다. 대외적으로는 국민의 참여를 강조하고, 정치·행정의 민주화 추진과 함께 정부조직의 분권화, 지방자치제 실시, 정부기능의 민영화 등에 대한 이론적 근거 및 행정서비스의 질 향상, 대 시민관계에 있어서의 대응성 제고, 사회복지서비스의 전달체계개선을 위한 틀을 제시하였다.

오늘날 지방화·민주화에 따른 행정환경의 변화는 정부-시민관계를 하향적인 서비스 전달체계가 아닌, 시민은 행정서비스 수요자로 정부는 공급자로 파악하는 공공선택론적 시각이다. 관료제 재구조화(reengineering)는 경쟁개념의 도입에 의한 부서간 경쟁 유도, 공기업의 민영화 추진, 정부기구의 축소, 행정기능의 민간부문이관 등이 포함된다. 공공선택론은 행정의 분권화와 국민에 대한 행정의 대응성을 촉진시킴으로써 자원배분의 효율성을 추구하는 것이고, 시민이 능동적으로 공공서비스를 선택할 수 있으므로 행정의 민주화에 기여할 수 있다는 것이다.

공공선택론에 대한 비판은 정치적 행위들은 목적지향적인 행위가 아닌 경우 상징적·의전적인 행위로 행해진다는 것이고, 산업화된 국가들이 정부예산이나 인력들을 삭감과 동결하는데 공공선택 분석의 틀로는 설명이 어렵고, 자유로운 선거에 의존하지 않는 비민주적인 시스템 내에서의 정책결정에 대해서는 설명하지 못한다는 것이다.

첫째, 방법론적 개인주의와 인간관에 대한 비판으로, 개인주의 중심의 이론적 전제가 발전행정에서의 경제발전의 이유들을 적절하게 설명하지 못하고, 정치적 의사결정을 개인의 이익충족만으로 논의한다는 것은 타당성이 없다는 것이다.

둘째, 사회적 불평등 방지의 정부역할 간과로, 공공서비스의 민간화는 부패의 확산과 빈부격차의 심화를 초래할 수 있고 공공서비스의 윤리성을 저해할 우려가 있으며, 계약에 의한 민간위탁(contracting-out)은 정부기관이 장기간에 걸쳐 축적해온 전문적 능력을 박탈할 수 있다는 것이다.

셋째, 시장경제원리의 지나친 신봉과 보수적 이론으로, 시장기능이 반드시 모든 상황에서 정부기능보다 낮다는 보장은 없다는 것이다. 또한 경쟁시장의 논리(전달체계의 다원화)는 현상 유지적 그리고 균형이론적 성향을 띠고 있으며, 개혁의 처방적 성격이 부족하고 시장실패의 요소가 상존한다는 것이다. 집권화된 조정보다 분권화된 소규모의 공공서비스 공급시스템이 보다 효율적인 기능을 수행한다는 견해는 너무 단순한 논리라는 것이다.

2 신공공관리이론[2]

자유주의 정부개혁의 이론적 배경은 신공공관리의 개념에 바탕을 두고 있다. 이 이론의 내용은 "탈규제, 성과관리를 통한 책임성의 제고, 민영화, 경쟁력 확보를 위한 정부 재창조" 등을 포괄하며 신자유주의의 개념인 개인의 창의성의 추구와 정부의 개입을 최소화하여야 한다는 개념을 포함한다. 신공공관리 핵심원칙은 ① 정책보다는 관리에 대한 관심과 성과평가의 효율성의 초점 ② 관리 자율성의 위임과 관리신축성의 확보 ③ 조직의 혁신과 창의성의 고취 ④ 비용의 감축과 경쟁원리의 도입 등과 연관되어 있다.

신관리주의에서 주요 정책 수단은 인력감축, 민영화, 재정지출 억제, 책임운영기관, 규제완화 등을 추진하는 것이고, 인사 개혁 수단으로는 권한위임, 고위직 근무평정 및 성과급제도, 임용권한의 위임 및 사무차관 등을 포함한 고위직 임용계약제 등을 포함하고, 재정개혁 수단으로는 운영 예산제, 연도말 이월, 다년도 예산, 발생주의 회계와 서비스와 성과관리를 위한 개혁 수단들로는 서비스 기준제도, 성과협약, 전략계획 등이 포함된다(김번웅, 1997; 총무처, 1997).

신공공관리론은 영국의 신관리주의(new managerialism)와 미국의 기업가적 정부모형(entrepreneurial government model)으로 설명되고 있다. 신공공관리론의 지향점으로써 고객지향적 행정과 기업가형 정부형태는 정부와 국민간의 신뢰의 관계를 증대시키고 정부가 국민에게 제공하는 행정서비스의 질을 개선해 나가는 것이다.

고객 지향적 행정은 과거의 행정 중심적이고 공급 중심적인 관행으로부터 민간 중심적이고 수요 중심적인 것으로의 전환을 의미한다(이종범, 1996). 즉 고객 지향적 정부는 고객인 국민에게 고품질의 행정서비스를 제공하고, 국민들의 요구를 적극적으로 수용함으로써 국민들의 만족도 증대를 추진하는 것이다. 고객 지향적 행정에서 국민은 행정서비스의 수혜자 보다는 행정서비스의 질의 평가와 서비스에 대한 개선점을 제시하는 적극적 의미의 서비스 요구자인 것이다.

또한, 신공공관리론은 기업가형 정부형태를 강조하고 있다. 기업가형 정부란 기업가적 혁신을 창출하는 효율성과 효과성을 모색하는 행정조직의 정부형태이다. 이 정부형태는 고객이 만족하는 행정 서비스를 제공하기 위해 기업가적 혁신정신을 정부의 행정조직에 도입하는 것이다. 이와 같이, 기업가형 정부형태는 복지부동과 사리사욕에서 기인하는 공무원 부패와 부처의 이기주의를 도태시키고, 개선되는 공공행정 서비스를 마련하기 위해 기업가적인 혁신적인 개념들을 창출하는 것이다.

기업가형 정부의 형태는 효과성과 효율성의 기업운영방식인 경쟁주의,

성과주의, 업적주의의 개념을 정부 조직내부에 적용함으로써 저비용의 공공행정 서비스를 마련하는 것이다. 또한, 기업가형 정부 형태에서 경영혁신은 일회적인 개혁이 아니고 자발적인 혁신을 추진하는 것이다. 한마디로 이 개념은 "자기혁신체제(self-renewing system)"의 정부형태를 창출하는 것이다(Osborne & Plastrik, 1997).

신공공관리이론은 최소국가이론과 부합된다. 최소국가이론에서 행정 또는 행정인은 합리적이지만 이기적인 성향과 자신의 이익과 조직의 예산극대화를 추구하는 행위자로써 간주되어진다. 이와 같이, 행정체제를 시장과 같은 경쟁적 체제로 전환할 필요와 함께 정부의 행위는 비용최소화 전략과 소비자중심 관리와 같은 정책방안을 추진하는 것이다.

신공공관리 원칙의 개념은 공공기관을 전문 관리자에 의해 운영되는 행정체제, 공공부문의 조직을 개별적인 독립조직들로 전환, 공공기관 상호간 또는 민간부문과의 경쟁 확대, 민간기업 스타일의 사업집행과 경영관행 강조, 재원 사용에 있어 규율과 검약의 강조를 포괄한다(Hood, 1991: 4-5). 또한, 신공공관리의 원칙은 기관책임자에게 관리상의 자유와 재량권 부여, 특정기관의 독점 배제, 계약제나 공개입찰절차를 통한 경쟁방식 도입, 탄력적인 보수와 채용, 내부 규칙제정허용, 직접경비의 절감, 근무 규율의 확립, 기업의 규제준수비용 축소 등을 포함한다(Hood, 1991: 4-5). 이와 같이, 반부패적인 관료경영 접근방식인 신공공관리 원칙은 시민과 공무원의 자율성 향상, 권한과 권력의 분권화, 비권위주의적인 조직 체제, 국민에 대한 책임감의 실질적인 가치를 추진하는 것을 주요내용으로 하고 있다. 1980년 이후 정부혁신을 주도하고 있는 OECD 국가들에서 공통적으로 추진하고 있는 전략 중에 하나가 책임운영기관의 도입이다. 책임운영기관의 설립과 확대는 신공공관리이론과 부합되는 제도로 인식되고 있다.

1970년대 이후 영미국가의 행정이론의 방향을 신공공관리론이라 통칭할 수 있다. 신공공관리론은 시장주의 원리에 근거해서 전통적인 관료제 패러다임을 탈피해서 작은 정부를 구현하기 위한 행정이론이다. 결과적으로, 신공공관리론은 신자유주의이론과 부합할 수 있는데, 정부실패의 기능을 해결하기 위한 시장주의적 원칙의 적용의 이론이다. 다른 한편, 전통적인 행정이론은 적극적인 국가의 기능과 역할의 필요성을 강조하여 왔다. 케인즈주의적 복지국가는 정부간섭의 필요성의 강조와 함께 1930년대 이후 영미국가의 정부정책 운영의 기본 틀로 정착되었다. 정부 기능의 중요성의 강조와 함께 국가의 정책결정 과정이 행정부에 집중되는 행정국가 현상이 초래되었다. 1930~1970년대의 시대는 영미국가에서 정부간섭의 역할이 확대됨에 따라 총자본 중에 국가에 의해 결정되는 투자, 지출, 분배가 지속적으로 증대된 행정국가(administrative state)의 시기로 지칭되고 있다.

1970년대 초반 이후 영미국가는 "경쟁력 약화, 세수 감소, 재정적자 누적" 등의 문제점으로 인한 경제위기의 상황을 극복하기 위해 전통적인 행정국가의 정책운영방식의 변화를 시도하였다. 영미국가의 신자유주의의 개념은 경제위기의 직접적인 원인과 책임이 케인즈주의적 행정국가가 초래한 큰 정부로 인한 정부의 실패를 강조하고 시장의 자유화, 복지의 민간화, 정부간섭의 최소화 등을 핵심 내용으로 하는 새로운 정책의 패러다임을 주창하였다. 이러한 신자유주의적 행정개혁논리는 전통적 행정학에 근거한 공공행정의 정책을 변화하는 방향으로 행정개혁을 추구하였다. 신자유주의 원칙은 영국의 대처리즘과 미국의 레이거노믹스에 의해 구체화되어 졌고, 영미식의 신공공관리론의 적용은 종래 발전주의 국가의 전통적 행정학의 패러다임 청산과 신자유주의적 행정개혁의 필요성을 확산시켰다.

자유주의는 사회계약론에 근거하고 있는데, 사회계약론은 영미 신공공관리론의 철학적 기원으로 간주될 수 있다. 홉스의 사회계약론은 개인 안전의 권리와 질서를 위한 국가의 절대적인 권위를 강조한다. 개인의 권리를 강조한다는 측면에서 자유주의적 요소와 국가의 절대적인 권력을 표방하는 관점에서 반자유주의적 요소를 동시에 포함하고 있다(Held, 1987: 50). 하지만, 로크의 개념은 개인의 권리와 권력의 분립의 개념에 근거한 자유주의 발전의 기초와 토대를 마련한 것으로 평가되고 있다 (Held, 1987: 54). 개괄적으로, 홉스의 이론은 행정국가의 역할을 강조하고 (박동서, 1988: 178), 로크의 이론은 자유주의적 가치와 개념을 강조하는 것으로 언급되고 있다(Aaron, 1955, Cranston, 1957, Moulds, 1965, Plamenatz, 1963, 김향규, 2006: 116−117).

이와 같이, 사회계약론은 전통적 행정학의 정책 패러다임의 변화과정에서 신자유주의 개념에 바탕을 둔 영미 신공공관리론의 이론적 근거이다. 영미 신공공관리론의 기원과 내용은 로크의 사회계약론에 근거한 자유주의 행정이론의 철학적 토대로 간주될 수 있다. 사회계약론에 근거한 자유주의 행정시스템의 기원, 내용, 발전의 과정에 대한 논의를 통해 신공공관리론(new public management: NPM)의 시장주의적 관점과 문화적 함의의 내용의 논의가 필요할 것이다. 로크의 개념에 근거하는 신공공관리론의 시장주의적인 원칙의 개념은 최소정부론의 내용과 연관된다. 결과적으로, 본 연구에서 홉스의 이론은 행정국가의 역할을 강조하고, 로크의 이론은 신공공관리론의 시장의 기능과 역할을 강조한다. 사회계약론을 통한 자유주의 사상의 창시자인 토마스 홉스(Thomas Hobbes)와 존 로크(John Locke)의 자연법, 정부론, 시민사회론, 인성론의 개념에 대한 차이와 비교를 분석을 통해 영미 신공공관리론의 이론적 기원과 문화적 담론을 분석해 보고자 한다.

1) 신공공관리론의 이론적 기원

사회계약설의 기원은 홉스와 로크의 사상적 개념에 근거하고 있는데, 사회계약론 이전의 이론은 주권의 소재와 국가 권력을 신의 영역으로 한정하여 개인권리에 대한 논의는 배제되었다(Held, 1987). 홉스는 자연 상태에서 인간의 이기적인 욕구로 인한 혼란을 방지하기 위해서 인간은 절대자에게 주권을 양도해야 한다고 주장하였다. 인간의 이기심에 근거한 권력과 부의 추구와 욕망으로 인해 발생하는 인간의 지배, 갈등, 투쟁 등을 조절하기 위해 정부의 역할은 필요하였다. 즉, 인간은 계약을 통한 정부를 구성해 주권자에게 주권을 양도함으로써 안전의 권리를 보장받는 것이다. 결과적으로, 홉스는 부패한 봉건제도를 합리화하는 개념에 반대해서 개인의 권리와 사회계약론의 토대를 합리화하는데 이바지했다.

한편, 로크의 사상은 다수의 동의에 의한 주권의 부여와 개인의 재산을 보장하는 것이 국가의 설립 목적이라는 근대적 자유주의 이론으로의 전환점을 마련하였다. 국가는 개인들 간의 계약에 의해 성립된다고 전제하고 있는데, 국가권력의 원천을 국민의 동의에 두고, 국민과 정부사이의 계약에 의해 국가권력이 구성된다. 이 계약을 통한 국가의 설립목적은 개인의 권리와 자유를 보호하는 것이다. 궁극적으로, 로크의 사상은 자유민주주의적인 가정들로 해석되고 있는데, 동의에 의한 정부 다수자의 지배(Bluhm, 1978 & Kendall, 1941), 도덕적인 자연상태(Berki, 1977), 사적 소유의 합리화(Macpherson, 1962), 개인의 자연권과 자연법의 인식(Strauss, 1953)에 관한 공리주의적인 관점과 개인주의적인 원리를 내포하고 있다. 로크의 사회계약론의 개념에 근거한 개인주의적인 원칙과 개념은 자유주의적 영미행정이론의 이론적 바탕을 제공해 주고 있다.

이와 같이, 홉스와 로크의 사회계약론의 내용과 범위의 차이점을 보여주고 있다. 홉스와 로크의 사회계약설에서 국민들의 계약에 의해 정부에게 권리를 양도한다는 것은 의견을 같이 하지만, 홉스에게는 '시민의 안전'과 로크에게는 '시민의 사유재산의 권리'를 보호하는 사회계약론 내용과 영역의 차이가 있다. 사회계약론의 개념에 근거한 자유주의적인 개인의 자유와 권리의 개념은 영미행정이론의 기원을 보여주고 있다. 사회계약론을 통한 자유주의 사상의 창시자인 홉스와 로크의 정부론과 시민사회론에 대한 차이와 비교를 분석해 보면 다음과 같다.

(1) 정부론

정부의 형성과 형태에서 로크와 홉스는 견해의 차이를 보여주고 있는데, 로크가 '제한 군주정'을 지지하지만 홉스는 '절대 군주정'을 옹호하였다. 로크와 홉스의 사회계약론에 근거한 정부론의 범주와 내용에는 견해의 차이가 있다.

홉스적 국가에는 절대적인 권력만이 존재하며, 주권자의 의지와 판단만이 존재한다. 홉스는 이성보다는 지배욕과 소유욕을 인간의 본성이라고 보았기 때문에, 사회계약은 안전을 위한 국가설립을 위한 지배계약으로, 홉스의 정부론은 사회질서와 생존의 가능성을 보장하는 데 있다(Hobbes, 1968). 자신의 권리의 양도를 통해 개인의 안전과 사회의 질서를 보호하는 것이 정부설립의 목적이다. 국가권력은 영속성과 무제한성을 가지며, 입법권, 사법권, 행정권까지 소유하는 절대적인 권력의 정부의 형태라 간주할 수 있다(Hobbes, 1968). 국가는 권력의 분립 없는 유일한 '행정의 관리자', '정치의 행위자', '사회의 관리자'이다. 인간은 극한적인 갈등과 투쟁의 무질서한 상태의 공포로부터 벗어나기 위해 '제도적인 구원자'로서 국가의 설립에 동의한다.

로크적 정부론의 개념은 미국의 독립선언문에 간접적으로 영향을 준 것으로 개인권리의 보장을 위한 정부의 기능과 역할을 위한 이론적인 토대를 제공하였다. 홉스는 저항권과 관련해 주권자에 대한 시민의 적극적인 저항권의 권리를 인정하지 않았다(Hobbes, 1968: 199). 반면, 로크의 관점에서, 정부가 국민의 권리를 보호하지 못할 때 시민의 혁명을 정당화할 수 있다는 점에서 국민들은 정부가 계약조건에 위반된 행위를 할 경우에 정부를 재구성할 수 있는 저항권의 권리를 가지고 있다는 것이다(Locke, 1967: 209). 로크의 정부론에서, 정부가 인간의 생명, 자유, 재산의 권리를 보호하지 못할 때 국민의 저항권을 인정하고 있다. 로크는 정부의 권력이 시민의 재산과 자유의 보존을 위한 수단적인 권력임을 강조한다. 로크의 정부는 자연법적인 권리의 계약에 의해 사회의 공공선을 위해서 권력을 사용할 수 있지만 국민의 권리를 침해할 수 없다.

로크는 개인들이 결성한 정치공동체는 시민의 권리 중 일부를 정부에 위탁하는 방식으로 시민과 정부의 계약이 성립되는 것을 논의하고 있는데, '권리위탁'이란 '이양과 양도'와는 달리 정부의 권력이 절대적일 수 없다는 것이다(Locke, 1967). 이와 같이, 홉스가 사회계약의 개념을 '양도'

로 설명한 반면(Hobbes, 1968), 로크는 '위탁'으로 논의하고 있다(Locke, 1967). '위탁'은 제한적인 권력의 부여를 의미하지만, '이양과 양도'는 절대적인 권력의 부여를 내포하고 있다. 제한적인 관점인 '위탁'의 개념은 정부의 권력이 절대적이지 않다는 것의 의미를 함축하고 있다고 할 것이다.

로크의 개념은 인간이 태어날 때부터 평등하다는 자연법사상과 부합되지만, 결과적인 평등의 원칙을 언급하는 것은 아니고, 권한, 능력, 성취, 덕성적인 측면에서 인간은 평등하지 않음을 인정하였다. 로크에게서 불평등한 사적 소유는 정당화된다. 로크는 '재산의 보존'에 관심을 두는 반면, 홉스는 '생명의 보존'에 주된 관심을 두었다. 이 사적 소유는 국가에 의해서 통제되는 것이 아니라 보호되어야 한다.

로크의 실정법의 개념은 다음과 같이 요약할 수 있다. 첫째, 개인의 권리는 자신들의 적법한 계약에 근거한 동의에 의해서만 규제가 가능하다. 둘째, 자유주의 국가에서 법률에 근거한 평등원칙이 적용되는 입법권은 국민의 권리를 보호하자는 것이다. 셋째, 인간의 이성에 의해 만들어진 실정법은 자연법으로부터 파생되었다는 것이다. 로크가 언급하는 실정법의 목적은 법률에 규정된 입법권과 사법권에 의해 개인들의 자연법적 권리인 생명, 자유, 재산을 보호하는 것이다. 이와 같이, 로크는 자연법으로부터 파생된 실정법인 법과 제도에 의한 통치를 강조하고 있다.

요약하면, 홉스는 사유재산의 소유권이 강해지면 국가를 붕괴시키는 원인을 제공한다고 인식하였다. 사유재산의 인정은 통치권자의 권리의 제한을 의미하기도 하였다. 홉스는 사회계약으로 국가가 설립되면 국가의 주권자의 보호 하에서만 사유재산권 주장이 가능하다고 하였다. 사유재산은 법으로 보호되지만 법의 제정이 통치권자의 권한이기 때문에 개인의 사유재산권이 통치권자의 권리를 앞설 수 없다는 것이다. 반면에, 로크는 사회계약론에 근거한 정부 기능의 목적은 사유재산의 보호라고 하였다. 로크는 사유재산 권리의 보호가 정부설립의 근원적인 목적으로 소유권의 보호 기능 이외의 정부간섭의 필요성을 배제하였다. 이와 같이, 로크의 개념에서, 국가에게 부여된 권한의 한계를 넘어서 자연권에서 기원된 개인들의 소유의 권리와 자유를 위협할 때 국민은 정부에 대한 저항권의 권리를 갖는다(Strauss, 1953: 233). 저항권은 국민의 정치적 권리에 대한 요구라기보다는 사적 재산권의 권리를 확보하기 위한 능동적인 행위라고 볼 수 있는 것이다. 결과적으로, 로크적 정부는 사적 소유권의 보호와 함께 국가의 절대적인 권력과 강한 국가의 개념을 배제하는 시장원리에 입각한 최소정부론의 개념과 일치하는 것으로 해석될 수 있다.

(2) 시민사회론

로크가 강한 정부의 기능을 배제함으로써 시민사회의 역할과 기능의 중요성을 강조하고 있지만, 반면에 홉스는 시민사회의 기능과 다원주의 시스템을 배제한다. 홉스의 관점에서, 시민사회의 개인들은 국가권력이 부여해 주는 권리와 자유를 향유할 수 있지만, 국가권력의 간섭과 통제로부터 자유로울 수는 없다. 시민사회의 개인의 권리나 자유는 국가권력이 허용하는 한계 내에서 향유되는 종속적인 자유와 권리일 뿐이다. 홉스의 국가권력의 의존에 의해, 개인들은 시민사회내의 타인으로부터의 위험으로부터 자유로울 수 있다(Hobbes, 1968). 한편, 로크의 관심사는 복종과 안전의 문제가 아니고 시민사회의 권리보호의 문제로 귀결된다. 로크의 시민사회는 권리와 도덕의 원리를 보유한 공동체로 설정됨으로써 국가에 대한 종속과 의존이라는 홉스적 국가론을 배제할 수 있었다. 로크의 자연 상태는 정부 없는 시민사회로 간주된다(Berki, 1977). 로크의 견해에서, 국가가 규범과 권리의 절대적인 제공자가 아니고, 국가의 권력을 제한하기 위한 사회구성원들과의 상호협조적인 시민사회의 설립을 강조하고 있다.

로크의 관점은 어떤 시민정부의 형태와 유형이 개인의 권리와 자유에 부합할 수 있는가 하는 문제에 주목하고 있다. 다시 말하면, 로크의 관심은 개인의 권리를 보호하는 시민사회를 어떻게 확보할 것인가라는 문제에 주안점을 두고 있다. 이런 관점에서, 로크가 제시하는 처방은 국가

권력으로부터 자율적인 시민사회와 국가 권력에 대한 법과 제도적 규제이다. 정부의 법과 의지는 홉스처럼 '국가권력의 이성과 의지'가 구현된 것이 아니라 '사회의 의지'가 구현된 것이다. 그리고 정부는 '사회의 의지'로부터 자유로울 수 없다. 전통적 행정학은 '국가의 의지'를 강조하는 반면, 신공공관리론은 '사회의 의지'를 강조하고 있는데, '국가의 의지'를 강조하는 홉스와 '사회의 의지'를 선호하는 로크의 사회계약론은 차이점을 보여주고 있다.

사회의 의지는 다원주의 행정체제에서의 다수의 지배와 결정 과정을 의미한다. 로크에게 시민들이 '각 개인의 동의에 의해서 하나의 공동체를 형성한 것은 하나의 조직체로서 행동할 수 있는 권리를 가지는 조직'을 만드는 것이다(Locke, 1967: 96). 로크는 한 조직체에서 다수자의 동의와 지배에 의한 결정과정을 논의하고 있다(Locke, 1967: 96–99). 다원주의의 정책결정 과정에서 주도적 역할은 사회의 의지를 표방하는 이익단체들에 의해 이루어지고 2차적 역할은 조정자인 정부에 의해 수행되는 것이다. 정책결정과정에서의 다원주의는 다양한 이익단체들의 요구의 수용과 '자발적 거래와 타협을 통한 균형점'의 정책을 모색하는 것이다. 이러한 다원주의의 기본 전제는 모든 개인들이 각자의 사회적, 정치적, 경제적 환경에 따라 특정 이익들을 추구한다는 것이다. 개인들은 현실적인 관심과 이익을 추구하기 위해 타인을 위한 양보와 타협을 하는 전략적 행동을 추구하며 자기 이익과 관심을 추구하는 선호체계는 근본적으로 변하지 않는 개인주의적인 관점으로 해석될 수 있다. 로크는 모든 시민의 표현·언론·결사의 자유 등의 개인적인 권리의 보호와 다양한 이익단체들의 요구의 수용을 위해 효과적인 법과 제도의 구축에 관심을 표방하고 있다.

종합하자면, 신공공관리론의 이론적 기원으로써 로크의 사회계약론은 다음과 같이 정리할 수 있다. 첫째, 로크적 정부는 정부간섭의 배제와 권력의 제한의 논의와 함께 최소정부론을 옹호하고 있다. 둘째, 로크는 정부권력의 제한을 위한 입법, 사법, 행정이 분리되는 자연법으로 파생된 실정법을 통한 법과 제도의 통치를 논의하고 있다. 셋째, 정부는 시민사회가 요구하는 목적을 보조적으로 수행하는 역할을 담당하며, 시민사회를 지배하는 것은 '지배 권력의 의지'가 아니라 '사회의 의지'이다. 사회의 의지는 다수자의 동의에 의해 표현되어 진다. 로크의 견해에서 개인들은 이익을 추구하는 존재로, 이성적인 정책결정은 권력분립의 제도적인 보장과 함께 시민사회 의견의 수렴을 통하여 가장 '최적의 균형점(optimal point)'의 정책을 찾아내는 것이다. 넷째, 인간의 기능은 법과 제도의 범위와 영역 안에서 '기능주의적과 도구주의적인 관점'에서 이해되어 질 수 있다. 로크의 시민사회는 공공선을 위한 절대적인 주권자의 주체적 의지와 판단을 전제하지는 않지만, 개인들의 자율성과 책임성 아래 기능주의적인 입장을 강조하고 있다. 로크의 사상은 개인주의적 관점에 바탕을 둔 '계약론적 자유주의'의 맥락에서 이해되고 있다. 다섯째, 로크가 국가를 통해서 보호하고자 하는 것은 국가와 사회가 아니라 개인의 소유권이다(Locke, 1967: 124). 로크는 생명·자유·재산을 총칭해서 소유라고 지칭하고 있다(Locke, 1967: 87). 개인 소유의 권리를 타인으로부터 보호하는 것이 로크의 사회계약론의 주된 목적이다. 결론적으로, 로크의 사상은 개인주의적 개념에 근거하는 자유주의적·시장주의적인 원리와 개념에 부합한다고 분석할 수 있다.

2) 신공공관리론의 문화적 토대

홉스는 자연 상태가 '만인의 만인에 대한 투쟁 상태'라고는 보았고, 로크는 자연 상태가 방종과 투쟁의 상태가 아니고 '자유의 상태'라고 보았다. 로크는 홉스적인 견해와 다르게 자연 상태를 '도덕적인 질서'로, 개인을 '도덕적인 행위자'로 규정하고 있다. 로크의 관점에서 홉스의 자연 상태는 '반도덕적인 방종의 상태'에 불과하며, 홉스적 개인들은 '반도덕적 행위자'에 불과하다. 자연 상태의 문제점은 반도덕적 행위자들의 극한적인 갈등과 무절제한 행위에 기인한다. 이들 도덕적 결함을 지닌 인간들의 무절제한 사적 이기심과 편파성은 도덕 질서인 자연공동체의 질서를 파괴할 수 있다. 인간의 본성에서 로크는 도덕적·합리적 본성을 강조하고 있지만, 홉스는 이기적·공격적 본성을 주장하고 있다.

맥그리거(McGregor)는 X이론의 인간관과 Y이론의 인간관을 구분하는데 X이론의 인간관은 홉스의 인간관과, Y이론의 인간은 로크의 인간관과 연관되어 진다고 인식될 수 있다. X이론의 인간관은 태생적으로 일을 싫어하고, 책임감이 없이 명령과 지시에 수동적으로 따르며, 새로운 도전에 두려움을 갖고, 안정감을 선호하며 이기적이고 비협조적인 존재로 인식되고 있다(McGregor, 1960). 이 인간관은 물리적인 제재와 강압을 통한 경제적 보상체계의 강화, 엄격한 감독과 통제체계의 확립, 권위주의적 리더십의 확립, 수직적인 계층제 조직구조의 확립과 함께 외부로부터의 보상과 처벌을 통하여 조직의 목표를 달성한다. 대조적으로, Y이론의 인간관은 근면성, 창의성, 도전성을 선호하며, 조직의 목표를 달성하기 위한 자율성, 책임성과 함께 상호협조적인 가치관을 보여주고 있다(McGregor, 1960). 이 인간관의 조직에서 조직구성원의 자발적 근무의욕과 동기, 분권화와 권한의 위임, 민주적 리더십의 확립, 수평적 조직구조의 문화적 특징을 보여주고 있다.

경쟁적 시장사회는 처음에는 상호협조적인 개인들 간의 양심에 의해 유지되지만 점차적으로 경쟁자들 간의 우월한 관계를 유지하기 위해 경쟁을 추구한다. 경쟁적 시장사회에서 대립성의 이해관계들을 조절하기 위해 전통적인 행정학에서 주권적 권력은 강조되고 있다. 하지만, 로크(Locke, 1967)의 가정대로 인간은 도덕적, 이성적, 윤리적인 측면을 갖고 있기 때문에 자율성과 책임성의 부여와 함께 통제가 가능하며, 홉스의 절대적인 국가의 통제와 조절 보다는 협력과 조화의 사회를 형성할 수 있다는 것이다. 로크의 자연법 개념의 분석에서 로크에게 사회는 '도덕적 공동체'로 이해된다(Berki, 1977). 이와 같이, 사회의 발전은 홉스의 인간본성에 근거한 X인간관이 아닌 로크의 인간본성의 개념과 유사한 Y인간관의 특성과 영역에서 모색될 수 있을 것이다.

사회계약론은 개인 간 '상호불가침의 원리'를 보장하는 것이며, 사회구성원은 '원자화된 개인들의 집합체'이다. 사회구성원들의 집단주의 문화에 근거한 공동체주의와 개인주의 문화를 강조하는 로크의 개념의 차이가 상존한다. 공동체주의자들은 개인의 사회에 대한 종속을 강조하고, 로크는 개인의 자유를 강조한다. 전자의 논리에 의하면 인간은 모두 상호의존적이기에 서로간의 상호 공동체적인 협력이 중시된다. 반면 후자의 논리에 의하면 상호조화 보다는 상호불가침의 원리가 강조되는, 타인에 의해 침해받지 않는 개인의 자유로운 활동이 중시된다. 기본적으로 인간은 사회에 종속된 존재라기보다는 자유로운 존재로, 자율성과 책임감 아래 자유로운 경제활동을 추구한다. 로크의 이론은 철저한 개인주의자 혹은 자유방임적 자본주의자의 개념과 맥락으로 이해되고 있다(Aaron, 1955: 286, Cranston, 1957: 211, Moulds, 1965: 97).

결과적으로, 홉스의 개념은 엄격한 감독과 통제체계의 확립, 권위주의적 리더십의 확립, 수직적인 계층제 조직구조의 확립과 함께 보상과 처벌을 통하여 조직의 목표를 달성하는 개념에 근거하고 있다고 볼 수 있다. 반면에, 로크는 개인의 나태함과 태만에 의해서 소유가 감소되거나 침해되지 않게 해야 한다고 논의하고 있다. 로크에게 시민의 근면과 절제는 개인과 시민사회의 소유의 증대와 보존을 위해서 요구되어지는데 중상주의와 퓨리턴적 금욕주의의 원리를 강조하고 있는 것으로 보인다(Hundert, 1972). 이런 관점에서, 로크의 개념은 조직구성원의 자율성과 책임성, 절대적인 권한의 반대, 민주적 리더십의 설립, 조직들의 상호협조적인 관계를 요구하고 있다고 간주될 수 있다.

로크는 다수자의 동의에 대해서 다수자 지배의 민주주의자라고 한다(Kendall, 1941: 118). 사회의 의지는 다원주의 정부의 정책에 의해 추구된다. 로크적 시민사회의 국민들은 정치적 활동영역을 대표들에게 위임하는 대신 사적인 영역에서의 자유, 안전, 권리를 담보 받는다. 이 과정은 로크가 국민들의 적극적인 정치 활동을 통한 공동체적인 삶의 실현보다 사적 영역에서의 개인의 권리와 자유의 향유를 통한 삶의 실현에 중점을 두고 있다. 홉스의 공격적·이기적 자연 상태와 상황에서 조직원들의 자율성과 책임성을 전제로 하는 신공공관리론의 원칙과 개념들은 효과적으로 적용될 수 없을 것이다. 경제적, 도덕적, 권리적 측면에서 자율적 영역을 확보하고 있는 사회구성원들 간의 협력과 조화의 장에서 신공공관리론은 적실성이 있다고 강조될 수 있다. 홉스의 사회계약론은 신공공관리론 적용의 타당성과 적실성을 위한 인성적인 철학적 근거를 제시하지 못한 반면에, 로크의 사회계약론은 신공공관리론의 효율적인 적용을 위한 문화적 토대를 제공하였다고 언급할 수 있다.

요약하면, 1980년대 이후 영미국가를 중심으로 등장한 신공공관리론 (new public management)은 시장주의와 신관리주의를 결합하여 전통적 관료제 패러다임의 한계를 극복하고 작은 정부를 구현하기 위해 개발된 정부 운영 및 개혁에 관한 이론이다. 신공공관리론의 시장주의는 신자유주의 이념에 기초하여 가격 매커니즘과 경쟁원리를 활용한 공공서비스의 제공과 고객지향적인 공공서비스 제공을 중시하고 있다. 따라서 신공공관리론에서는 수익자 부담원칙의 강화와 민간부문 상호간 경쟁원리를 활용한 공공서비스 제공을 위한 민간위탁·민영화의 확대, 정부부문 내 경쟁원리의 도입, 규제완화 등을 행정개혁의 방향으로 제시하고 있다. 이를 통해 정부역할을 축소함으로써 작은 정부를 구현하고자 한다. 또한 국민들을 납세자나 일방적인 서비스 수혜자가 아닌 정부의 고객으로 인식한다. 이러한 고객지향성에 의거하여 신공공관리론에서는 고객이 가치를 부여하는 결과의 산출, 서비스의 질 관리, 고객에 대한 서비스 선택권 부여 등을 강조하고 있다.

신공공관리론을 구성하는 또 하나의 축인 신관리주의에서는 행정과 경영의 유사성에 대한 인식에 기초하여 기업의 경영원리와 관리기법들을 행정에 도입하여 정부의 성과향상과 관리의 효율성을 제고하는 것을 강조하고 있다. 이처럼 신공공관리론은 시장주의와 신관리주의를 결합하여 개발된 이론이지만 그 이면에는 공공선택론과 거래비용이론 등이 자리 잡고 있다.

전통적인 관료제 정부와 신공공관리론에 근거한 기업가적 정부의 비교에서, 전통적 관료제의 정책목표와 수단들은 "노젓기 역할, 서비스의 독점 공급, 투입 중심 예산, 관료중심, 지출지향, 집권적 계층제, 행정메커니즘"을 강조하지만, 신공공관리론에 근거한 기업가적 정부는 "방향키 역할을 하는 촉진적 정부, 경쟁 도입을 강조하는 경쟁적 정부, 성과지향적 예산 정책을 추구하는 성과지향적 정부, 고객중심의 고객지향적 정부, 수익창출을 모색하는 기업가형 정부, 참여와 팀워크의 정신을 강조하는 분권형 정부, 시장메커니즘의 기능을 강조하는 시장지향적 정부"를 추구한다.

3 뉴거버넌스이론

정부(government)라는 용어는 행정부의 통치와 활동의 의미도 있지만 "명령된 규칙의 조건, 통치자의 의무를 책임지고 있는 사람들, 특정의 사회가 통치되는 방식 또는 체계 등의 의미"도 지니고 있다. 반면에 거버넌스라는 용어가 갖는 의미는 이와 같은 전통적 의미의 정부와 동의어가 아닌 하나의 새로운 거버넌스 과정, 규칙의 변화, 사회에 대한 새로운 관리방식을 강조함으로써 전통적인 정부가 갖는 의미에 변화를 가져오려는 개념이다. 또한 정부의 개념보다는 넓은 개념이며 정부부문의 제도들보다는 과정과 결과를 의미한다.

1980년대 초 이후 영미권을 중심으로 발전해온 거버넌스는 다음과 같은 다른 의미를 지니고 있다(정용덕, 2001). 최소국가의 기능과 의무는 공공개입의 필요성을 축소하고 공공서비스 공급에서 시장의 역할과 기능을 강조하는 것으로, 정부의 역할보다는 시장의 기능에 의해 높은 질의 공공서비스를 마련할 수 있다는 것이다. 경쟁은 경제발전의 원동력이며, 정부의 규제완화와 함께 자유무역주의와 시장주의에 의해 경제성장을 달성할 수 있다는 것이다. 정부의 형태는 작은 정부, 세계화를 지향하는 정부, 투명한 정부 등이 강조된다. 작은 정부의 형태는 신공공관리론과 연관되어 질 수 있다. 신공공관리는 관리주의와 신제도주의 경제학의 두 가지 의미를 내포하고 있다. 첫째, 관리주의로 "사부문의 경영방식을 공공부문에 도입"하려는 것이다. 둘째, 신제도주의 경제학으로 "시장경쟁과 같은 유인체제를 공공서비스 제공에 도입"하려는 것이다. 영국의 경우 1988년 이전에는 관리주의가 1988년 이후에는 신제도주의 경제학이 지배적인 개념으로 자리 잡고 있다. 신공공관리의 거버넌스는 방향잡기(steering)이고 중앙집권적 통제와 조절에 반대해서 관료제 역할의 강조 대신에 경쟁, 시장, 고객, 결과에 주안점을 두는 기업가적 정부를 제안한다. 이와 같이, "공공부문에서의 효율성을 확보하기 위해서는 경쟁과 시장, 민간화, 과도한 공공인력의 감축, 행정분권화, 비정부조직의 활용 등을 권장"하고 있고, "신공공관리와 자유민주주의를 결합한 의미"로 인식될 수 있다.

한편, 공공거버넌스는 시장과 계층제의 권위에 반대해서 "신뢰와 상호조정, 경쟁에 뿌리를 둔 관리의 강조, 자율성의 강조, 중앙지도에 대한 거부"등을 포함하고 있다. 이와 같이, 공공거버넌스는 시장의 조정메커니즘인 가격경쟁과 계층제의 조정메커니즘이 행정명령에 대한 대안으로, "연결망의 중심적 조정메커니즘은 신용과 협력"이다. 공공거버넌스의 조직은 자발적, 자율적, 상호적으로 정부의 일방적인 방향제시가 아니고 정부와 시민간의 상호간 협력을 강구하는 것이다.

공공거버넌스의 개념은 신공공관리에 반대에서 사적부문과 공공부문의 업무와 환경이 많이 다르기 때문에 사적부문과 공공부문을 구별하는 것이 필요하다는 것이다. "조직의 능률성, 법의 준수, 가치의 보호"를 포함하는 공공거버넌스의 개념은 신공공관리와 계획된 정부체제의 관리에 대한 문제제기와 함께 계층제와 시장의 중간지대에서 중재역할에 주안점을 두어야 한다는 것이다.

뉴거버넌스의 등장은 1980년대와 1990년대에 국가의 재정적 위기에 의해 촉진되어 왔는데, 1990년대에 예산부족과 공공부채의 증가에 직면하였다. 경제적 성장의 퇴조와 마이너스 성장의 경험과 함께 정부는 경제상황의 어려움에 직면하게 되었는데, 경제위기의 주요한 원인들은 막대한 공공지출의 증가, 예산 적자의 급속히 증가, 조세 수입의 감소였다.

결과적으로, 국가 부채의 증가와 함께 국가의 공공 서비스 프로그램의 지속적인 집행과 추진이 어려움에 직면하였다. 경제적 위기를 극복하기 위해 네트워크의 공-사 협력의 조치의 필요성이 강조되었다.

집단주의로부터 개인주의적인 시장시스템의 기능과 역할이 강조되었다. 1980년대의 레이건과 대처 행정부는 작은 정부의 추구와 함께 시장의 규제완화, 복지국가프로그램의 감소에 기인한 국가 역할의 축소, 세금삭감, 개인의 자유보장, 민간 투자를 위한 경쟁을 강조하였다. 결과적으로, 신공공관리론의 접근은 관료주의적 전통에 반대와 함께 공공 조직들은 사적 영역 조직과 같은 방식으로 관리되어져야 한다는 것이다. 이 시스템은 국가의 시장에 대한 직접적 통제의 반대와 함께 투입 통제보다는 평가와 성과에 주안점을 두고, 전문성과 효율성을 강조하는 것이다.

뉴거버넌스가 다양한 의미로 사용되면서 신공공관리와 동일시하는 경우도 있다. 신공공관리와 뉴거버넌스가 정부의 역할에 대한 새로운 인식과 함께 정부개혁전략으로 거의 동일한 시점에 개발되었다는 점이다. 즉 신공공관리와 뉴거버넌스는 서비스 전달이라기보다는 정책결정이라는 방향잡기를 위한 도구와 기법의 개발을 중시하며, 투입보다는 산출에 대한 통제에 주안점을 두고 있고, 공공부문과 사적부문을 양분하지 않고 경쟁과 조정 원리를 논의하고 있다는 것이다. 신공공관리는 관료가 민간부문의 개념과 생각을 적용함으로써 효율성을 향상시킬 수 있고, 뉴거버넌스는 공공부문과 민간부문의 행위자들의 협력이 중시된다.

한편 신공공관리와 뉴거버넌스 간에는 다음과 같은 차이점이 있다. 첫째, 신공공관리가 결과에 초점을 두지만 뉴거버넌스는 과정에 초점을 맞춘다. 둘째, 신공공관리가 조직 내 관계를 다루고 있지만 뉴거버넌스는 조직간 관계를 다루고 있다. 셋째, 신공공관리가 시장과 경쟁 및 소비자들의 개별적 선택에 의해 조정이 이루어지지만 뉴거버넌스는 신뢰, 협동, 상호의존 등의 작용이 강조된다. 넷째, 신공공관리가 부분 간 경쟁에 역점을 둔다면 뉴거버넌스는 부분 간 협력에 중점을 두고 있다. 결론적으로, 신공공관리와 뉴거버넌스는 정부개혁을 위한 적용수준에는 유사성이 있지만 이론적 수준에서는 질적인 차이가 존재하며 신공공관리가 하나의 조직이론이라면 뉴거버넌스는 국가와 사회 간의 어떤 형태의 교환에 관한 정치이론이라고 할 수 있다.

4 신자유주의이론3)

신보수주의적(neo-conservative) 또는 신자유주의적(neo-liberal)의 관점은 개인적인 사유재산권리와 시장체제를 강조함으로써 국가행위보다 시장체제의 선호이고, 인플레이션은 실업보다 거대한 경제적인 악이고 정부지출의 확대는 시장원칙의 왜곡이라고 비판하고 있다. 신보수주의 정치경제학(neo-conservative political economy)과 신보수주의(neo-conservativism)의 개념에서 노조운동은 임금상승, 경제적 비효용, 인플레이션을 유발하는 요인이라고 노조운동의 비판 입장을 견지하고 있다. 이 학파의 견해는 증가되는 정부지출에 기인된 정부부채의 증가를 비판하고 국제무역에서 신보수주의적 개념(neo-conservative position)인 자유무역협정 정책을 지지하는 것이다.

케인즈 복지 자유주의(Keynesian-welfare liberals)의 견해는 시장경제의 문제점을 보완하기 위한 국가행위의 관심에 대한 폭넓은 성찰을 보여주고 있는데, 국가행위의 범위는 국가간섭을 반대하는 신보수주의 혹은 신자유주의와 강력한 국가간섭을 지지하는 후기 케인즈(post-Keynesians)의 중간적인 위치로써 적당한 정부역할의 기능을 강조하고 있다. 신보수주의 정치경제학자들은 비간섭의 전략에 근거한 전통적인 자유주의 전략을 모색하지만, 케인즈주의 개념인 시장의 실패를 조정하기 위한 국가간섭주의는 용인되어 진다.

후기 케인즈주의(post-Keynesians)의 견해는 국가간섭을 통한 일본의 경제성공의 사례와 같이 전략적인 국가간섭의 필요성을 역설하고 있다. 이 관점에서, 신고전주의 경제이론은 소규모 기업들이나 조직화되지 않은 노동자들을 구성하고 있는 경제체제에 적절한 것이다. 대기업과 노조의 출현으로 자기조절 경제체제의 운영이 불가능함으로써 국가의 간섭이 요구된다. 인플레이션은 과도한 임금인상과 소비자에게 생산비용을 전가하는 독과점 기업들의 전략으로부터 기인한 것이고, 수입정책은 실업률의 증가를 야기함으로써 임금 인상을 위한 요구를 제한하는 요소로 간주되고 있다. 후기 케인즈주의 산업정책과 노동시장 정책에서 국가, 사업가, 노동자 사이에 공식적인 협력관계가 강조되는데 후기 케인즈 정치경제학(post–Keynesian political economy)주의는 자본과 노동의 상호 양립적인 투쟁의 견해를 비판한다(Gosta Esping–Anderson, 1990). 후기 케인즈학파의 경제정책은 신자유주의 정책의 비판과 함께 무역자유화의 반대, 수입의 제한, 국내적인 수입경쟁산업을 위한 보호의 정책을 강조한다. 또한 이 학파는 미국자본의 영향력을 감소시키기 위한 노력과 투자 촉진을 위한 국내저축의 장려와 함께 신슘페터(neo–Schumpeterian)주의를 역설한다.

신자유주의의 개념은 정부의 시장개입을 비판하면서 자유무역의 정책의 지지와 함께 개인의 경제활동의 자유로운 활동들을 보장하는 것이다. 신자유주의 흐름은 발터 오이켄, 프리드리히 하이에크, 레몽 아롱, 리프먼 등 26명의 학자들이 참여하는 1938년 8월 30일 월터 리프먼 콜로키움(Colloque Walter Lippmann)을 창설하면서 시작되었다. 1947년 4월 10일에 하이에크 주도로 철학자 카를 포퍼와 미국 시카고학파의 대두인 밀턴 프리드먼 등 39명이 참여하는 몽펠르랭 학회가 창설되었다. 1948년에 루투비히 에르하르트 서독 경제장관은 몽펠르랭 학회의 이론들을 근거로 독일의 경제개혁들을 추진하였고, 1970년대에 밀턴 프리드먼 등 통화주의자들의 이론과 개념들은 로널드 레이건과 마거릿 대처의 신자유주의 정책에 경제이론을 마련하였다. 프리드리히 하이에크(1974), 프리드먼(1976), 조지 스티글러(1982), 게리 베커(1992), 로저 마이어슨(2007) 등을 포함하는 노벨경제학상 수상자들은 시카고 학파와 관련 있는 학자들이고, 한편 1974년에 하이에크의 노벨경제학 수상을 포함하여 몽펠르랭 회원 8명이 현재까지 노벨경제학상을 수상하였다.

신자유주의의 내용은 국가권력의 시장개입을 비판하면서 시장과 민간의 자유로운 활동들을 보장하고 역사적으로 독과점으로 귀결한 19세기의 자유주의와 구별되고, 케인즈 이론에 바탕을 둔 수정자본주의의 1970년대에 실패를 논의하고 있다. 1970년대 석유파동과 경기침체 속에 물가가 상승하는 스태그플레이션 현상에서, 케인즈 이론에 근거한 수정자본주의의 실패의 논의와 함께 신자유주의 경제학의 대두인 밀턴 프리드먼의 시카고 학파의 논의와 주장이 경제 정책에 반영되면서 작은 정부의 기능과 함께 기업의 자유로운 경제활동 보장과 지적재산권 확립이 주장되었다.

1970년대 경제 위기에 대처하는 방법으로 G8 정부들이 모여 합의한 것이 복지재정의 축소, 공공부문의 민영화, 기업의 효율성을 증대시키기 위한 신자유주의 정책이었다. G20의 구성의 과정에서 일본은 G8의 유지를 희망하였고, 반면 유럽은 브라질 · 인도 · 중국 · 남아공 · 멕시코가 참여하는 G13을 선호했다. 하지만 미국을 중심으로 한 G20의 구상으로 한국 · 사우디아라비아 · 호주 · 터키 · 아르헨티나 · 인도네시아 등을 포함하는 경제협의체를 구성하였다.

1980년에 G7이 차지하는 세계경제 비중은 80퍼센트로, 러시아를 포함한 G8이 세계경제와 협의체를 주도하였다. 하지만 한국, 중국, 인도, 브라질 등이 부상하면서 G8의 세계경제 비중은 50퍼센트대로 축소되었다. G20은 국제 금융협력을 모색하기 위한 세계 최고의 경제협의체(Premier Forum)로 간주되고 있다. 선진국의 지도자들이 국제 경제문제를 조정하는 회의를 G8에서 G20로 대체하였고 이는 선진국에서 신흥국으로 세계의 경제 중심이 전환하고 있다는 것을 의미하기도 한다. 186개 회원국이 참여하는 국제통화기금(IMF)에서의 G20 위상 역시 높아져 가고 있는데, IMF의 24개 이사국 모임인 IMFC의 공동선언문 세부안은 세계경제가 G20 체제로 전환되어 가고 있음을 보여주고 있다.

자유주의적 발전전략은 이전의 선진국간의 금융통합에서 전 세계적인 금융의 통합과 상호의존을 강화시키는 금융과 무역세계화이다. 금융세계화는 1980년대의 선진국간의 자본이동의 증대로 시작해 1990년대의 선진국과 개발도상국간의 자본이동 증가로 나타났다. 이와 같이 금융과 무역세계화는 시장의 자유화와 개방화를 세계적으로 확대한 것이며, 이를 통해 선후진국간의 경제적 통합과 상호의존 강화를 통해 세계경제의 발전과 성장을 모색해 나가는 것이다.

또한, 인간 개인의 합리적 능력을 존중하는 신자유주의 제도는 경쟁적인 민주선거와 함께 시민의 권리를 강조하고 있다. 개인의 존엄성과 자유를 강조하는 신자유주의는 개인을 사회의 집단에 종속시킴으로써 개인의 존엄성을 박탈하는 개념, 관습, 제도를 부정하고 있다. 사회계약론자들의 개인권리와 자유를 중시하는 시각은 시민사회가 정착되면서 자유민주주의 선거의 통치원리와 이론으로 계승되었다. 자유주의적 정부관은 선거에서 개인들의 합리적 선택과 선호를 통한 개인의 권리를 보호할 수 있는 대리인들을 선출하는 것이다. 신자유주의 이론의 기반은 자유주의의 토대에 근거한 다원주의적 이론의 발전으로 최소 정부론 개념에 근거해서 과도한 정부 간섭의 불필요성을 전제로 발전해 왔다. 자유주의의 통치이론은 사회계약설에 근거해서 발전되어 왔는데, 사회계약설의 주요 내용은 선거를 통한 개인주권의 양도에 따른 정부의 설립과 시민들로부터 위임 받은 정부가 개인권리를 보호하는 것이다. 사회계약설은 정부와 개인들 간의 계약을 통해 개인들은 선거를 통해 자신의 권리를 대표자에게 위임하고 대표자는 개인의 권리를 보장하는 내용이다. 자유주의 제도는 개인들의 이성적 판단에 따라 사회계약에 동의하고 선거를 통해 대표자들을 뽑아 통치권을 위임하는 주체적 개인들을 강조하고 있다. 개인들의 의견과 의사를 수용하는 정부는 국민들에 의해 권력을 위임받은 대리인으로써 계약적 자유주의(contractual liberalism) 개념을 보여주고 있다.

5 신국가주의이론[4]

신국가주의적 관점에 의하면, 국가주의와 신자유주의 관점 각각은 국가중심적인 설명과 시장중심적인 설명을 시도하고 있는 반면, 신국가주의 관점은 국가개입 대 시장원리의 대립을 초월하고 있다. 신국가주의 관점은 신자유주의 가정과 상이하다. 신국가주의 관점은 국가 대 시장의 이분법적 구분을 초월하면서 경제발전 목표를 추구하는 과정에서 국가-기업 간의 경쟁적 협력과 공동작용을 강조한다. 신국가주의의 관점에서 국가와 시장 간의 조화를 통한 경제발전을 효과적으로 지원할 수 있는 정치적, 경제적, 사회적 제도의 형성을 강조한다(Weiss and Hobson, 1995). 후기 케인즈주의 이론의 산업목표의 전략은 일본, 한국, 프랑스, 스웨덴 국가의 사례와 같이 성장잠재력이 있는 특정한 산업에 지원정책의 추진을 모색한다.

신국가주의 관점은 국가의 역할을 중시하지만 국가주의 접근이 주장하고 있는 것과 같은 국가결정적인 혹은 국가중심적인 접근은 아니다. 신국가주의 관점은 세 가지 차원에서 설명될 수 있다. 첫째, 신국가주의 관점은 동아시아 국가의 경제발전을 설명하는데 국가를 부분적으로 독립적인 대상, 능력, 효과의 원천으로 간주하고 있다. 둘째, 신국가주의 관점은 국가의 자율성, 전략, 능력 등을 국가구조와 연관해서 설명하려고 한다. 셋째, 신국가주의 관점에서 국가와 시장을 대립적인 대상으로 간주하지 않는다. 국가주의 관점은 경제발전과정에서 국가를 다른 사회집단과 갈등의 관계로 묘사하는 성향이 있지만, 신국가주의 관점은 국가가 사회구성체 내의 다른 주요 권력집단과 경쟁과 협력의 과정을 추구한다는 것이다(Krasner, 1978).

찰머스 존슨은 정부 관료에 대한 제도적 분석에서 '자본주의 발전국가'의 개념을 제시하고, 일본, 한국, 대만에서 시장경제 내 국가가 개입주의적 역할을 수행하는 발전국가의 성격을 논의하고 있다(Johnson, 1982). 엘리스 앰스덴(A. Amsden, 1989)의 견해에서, 한국의 국가는 기업가, 은행가, 산업구조의 설계사로서 중요한 역할을 수행했다. 한국의 국가는 적극적으로 초국적 기업과 외국차관을 효과적으로 통제하였다. 특히 경제관료는 외국자본과 국내자본에 대한 효과적인 금융통제를 통해서 국내

산업정책을 주도하였다. 한국의 국가는 '계획자 또는 상위파트너(senior partner)'로 한국의 경제체계는 '국가주도 자본주의 또는 한국 주식회사'로 지칭되기도 하였다. 한국경제의 네 가지의 주요한 특징으로는 "시장에서의 국가개입의 중심적 역할, 정부 규율(discipline)의 중요성, 기업집단의 산업역량, 후발 산업국가를 위한 기술 학습(learning)" 등이 지적되고 있다(Amsden, 1989 and Haggard, 1990). 발전국가의 목표는 성장, 생산성, 경쟁력의 강화를 통한 효과성에 초점을 두고 있다. 그러나 국가주의 체제는 심각한 비판에 직면하기도 한다. 국가자율성이론은 국가를 통합적인 단일한 행위자로 규정함으로써 신제도주의가 주장하는 국가내부의 제도적 다양성을 소홀히 하는 경향이 있다. 신공공관리이론들이 개인을 다루는 접근법과 같이 국가주의자들은 국가를 절대적인 분석단위로 취급하는 경향이 있다.

그러나 강한 국가는 국가 관료제를 상호 갈등하는 사회계급으로부터 완전하게 분리시킬 수는 없다. 국가 관료들은 항상 자율적인 행위자라기보다는 전형적으로 지배계급의 이해 또는 저항적인 하층계급의 요구에 반응한다. 국가와 사회의 권력을 '상호 변환(mutually transforming)'의 관계로 간주하며, 일반화시킬 수 있는 국가와 사회의 관계는 존재하지 않으며 국가와 사회관계는 시간과 공간에 따라 다양하게 변화한다는 것이다(Weiss and Hobson, 1995).

사회집단 위에 자율적 권력을 갖고 있다는 국가자율성 이론의 주장을 극복하기 위한 다양한 이론적 시도들이 있었다. 첫째, 내부조직(internal organization) 이론은 국가와 대기업 사이의 위계적인 내부조직의 형성에 주목한다(Williamson, 1985). 예를 들면, 동아시아 발전국가들에서, 정부관료와 기업엘리트들은 중간조직을 통해서 그들의 견해와 이해관계를 조절한다. 둘째, 사회네트워크(social network) 이론은 국가와 사회 사이에 있는 공식적, 비공식적, 유기적(가족, 친족, 지연) 네트워크 등의 구체적인 사회적 연계(social tie)가 존재한다는 것이다(Evans, 1995). 이러한 모형에서 국가와 기업의 관계는 공적과 사적 네트워크를 통해 형성된 수평적 연계에 의해서 보완된다. 마이클 만(M. Mann, 1986)은 주요결정을 수행하는 국가의 '하부구조적 권력'이 국가역량(state-capability)의 핵심이라고 분석하고, 국가와 사적경제를 이론적으로 통합을 시도하려는 국가역량 이론을 부각하고 있다. 홀(J. Hall, 1986)의 견해에서, 국가는 자본주의 사회를 운영하기 위해 자본가의 협조와 계급타협과 관련되어 있고, 동아시아 국가들은 전반적으로 하부구조는 약하지만 정책에는 영향력이 있는 것으로 논의하고 있다(Hall, 1986: 154-76).

신국가주의 관점으로 국가주의 시각에서 동아시아를 연구한 암스덴의 '길들여진 시장이론'과 웨이드의 '안내된 시장이론'을 지적할 수 있다. 이 연구는 동아시의 경제발전을 설명하는 과정에서 국가중심적 및 국가결정론적 접근으로부터 국가와 시장 간의 상호관련성의 접근적인 방법이다. 신국가주의 접근의 핵심 개념인 국가-기업관계의 공동협력체의 본질로 분석되고 있다. 알렌(Allen, 1982)과 존슨(Johnson, 1982)은 일본 정부-기업관계에서 양자 간의 협력과 긴장관계를 언급하였고, 사무엘스(Samuels, 1987)는 '호혜적인 동의(reciprocal consent)', 보이드(Boyd, 1987)는 '경쟁적인 공동협력(competitive collaboration)', 칼더(Calder, 1989)는 '유기적 상호의존성(organic interdependence)' 등으로 지칭하였다. 구체적으로 국가-기업 관계를 분석틀로 설정하여 동아시아 국가의 경제발전을 설명한 논의로는 에반스의 '연계된 자율성'과 웨이스와 홉슨(Weiss & Hobson, 1995)의 '조정된 상호의존성(governed interdependence)' 개념이 있다.

6 신제도주의이론5)

신제도주의는 개별국가의 특수성을 인정하지 않는 행태주의에 대한 비판과 구제도주의의 차별을 보여주고 있는 이론이다. 마치와 올슨은 구제도주의 비판에서, 첫째, 국가가 독립변수가 될 수 있다는 사실을 지나치게 간과하고 있다. 둘째, 정치적 결과가 개인 행위의 단순한 집합이 아닌 조직구조(organizational structure)나 행위의 규칙 등에 의해 좌우될 수 있다는 점을 등한시하고 있다. 셋째, 인간의 공리주의적(utilitarianism) 측면을 지나치게 부각함으로써, 인간의 행위를 자기 이익에 따른 계산의 산물로 이해하기 때문에 정치적 행위가 규칙, 규범, 전통과 같은 제도적 구조에 근거를 두고 이루어질 수 있다는 사실을 간과하고 있다. 넷째, 기능주의적 시각을 강조함으로써 제도의 역기능을 간과하고 있음을 지적하고 있다(March & Olsen, 1984: 735-738, 김태룡, 2002: 338-339).

신제도주의는 신공공관리이론과 구제도주의와 구별되는데, 신제도주의와 신공공관리이론 그리고 구제도주의와의 차이점들을 설명할 수 있다. 첫째, 신제도주의는 인간행위의 형성에 결정적인 작용을 하는 것으로 정치적 구조의 역할을 강조하지만, 신공공관리론은 개인의 행위의 분석에 초점을 두는 구조적인 관점보다는 개인주의적 방법론적인 연구 방법이다. 역사적 신제도주의에서 구조와 행위자의 이분법적 구별에 반대함으로써 상호작용을 강조하고 있다. 둘째, 신제도주의에서 정치적 행위는 의무나 책임과 같은 비공리적인 요인에 의해 결정될 수 있지만 신공공공관리론은 경영 개념에 근거한 공리주의적 요인에 의해 설명될 수 있다. 셋째, 신제도주의는 행태주의를 비판하지만 신공공관리론은 행태주의에 근거한다. 구제도주의와 신제도주의의 구체적인 특성과 내용을 비교하면 아래의 <표 11-3>과 같다(Lowndes, 1996).

표 11-3 구제도주의와 신제도주의의 비교

비교기준	구제도주의	신제도주의
제도의 형태	공식적(formal)	공식적(formal) 비공식적(informal)
분석 단위	방법론적 전체주의	방법론적 전체주의와 방법론적 개인주의의 혼용
연구 경향	현존 제도에 대한 상세한 기술(description)에 중점	제도와 개인의 행태 및 정치적 결과 사이의 인과관계 설명(explanation)에 중점
합리성	총체적으로 한계를 갖는	제한된 합리성(bounded rationality)

	합리성(collectively limited rationality)	
제도의 속성	문화, 가치, 사회적 규범	규칙, 역할, 개인적 규범
정부 역할	적극적 역할	소극적 역할
배경	미국의 제도주의 경제학	신고전파 경제학
주요 연구대상	민주주의와 정부성과를 높이기 위한 규범적 문제	사회현상을 체계적으로 분석하기 위한 경험적 문제
대표 학자	(경제)Veblen, Ayres, Commons (사회)Selznick	(정치행정) Simon, March, Olsen, Moe (경제) Coase, North, Williamson (사회) Meyer, Rowan, DiMaggio, Powell
유사점	내생적인 제도와 선호는 내생적으로 주어짐	제도와 선호는 내생적. 단, 합리적 선택 제도주의는 선호가 외생적으로 주어진 것으로 간주

자료: 이달곤 외(2015: 112)

구제도주의와 신제도주의의 비교의 관점에서, 구제도주의는 행정기관, 의회, 대통령, 법원 등의 유형적인 개별정치제도가 주된 연구대상이고, 신제도주의는 제도들의 동태적인 관계 또는 전체적 패턴이 연구대상이다(Skocpol, 1995: 103-104, 김태룡, 2002: 339). 구제도주의에서 보는 제도의 개념은 법으로 규정된 유형적 정부 기관이며, 신제도주의에서는 정부제도와 민간 부문의 제도들의 역동적 관계를 포함하는 정치적 네트워크의 개념으로 제도는 다차원적인 정부 간·조직간 개념으로 파악하고 있다(Skocpol, 1995: 104, 김태룡, 2002: 339). 이와 같이, 신제도주의에서 제도의 개념은 정태적 보다는 동태적으로 파악하는 것이다. 신제도주의의 유형은 합리적 선택제도주의, 사회학적 제도주의, 역사적 제도주의로 구분될 수 있다.

표 11-4 신제도주의 유형

	합리적 선택 신제도론	사회학적 신제도론	역사적 신제도론
제도개념	규범, 규칙	문화	제도
특성	합리성	상대성	지속성(경로의존)
방법론	개체주의	전체주의	중범위수준
원리	결과성	적절성	절충성
비판	권력관계를 다루지 못함 비역사적 기능주의적	이익추구행위무시 규범적 측면 무시 미시적 행위 무시	일반화의 어려움 지나친 거시적 설명 내재적 모순에 의해 제도적 변화를 설명 못함

자료: March & Olsen(1984)

합리적 선택제도주의는 인간 행위의 규범과 가치의 중심적인 역할을 강조하는 규범적 제도주의로 이익의 극대화와 합리성에 기반을 둔다. 사회학적 제도주의는 제도의 특성과 형성과정이 문화적으로 설명될 수 있다는 기본 전제에서 출발한다(Hall & Taylor, 1996: 946-947). 역사적 제도주의는 제도가 행위자들의 전략을 형성하고, 제도의 영향력이 행위자들의 선호나 선택에 결정적인 영향력을 미친다. 역사적 신제도주의 견해에서 경로의존성 때문에 제도변화는 잘 일어나지 않는다. 새로운 제도의 도입과 정착이 매우 어렵다는 점은 역사적 신제도주의에서 지적되고 있다. 역사적 제도주의는 제도와 정책결정의 상호관계에서 정책선택이 결정되면, 제도적인 구속력을 발생시켜 이후의 정책결정에 계속적으로 영향력을 미칠 수 있다는 경로 의존적인 설명(감금효과: lock-in effects)을 하고 있다.

역사적 또는 사회학적 신제도주의는 문화적 접근에 근거하고 있다(Hall and Taylor, 1996). 제도론적 관점의 설명변수로는 문화요소 등이 포함된다. 제도는 문화적 설명에 근거해서 초개인적 행위의 분석단위에 관심을 보인다. 제도는 인간의 행위에 영향을 미치는 문화, 제도, 관습의 영역들을 주로 연구하고 있다. 문화와 제도의 결합은 중요한 설명력을 제공한다. 문화적 요소들은 역사적인 전통과 제도들에 의해 형성되었고, 제도화된 문화는 현재의 조직구조의 변화와 새로운 조직형태를 만드는 기능적 역할을 할 수 있다. 문화적 요소는 '사회이념과 이데올로기의 구성에 중요한 영향'을 미치고 있으며 국가의 권위구조와 국가의 정책결정, 사회의 문화적 가치, 종교, 사회윤리, 행동규범 등에 영향을 미친다.

제 12 장
정책과 환경

　일반 환경과 외부자원의 변화는 정책변동을 야기하는데 정책변동의 가장 기초적인 요인은 정책 환경 요소들이다. 이러한 환경은 자연환경을 포함하여 법·정치적 조건(예컨대 법률체계와 사법부, 선거제도, 이데올로기, 국제정세 등), 경제적 조건(예컨대 개인소득, 산업구조, 국제경기 등), 사회·문화적 조건(예컨대 인구변화, 종교, 관습 등), 기술변화, 제한된 시간, 정보부족, 씽크 탱크(think tanks)의 외부전문가, 정당, 이익집단, 국민들의 관심과 지지, 언론매체 및 국제기구와 조직 등이 포함된다(김형렬, 2000: 45).

　David P. Dolowitz & David Marsh는 정책전환요인을 두 가지로 나누어 설명하는데, 첫째는 자발적 요인으로 정책담당자나 이해당사자의 요구에 의하여, 정책이 합리적이고 희망적인 것으로 전환하는 것이고, 둘째는 강제적 요인으로 정책이 외부인(outsiders)의 행동에 의해 강압적으로 전환하는 것이다(David P. Dolowitz & David Marsh, 1998: 40).

　환경변화와 정책문제의 변화 못지않게 정책내용, 제도, 지침 등의 변화도 정책집행과 관련하여 정책변동에 영향을 미치는 주요 원인이다. 정책담당자도 정책변동에 영향을 미치는 요인으로, 정책의 내용, 제도, 지침을 변화시키는 정치적 행위자이다. 이런 정책담당자 집단들은 선거를 통해 임용된 정치인과 내부전문가로서의 행정관료(bureaucrats, administrators) 등을 들 수 있고, 정책변동에 상당한 영향을 미친다. 또한, 정치적인 부패

현상, 사회적 자본의 요소, 문화적인 특성 등은 환경적인 요인으로 정책결정과 정책집행 과정에 영향을 미친다.

1 정책과 부패6)

1) 부패의 이론적 개념과 행정통제의 유형

합리적인 정책결정과 효율적인 정책집행은 부패적인 사회에서 달성될수 없고, 부패는 시장의 공정성과 합리성을 저해하는 요소로 작용하고있다. 우리나라의 반부패 정책은 법률과 제도를 통해 부패방지를 위한전략을 모색하였지만 우리사회의 문화적·정치적인 측면의 조건과 환경의 변화가 수행되지 못함으로써 제도적 형식주의의 형태로 평가될 수 있다. 정부 주도의 반부패 정책은 처벌적 기능의 강화를 통해 공직사회내의 주인－대리인 이론의 공직자의 도덕적 의무와 책무를 강조해야 될것이다. 클릿가드(Klitgaard)의 이론에서 대리인이 고객에 대하여 독점권(Monopoly)과 재량권(Discretion)이 증가되고, 책임성(Accountability)이 감소할수록 부패는 증가하다고 언급하고 있다. 클릿가드(Klitgaard)는 책임성있는 기관의 증가, 벌칙의 증가, 대리인의 공익추구의 강조, 부패에 대한인식의 증가 등을 통해 부패감소 정책 등을 제시하고 있다. 또한 로즈액커맨(Susan Rose－Ackerman)의 정치 경제학 관점의 연구에서, 부패와뇌물로 인해 발생되는 경제적 비효율성, 정치적 타락 행위, 비 공정한시장질서, 저 성장의 현상 등의 부패비용을 논의하고 반부패정책으로,규제축소, 민영화, 공기업개혁, 반부패법 제정과 집행 등의 부패방지 정책을 제안하고 있다(Rose－Ackerman, 1997).

프레드릭슨(Frederickson, 1997)의 관점에서 부패와 비윤리적인 행동에대한 경향은 조직과 구조가 정부적 모델에서 기업적 모델로 변함에 따라증가한다. 정부 업무는 광범위한 입법부와 사법부의 행정통제와 함께 언론 통제를 받고 있다. 정부와 기업 역할의 차이점은 기업은 수익성을 필요로 하는 실리주의 중심으로 움직이는 반면, 정부는 공익성에 근거해서

대 국민 서비스를 재공한다는 것이다. 부패와 비윤리적 행동에 대한 성향은 조직과 구조가 정부적 모델에서 기업적 모델로 이동하면서 증가한다. 점차적으로 정부 활동들을 민영화함으로써 부패와 비윤리적 행동에 대한 성향을 증가시킨다.

표 12-1 정부에서 개인적 성향의 결과와 부패와 윤리에 대한 조직과 체계

		개인적 성향(Personal Inclinations)	
		시민(Civic)	개인(Private)
조직과 구조 (Organization and Structure)	정부(Governmant)	부패가 가장 적고 윤리적	정부안에서 부패와 비윤리적 행동을 어느 정도 경험
	기업(Enterprise)	정부의 기능과 역할이 감소됨으로써 부패와 비윤리적 행위의 가능성이 증가	통제의 부족으로 인해서 부패와 비윤리적인 행동을 가장 많이 경험

자료: Frederickson(1997: 180)

시민적 성향의 사람들과 개인적 성향의 사람들은 정부와 민영기업에서 신념과 가치의 차이를 갖고 있다. 시민적 성향의 사람들은 일반적으로 정부에 대한 역할과 기능에 존경을 가지고 있고, 개인적 성향의 사람들은 보편적으로 시장에 대한 정부 규제에 반대하는 경향이 있다. 시민적 성향의 사람들은 대의나 공공의 이익에 주된 관심을 가지는 경향이 있고, 개인적 성향의 사람들은 시장을 통한 경제 활동과 함께 실리적인 것에 더 관심이 있다고 할 수 있다. 결과적으로 공공 서비스에 관심이 있는 개인들은 좀 더 시민적 성향으로 간주될 것이고 부의 축적에 관심이 있는 사람들은 좀 더 개인적 성향으로 인식될 것이다(Frederickson, 1997).

비윤리적 행동과 부패에 대한 경향은 시민적 성향이 개인적 성향으로 이동하면서 증가한다. 개인적 성향보다는 시민적 성향의 추세라면 서비스, 공공의 관심, 효율적인 정부에 대한 역할과 기능을 강조할 것이다. 반대적으로, 시민적 성향의 추세보다는 개인적 성향의 경향은 비윤리적

행위와 부패를 증가시킬 것이다. 개인적 성향은 신념, 태도, 가치가 윤리적 행동의 정부와 공공 정의에 부합되지 못하는 점을 보여주고 있다 (Frederickson, 1997).

Heidenheimer(1978)의 견해에서 부패는 서로 다른 의미와 정의의 역사를 가지고 있다. 전반적으로, 공공선에 반대하여 개인의 사리사욕을 채우고, 불법 수단으로 부나 권력을 획득하는 행위와 행동을 부패로 간주한다. Heidenheimer(1978)는 부패를 3가지 관점 – 공직중심, 시장중심, 공익중심 – 에서 분류하고 있다. 공직 중심의 관점은 부패를 "금전적 이득, 지위확보, 영향력을 행사하기 위해 법규범이나 공직에 부과된 규범으로부터 일탈하는 행위"로, 시장중심의 관점에서는 부패를 "정부서비스의 공급이 수요보다 적기 때문에 발생하는 초과비용의 지불"로 규정하고 있다. 그리고 공익 중심의 관점에서는 "부패를 국민대중의 이익에 손해를 끼치는 권력자의 일탈행위"로 규정하고 있다(연성진, 1998: 26 – 27). 궁극적으로, 부패문제의 극소화를 위해 부패의 발생빈도의 축소와 함께 "제도적 부패(institutionalized corruption)"를 "우연적인 부패(accidental cor – ruption)"로 전환하는 것은 요구되어 진다.

관료의 부패원인에 대한 연구접근방법으로는 도덕적 접근방법, 사회문화적 접근방법, 제도적 접근방법, 체제적 접근방법으로 구분할 수 있다 (이종수, 2007: 217 – 218). 첫째, 도덕적 접근법(moralistic approach)에서, 부패는 개인행동의 결과로 개인 윤리와 자질의 문제와 밀접한 관련이 있다고 본다. 부패의 근본적인 원인은 사회적·경제적 요인에 있는 것이 아니라 인간의 탐욕과 욕심에 기인한다고 보고 있다(Banfield, 1967).

둘째, 사회문화적 접근법(socio – cultural approach)에서, 선물관행이나 보은의식과 같은 인사문화의 지배적인 특정 관습이 부패를 조장한다고 보는 관점이다. 부패의 원인은 문화적인 환경과 역사적인 관습의 부산물에 의해 기인한다. 인간의 사고와 행위는 단순한 사회 관습이 아니라 "사회적으로 가치화된 습관(socially valued habits)"이라는 것이다(Kluckhohn, 1962). 관료문화는 "관료들의 가치관(value orientation), 태도(attitude), 신념체계(belief system) 등의 총체"에 의해 형성된다. 관료문화는 시민문화와 밀접한 관련이 있으며 상호적인 관계이다. 관료부패 현상은 관료들의 전적인 책임은 아니며 사회문화적 풍토에 관련되어 있다는 관점이다.

셋째, 제도적 접근법(institutional approach)에서, 부패는 사회적 제도와 법의 결함으로 행정 통제를 위한 제도와 법의 미비는 공무원 부패를 조장하고 있다고 보는 견해이다. 헌팅톤의 관점에서, 발전 도상 국가에서의 부패의 원인은 제도화 없이 이루어진 정치제도에서 기인한다고 지적하고 있다(Huntington, 1968). 한마디로, 정치적·사회적 제도화의 결함에 의해 부패가 조장 된다는 것이다. 선진화된 사회에서 법치주의에 근거한 제도화된 법령과 규범들이 부패 방지를 위한 제도적 장치에 공헌하고 있다는 것이다. 제도적인 장치인 외부통제의 수단들은 부패 방지를 위한 제도적 장치이다.

넷째, 체제론적 접근법(systematic approach)에서, 부패는 제도, 문화, 구조, 개인 행태 등의 다양한 원인에 기인한다는 것이다. 제도의 개혁은 문화, 구조, 개인행태의 변화를 가져오며 동시에 개인의 행위는 제도와 문화의 구조를 변화시킬 수 있다는 견해로 제도, 문화, 구조, 개인 행태들은 상호관계에 있다는 분석이다.

효율적인 외부통제와 내부통제는 도덕적 접근방법, 사회문화적 접근방법, 제도적 접근방법, 체제적 접근방법에서 파생되는 부패의 현상과 원인들을 방지하고 민주적인 정부형태를 유지하며 공익의 정책가치들을 수행하는데 기여하게 된다. 개방적 외부 통제체제와 종속적·비민주적으로 통제되는 관료제의 유형은 불균형 정부의 형태로 정치 지향적 정부라 지칭하고, 폐쇄적 외부 통제체제와 민주적으로 통제되는 관료제의 유형은 불균형 정부의 형태로 관료제 지향적 정부로 인식되고, 폐쇄적 외부 통제체제와 비민주적으로 통제되는 관료제의 유형은 전통적 독재정부의 형태로 권위주의 정부로 간주된다(정우일, 1995: 396).

행정통제의 원칙들은 정책에 부패적 요소와 요인들이 영향들을 방지하기 위한 조치로 공익적인 정책의 결정과 집행을 추구하기 위한 합리성의 원칙과 공정성의 원칙들이 포함된다. 행정통제는 주체방향에 따라 외부통제(external control)와 내부통제(internal control)로 구분된다. 외부통제(external control)는 제도적 통제와 비제도적 통제로 구분된다. 제도적 통제는 입법통제, 사법통제, 옴부즈만 제도 등이 있고, 비제도적 통제는 국민에 의한 통제방법으로 "선거를 통한 통제, 시민에 의한 통제, 정당에 의한 통제, 이익집단에 의한 통제, 여론과 매스컴에 의한 통제, 전문가·지식인에 의한 통제" 등이 포함된다.

첫째, 입법부의 통제수단으로 "입법심의, 공공정책의 결정, 예산심의, 각종 상임위원회의 활동, 국정조사 및 국정감사 활동, 임명동의 및 해임건의 또는 탄핵권, 기구개혁, 청원제도" 등이 포함된다. 정치인들에 의한 행정통제가 잘 이루어지지 않는 이유로는 ① 정치인들은 행정상의 절약과 능률에 큰 관심이 없기 때문에 개인적 이권의 추구, ② 관료의 전반적인 정책이나 프로그램보다는 의원들의 재선과 관련된 정책과 사업에 관심, ③ 관료들이 해야 하는 것과 정치인들이 하도록 요구하는 것의 차이 등의 요인들이 포함된다(Barton & Chapell, 1985). 둘째, 사법통제는 사법부에 의해 "행정에 의한 위법 부당한 권익 침해의 구제 또는 행정명령의 위헌 여부"를 심사함으로써 행정을 통제하는 것이다. 사법통제의 수단으로는 행정소송의 심판, 명령, 규칙, 처분의 심사 등이 포함된다. 셋째, 시민에 의한 통제는 일반 국민에 의한 직접적인 행정의 통제를 의미한다. 통제방법으로는 "선거권의 행사, 민원실 운영, 반상회, 공청회 등의 각종 주민 참여 제도, 시민운동단체"에 의한 행정통제 등이 포함된다. 넷째, 이익단체에 의한 통제는 이익집단의 정치적인 요구를 통한 행정의 통제를 의미한다. 다섯째, 여론과 매스컴에 의한 통제는 사회 이슈의 공중의제화를 통한 행정의 통제이다. 여섯째, 옴부즈만 제도에 의한 통제는 의회나 사법부의 행정통제 기능의 보완적인 제도 방안으로 국민의 이익을 보호하려는 것이다.

내부통제(internal control)는 조직 구성원에 의한 통제이다. 내부통제는 내부적 공식적 통제와 비공식적 통제로 구분된다. 내부적 공식적 통제는 대통령, 수상 혹은 정책결정자가 "공무원임명권, 기구개편권, 준입법권, 행정개혁권, 정책결정권 및 리더십에 의한 권한 행사"의 수단을 통하여 행정을 통제하는 "행정수반에 의한 통제"와 감독관청과 특정부서에 의해 추진되는 "관료제 계서구조에 의한 통제"가 포함된다(이종수 외, 2005). 내부적 비공식적 통제는 행정인의 자율적 통제로 행정문화, 공직윤리, 대표관료제, 비공식조직 등이 포함되고, 행정인이 직업윤리의 기준에 따라 자기를 규제하는 자율적 통제의 경우로, 내부적, 자율적, 비공식적 통제로 인식되고 있다(Harmon, 1981).

2) 효과적인 행정통제의 정책

행정통제는 외부통제와 내부통제, 제도에 의한 통제와 가치와 의식변화에 의한 통제로 구분될 수 있는데 아래의 <표 12-2>와 같이 정리할 수 있다(이승종, 2000).

표 12-2 외부통제와 내부통제

	제도에 의한 통제	행정문화에 의한 통제
외부통제	I	III
내부통제	II	IV

자료: 이달곤 외(2007: 166)

"외부적 제도적 통제전략"(I)은 행정통제의 큰 효과로 인식되고, 국회, 사법부, 시민단체, 옴부즈만, 언론, 정당 등에 의한 행정통제의 사례이다. "내부적 제도적 통제전략"(II)은 기관내의 평가조직에서 수행하는 통제방식으로 "대통령, 국무조정실, 감사원, 상급기관, 부처의 감사부서, 행정절차법, 행정정보 공개, 심사분석, 기관간 경쟁, 예산편성과 성과의 연계 관리" 등을 통한 행정통제의 경우이다. "외부적 행태적 통제전략"(III)은 "행정 관료의 의식 및 행태의 근저에 있는 행정문화"와 관련 있는 것으로, 장기적인 관점에서 의식 및 행태의 변화를 통한 행정통제의 경우이다. 시민재창조의 과정으로, 행정문화에 대한 시민의 관심을 통한 공무원의 의식 및 행태를 통제하는 것이다. "내부적 행태적 통제전략" (Ⅳ)은 행정부 내부에서 "공직자의 의식 및 행태의 변화"를 통해 행정 통제를 기대하는 전략으로, "공직자 윤리강령과 내부 고발 제도"가 이 유형에 속한다. 특정 행정 행위에 대한 직접적 통제라기보다는 공직자의 행동에 영향을 주는 가치관의 함양에 초점을 두고 있다(이달곤 외, 2007: 166 – 167).

이 유형들과 Finer와 Friedrich의 행정통제의 유형의 관계에서, Ⅳ 유형은 Friedrich의 내부통제의 형태로 인식되고, Ⅰ의 유형은 Finer의 외부통제의 형태로 간주될 수 있다. 통제 전략의 우선순위의 분석에서 행정 관료들 간의 동류의식 및 방어본능을 감안하면 내부통제보다는 외부통제가 더 효과적이다. 의식변화를 통한 통제는 장시간이 소요되며, 특정 행정행위에 대해 직접적인 통제라기보다는 전반적인 의식과 태도에 대한 통제에 불과 하므로 제도적 통제가 효과적이다. 이와 같이, 행정통제의 효과는 Ⅰ(외부적, 제도적), Ⅱ(내부적, 제도적), Ⅲ(외부적, 문화적), Ⅳ (내부적, 문화적)의 순서로 분석되고 있다(이승종, 2000).

결과적으로, 사법부보다 입법부의 행정통제는 효과적인 것으로 분석되고 있다. 3권 분리에 의한 입법부보다 사법부의 사법통제의 한계점은 다음과 같이 서술할 수 있다. 첫째, 통제수단이 소극적인 사후통제라는 점이다. 둘째, 행정통제의 절차에서 시간, 노력, 비용이 과도하게 소요된다는 것이다. 셋째, 합법성에 관한 통제는 가능하나 효과성에 관한 통제는 곤란하다는 것이다. 넷째, 사법부의 독립성이 약한 경우에 법관의 양심에 따른 공정한 통제가 어렵다는 것이다(이종수, 2007 & 정우일, 1995). 이와 같이, 입법부형의 행정 통제를 효과적으로 수행하는 국가들은 입법부 차원에서 공무원의 부정, 예산낭비, 경영부실 사례의 평가를 통해 부패 방지를 위한 효과적인 행정 통제의 기능을 담당하고 있다고 할 수 있다.

C. Friedrich은 "공무원의 책임의식과 집단규범·전문직업적 기준"을 강조하고 제도적 장치보다는 심리적 요소가 더 중요하다고 제안하고 있다.

다시 말하면, 행정인들의 책임 있는 행위는 외부의 제약과 강요에 의해 이루어지는 것이 아니라 자발적인 내부적 비공식적 통제에 의해 달성하는 심리적 요소를 역설하고 있다. 행정인의 책임은 통제되는 것이 아니라 유도되는 것으로 공무원들의 직업윤리나 전문적 기준에 따라야 할 자율적인 기능적 책임을 강조하고 있다. H. Finer는 선진국 사례와 같이, 집단통제에 의한 통제는 효과적이지 못하며 국민의 대표기관인 의회에 대한 외재적 책임을 강조하고, 의회와 같은 외부기관의 통제가 약화되면 권력의 남용으로 행정의 공익성을 저해할 수 있다고 지적하고 있다.

관료제의 통제방법에 관한 Friedrich와 Finer의 의견은 서로 다른데, Friedrich는 행정가의 자유재량의 증가와 함께 도덕적 책임성으로 내적 책임성(inner responsibility)이 행정통제에 중요하다고 강조하고 있다(Friedrich, 1968). 반면, Finer는 관료의 책임성을 보장하기 위하여 외부 통제기관들이 활용되어야 하고, 행정가의 근본적인 의무는 복종이며 의회로부터의 지시를 무시하거나 광범위한 자유재량권의 관료제의 허용에 대해 부정적이다(Finer, 1941: 335 – 338). 결과적으로 관료제의 행정통제의 수단으로 Friedrich 는 내부통제를 Finer는 외부통제를 제안하고 있다.

외부적 제도적 통제전략은 국회, 사법부, 시민단체, 옴부즈만, 언론, 정당 등에 의한 행정통제의 사례이고, 내부적 제도적 통제전략은 대통령, 국무조정실, 감사원, 상급기관, 부처의 감사부서, 행정정보 공개, 민정수석 등을 통한 행정통제의 경우인데, 행정문화와 시민문화의 변화를 요구하는 장기적인 차원의 외부적·내부적인 행태적 통제전략보다는 외부적·내부적인 제도적 통제전략이 효과적인 전략으로 인식될 수 있다. 통제 전략의 우선순위의 분석에서 사고와 행태 변화를 통한 통제는 장시간이 요구되는 전반적인 의식과 태도에 대한 통제라는 관점에서 제도적 통제가 효과적일 수 있다. 이와 같이, 선진화된 사회에서는 외부적·제도적 통제가 효과적이지만 우리나라의 발전행정의 전략에 근거해서 내부적·제도적 통제의 수단과 함께 청렴도 지수를 향상시키기 위한 효과적 수단과 정책들을 추진해야 할 것이다.

2 정책과 사회적 자본7)

사회적 자본의 신뢰는 합리적인 정책 결정과 성공적인 정책 집행을 위한 중요한 요소로서 인식될 수 있다. 신뢰는 참여적인 시민문화(civic culture)와 민주주의 제도의 확산에 기여하고 있다. 21세기의 국가의 성장 동력으로 경제력과 군사력 등의 경성권력(hard power)보다는 사회적 자본 요소인 문화력과 창조적 자본 요소인 기술력 등의 연성 권력(soft power)이 요구된다는 것이다(Nye, 1990).

1) 사회적 자본의 개념

최근 사회자본 연구는 3가지 주된 쟁점이 논의되어 오고 있다. 첫째는 사회자본의 원천에 대한 논의인데, 호혜성(reciprocity), 신뢰(trust), 협동(cooperation)의 규범과 태도가 한 사회에서 어떻게 일반화, 제도화되었는지의 과정에서 정부의 역할과 기능에 대한 연구이다. 둘째, 사회자본의 구조적·문화적 구성요소 간의 인과관계에서 사회자본의 측정과 구성요소에 관련된 것으로, 문화요소와 사회구조 간의 관계에 대한 연구들이다. 셋째는 제도화와 사회자본의 인과관계의 분석이다(Stolle, Dietland & Lewis, Jane, 2002: 195−229). 사회자본은 제도적 장치에 의하여 영향을 받고 변화될 수도 있다(Rothstein, Bo and Stolle, Dietind, 2001). 사회자본은 효율적인 정치 제도와 연계될 때 긍정적인 외부효과를 보여주고, 사회적 통합, 경제성장, 정치발전의 과정에 긍정적 영향을 준다. 사회자본은 시민사회와 분리해서 독립적으로 존재할 수 없고, 사회자본의 창출은 상호성, 호혜성 규범의 정책들을 발전시키는 작동기제로서 간주될 수 있다(Stolle, Dietland & Lewis, Jane, 2002: 195−229).

사회자본의 원천으로서 국가와 정치제도의 쟁점은 여러 가지 경향들을 보여주고 있다(전오진, 2008: 12−15). 첫째, 사회자본은 순수한 자발적 결사체의 산물이라는 입장과는 반대의 견해로, 국가에 의해 추진되는 제도와 정책이 사회자본에 독립변수로 작용한다는 관점이다.

둘째, 정부간섭이 사회자본에 긍정적 혹은 부정적이라는 주장에 대한 입장이다. 민주주의적 정부에서 민주적 제도들은 대인간 사회신뢰를 촉진하고 신뢰는 민주주의에 의해서 촉진된다(Inglehart Ronald, 1999). 하지만, 독제정권이나 권위주의적 정권의 제도의 불공정성, 반투명성, 무책임성 등은 사회자본을 손상시킬 것이다. 이와 같이 현대 제도들의 영향력을 배제하고 일반적인 시민사회만으로 사회자본이 창출된다고 보기는 어렵다. 이처럼 긍정적인 상호성과 호혜성과 같은 일반신뢰의 제도화는 사회 정의에 입각한 공정한 법치 국가와 제도에 의존해서 파생된다는 것이다.

셋째, 사회자본은 사회적 역사에 의해서 전래된다는 것이다. 시민들 간의 협동을 위한 한 사회의 역량은 역사적 경험에 의해서 결정된다고 한다(Putnam, 1996). 국가는 이성적인 시민사회의 형성을 위해 본질적인 역할을 할 수 있고, 역사적 환경은 사회자본의 형성에 영향을 준다는 것이다. 사회자본이 사회적, 환경적, 역사적, 문화적 요소에 의해 영향을 받는다고 인식될 수 있다.

Putnam은 신뢰, 규범, 네트워크와 같은 요소들이 사회적 협력을 야기시키는 사회자본이라고 정의하고 있다(Putnam, 1993: 3). Putnam은 사회자본의 측정을 위한 주요 지표로 시민적 참여(civic engagement)와 자발적 결사체(voluntary association)를 중시하였고, 네트워크를 수평적 네트워크와 수직적 네트워크로 분류하였다. 수평적 네트워크는 동등한 여건과 권한을 가진 사람들 간의 연결이며, 수직적 네트워크는 계급과 의존의 불평등한 개인들 간의 연계이다. Putnam은 시민적 덕목과 호혜적 사회관계의 네트워크를 강조하였고, 민주주의를 위해 풀뿌리 조직을 보호하고 육성해야 한다고 주장한다.

또한, Putnam은 사회자본을 폐쇄적인 네트워크인 결속형(Bonding) 사회자본과 개방적인 네트워크인 연결형(Bridging) 사회자본으로 구분하고 있다. 후진국 사회는 결속 사회자본의 형태로 간주될 수 있는데, 결속 사회자본은 특정 호혜성, 고립주의, 폐쇄성, 협소성으로 형성되어 있다.

이 사회자본은 배타적인 집단 정체성을 지지하고, 동질성 집단(homo-geneous group)에서 강화되고, 외집단(out-group)에 강한 적대감을 발산한다. 사회자본의 부정적 측면인 편협성과 파벌주의(sectarianism)는 결속 사회자본의 결과이다(Warren M. E, 2001: 14). Putnam은 결속 사회자본은 전체적인 사회를 위해서는 부정적 효과를 보여주고 있지만, 닫힌 사회집단(closed social groups) 또는 폐쇄적인 사회집단들을 위한 긍정적인 효과를 가질 수 있다고 논의하고 있다(Putnam, 2000: 21).

Putnam은 연결 사회자본은 협동의 증가에 기여한다고 지적하고, 구성원들의 호혜성에 근거한 연결 사회자본을 가진 네트워크는 외부지향성(outward-oriented)과 구성원의 이질성(heterogenous)으로 정보 확산에 유리하고 외부자산들과 연결되기를 더 선호한다고 하였다(Putnam, 2000: 21-23). 이 연결 사회자본의 예는 선진국의 유형으로 예측성, 협력성, 신뢰성의 특징과 연관된다. 연결 사회자본은 집단 구성원들의 개방성, 자유성, 호혜성의 특성에 근거해서 사회적 응집력 강화와 국제적 협력관계를 위한 긍정적인 사회자본의 요소로 평가될 수 있다.

결속 사회자본보다는 연결 사회자본이 긍정적인 외부효과를 생성한다. Putnam은 "그러저럭 해쳐나가기(getting by)"와 "앞으로 잘 나가기(getting ahead)"의 구분을 논의하고, 결속 사회자본은 닫힌 네트워크에서 현재의 삶으로 그럭저럭 해쳐나가는 과정에 도움을 주는 정도지만, 앞으로 잘 나가기 위해서는 연결 사회자본을 통해서만 촉진될 수 있다고 하였다(Putnam, 2000: 23). 또한, Putnam의 사회자본의 개념은 지방자치의 논의와 민주주의 개념을 수용하여 도입하고자 하였다. Putnam의 사회자본론은 지방자치 규범과 규칙의 논의에 근거해서 민주주의와 경제성장이라는 순기능에 주목하며, 사회자본의 차원을 정치와 경제의 분야의 적용을 통해 저개발국가의 경제번영을 위한 도구적 차원으로서의 사회자본 연구에 기여하고 있다.

합리적 선택이론을 제안하는 Coleman은 사회구조적 맥락에서 사회자본을 공공제적 성격으로 규정하고, 기능주의적 접근방법과 함께 사회자본에 의해 발생되는 효과에 주안점을 두었다(Coleman, 1988: 96-98). 호혜적인 신뢰나 규범을 공유하는 집단에서 사회자본의 부정적인 외부효과(negative externality) 보다는 긍정적 외부효과(positive externality)를 논의하고 있다(Warren, 2001). 사회자본의 부정적 효과는 결속형 사회자본의 폐쇄성에서 보여주고 있는데, 사회자본의 부정적 효과에 관한 초기 이론가인 Coleman(1988)은 사회자본이 선별적인 교환 가능성을 갖고 있기 때문에 사회자본은 개방적 사회에서는 효과적이지만 폐쇄적 사회에서는 부적절하고 비효과적일 수 있다고 전제하였다. 즉 폐쇄적 사회자본은 고립주의, 부도덕 행위, 집단주의 등의 부정적 효과를 발생시키고 협력적인 상호성과 호혜성의 신뢰적인 상호작용이 작동되지 않는다는 것이다.

2) 신뢰의 유형

신뢰의 유형은 신뢰의 개념 정의 만큼이나 다양한데, Zucker(1986), Shapiro et. al.(1992), (Yamagishi, 1994)의 대표적인 신뢰의 유형과 종류들은 다음과 같이 정리할 수 있다(전오진, 2008: 52-61).

Zucker(1986)는 신뢰를 과정기반 신뢰(process-based trust), 특성기반 신뢰(characteristic-based trust), 제도기반 신뢰(institutional-based trust)의 세 가지로 구분하였다. 첫째, 과정기반 신뢰는 일회적 보다는 반복적으로 이루어지는 교환관계의 경험에 따라 사회적 관계 속에서 획득하게 되는 평판(reputation)들을 지칭한다.

둘째, 특성기반 신뢰는 한 개인이 속한 사회 집단의 특성에 근거하여 형성된다. 즉, 집단에 관계되는 혈연, 지연, 학연 등에 의해서 형성되는 신뢰이다. 가족의 배경, 인종, 성별, 출신학교 등에서 나타나는 사회적 관계 속에서 유사성이 신뢰의 기반으로 작용함으로써 동일한 귀속적 특성을 공유한 개인 및 집단에 대한 신뢰가 유발된다는 것이다.

셋째, 제도기반 신뢰는 공식적인 제도에 근거한다. 즉, 한 개인이나 집단에 대한 신뢰가 귀속적 특성이나 평판보다는 공식적인 제도나 사회구조를 통해 부여된다는 것이다(Zucker, 1986: 65). 예를 들어, 학력, 학위,

자격증 등에 의해서 부여되는 신뢰라고 할 수 있다.

Shapiro et. al.(1992)은 억지기반 신뢰(deterrence-based trust), 일체감 기반 신뢰(identity-based trust), 지식기반 신뢰(knowledge-based trust)를 제시하고 있다.

첫째, 억지기반 신뢰는 보복행위의 가능성 또는 관계 단절의 잠재적 비용이 불신뢰스런 행동(untrustworthy behavior)에 따른 이익보다 더 높을 때 존재한다(Shapiro, Sheppared, and Cheraskin, 1992: 366). 즉, 사회적·국가적 관계 속에서 자신이 기대한 대로 행동하지 않을 때 그에 대한 응분의 제재를 가할 수 있기 때문에 생성되는 신뢰를 말한다(Shapiro, Sheppared, and Cheraskin, 1992: 367).

둘째, 지식기반 신뢰는 예측가능성이다. 상대방이 어떠한 행위를 할 것인지에 관한 예측이 가능한가의 여부에 따라 신뢰의 수준이 결정된다는 것이다. 즉, 상대방이 협동적으로 행동할 것이라고 예측될 때 신뢰가 발생한다는 의미이다(Shapiro, Sheppared, and Cheraskin, 1992: 369). 이 신뢰는 정보와 지식을 기반으로 발생하며 과거의 경험을 통해서도 생성된다는 것이다.

셋째, 일체감기반 신뢰는 상대방의 선호에 완전히 동화된 것으로 가장 높은 순위의 신뢰이다(Shapiro, Sheppared, and Cheraskin, 1992: 371). 일본 자동차 회사 도요타와 미국 자동차 회사 포드의 비교연구에서 도요타 자동차는 거래 기업과의 일체감으로 인하여 정보획득비용이 최소화된다고 지적하고 있다(Shapiro, Sheppared, and Cheraskin, 1992: 371-373). 이러한 일체감은 신뢰주체와 신뢰대상이 동일한 목표, 가치, 규범을 지닌 가운데 지리적·사회적으로 인접하여 살아감으로써 더욱 손쉽게 형성될 수 있다고 주장한다(Shapiro, Sheppared, and Cheraskin, 1992: 371-373).

Yamagishi의 견해에서 일반신뢰와 특정신뢰의 구분을 통해 행위의 차이를 설명하고 있다. 일반신뢰와 특정신뢰의 구별은 Putnam(2000: 22)이 언급한 사회자본의 '결속(bonding)'과 '연결(bridging)'로 표현한 것과 유사한 측면이 있다. 즉, 특정신뢰는 내·외집단을 명확히 구분하여 내집단구성원에게는 구성원간 특정신뢰성의 규범을 공유하고, 외집단(out-group)에 대하여는 부정적인 평가를 하여 배척하는 경우이다. 그래서 후진국의 경우와 같이, 특정신뢰는 자민족중심주의의 형태로 부정적인 사회자본의 형태로 창출되기도 한다. 특정신뢰는 Granovetta(1973)의 '강한 연결(strong tie)'과 Williams(1993)의 '두터운 신뢰(thick trust)'의 개념과 유사하다. 특정신뢰에서 우리는 친족이나 친밀한 친구와 함께 협동으로 위험을 감소할 수 있는데, 공동체에 헌신하는 것으로 '우리'와 '그들'을 구분하여 생각하게 되고 '모든 사람'을 신뢰하지 않는다(Yamagishi, 1994: 129-166). 이와 같이, 특정신뢰는 잘 아는 사람 간의 상호의존성으로 유지·존속되고, 폐쇄적인 고립된 사회와 국가에서 생성된다.

반면에 일반신뢰는 자유주의 체제에서 개방적 신뢰와 일맥상통한 면이 있다. 일반신뢰는 외부인이나 면식이 없는 사람, 동료시민에 대한 신뢰를 의미하고, 일반신뢰는 '모르는 사람'에게 자신의 믿음을 표출하는 것이다. 일반신뢰는 대부분의 사람들은 믿을 수 있다는 신념에 기초한 것이라면 특정신뢰는 자신이 좋아하는 것을 신뢰하는 것이다. 일반신뢰는 다른 배경을 가진 사람들이 도덕적 공동체의 구성원이라는 신념인 도덕적 신뢰(moralistic trust)와 연결되고, 특정신뢰는 가치보다는 경험에 기반을 두는 신뢰인 전략적 신뢰(strategic trust)와 관계한다(Uslaner, 2005). Uslaner(2005)는 특정신뢰부터 일반신뢰를 구별해주는 것은 포용적 도덕공동체(inclusive moral community)에 달려 있다고 주장한다. 특정신뢰자들은 자신의 경험과 전략적 신뢰에 의존하고 있고 자신이 아는 만큼만 신뢰하는 경향이 있다. 그래서 그들은 자신과 같지 않은 사람들은 자신과 도덕공동체의 일부가 아니라고 판단할 가능성이 있다는 것이다(Uslaner, 2005).

일반신뢰는 특정신뢰와 비교하여 개인성질의 측면과 집단성질의 측면에서 차이가 있다고 주장한다. 첫째, 사회심리학자들은 긍정적인 일반신뢰는 가족교육, 협동의 신념, 절제된 삶과 같은 인격적 특성에서 기원한다고 주장하고, 부정적인 특정신뢰는 염세주의, 비관주의, 냉소주의의 관점을 파생시킨다는 것이다.

둘째, 일반신뢰는 개인의 인격적 특질 보다는 계급, 소득, 연령, 성별, 종교, 교육정도와 같은 사회적 특질에서 생성된다고 보는 견해가 있다. 일반신뢰자들은 주관적 행복, 삶의 만족도, 직무만족도가 높은 수준이고, 재력과 지위가 높은 사람들인 사회적으로 '승리자(winner)'에 속하는 사람들이 높은 사회신뢰를 보인다고 주장한다(Newton, 2004: 15–35). Putnam도 부유한 계층이 가난한 계층보다 일반신뢰가 더욱 높다고 논의하고 있다(Putnam, 1993: 138).

셋째, 일반신뢰는 자발적 결사체와 클럽활동을 통해서 유지되고 발전된다고 한다(Putnam, 2000). 자발적 결사체에 기초해서 모르는 다른 사람과의 밀접한 규칙적인 참여는 공공의 이익과 선(common good)을 이해하게 되고 다른 사람들과의 관계에서 상호성·호혜성(reciprocity)을 배우게 된다는 것이다.

이와 같이, 일반신뢰는 민주주의의 발전과 정부성과를 높이는데 도움이 된다. 일반신뢰가 높은 사회는 더 민주주의 국가이고 정부성과도 높다(Inglehart, 1999). 또한, 후진국의 권위주의 정책보다는 선진국의 보편적 복지정책을 추진하는 국가와 사회에서 일반신뢰가 더 높다는 것이다(Rothstein & Stolle, 2001). 일반신뢰는 사회적 화합과 민주국가의 안정성에 도움이 되고, 일반신뢰와 민주주의는 집단행동문제를 해결하는데 도움이 되는 순기능의 역할을 하는데, 시민의 권리와 자유를 보호하는 정책에서 공정성과 효율성의 제도를 창출해 내기도 한다.

자발적 조직과 시민사회가 발전하고 밀도가 높은 사회는 일반신뢰가 대체로 높게 나타난다. 저발전 사회와 같이 폐쇄적인 사회는 일반신뢰가 낮고 자유주의 사회와 같이 개방적인 사회는 일반신뢰가 높은 경향으로 평가될 수 있다. 일반신뢰는 사회통합과 자유주의 정책들을 위한 핵심적 요소인 반면에 특정신뢰는 사회갈등과 불협화음의 원인이 되고 민주적 방식의 사회통합이 어려워져 정책결정과 정책집행의 비효율성을 증가시키기도 한다. 결과적으로, 신뢰의 유형들은 정치적·경제적·사회적 조건과 여건들의 상관관계를 보여주고 있고, 높은 일반신뢰를 가진 국가들은 자유주의 시장 체제의 효율적인 운영을 통한 선진화된 민주적 제도와 정책들이 형성되어 있다는 것이다.

3) 권위주의 사회와 사회적 자본

규범과 신뢰로 구성되는 사회자본에서, 신뢰는 협력과 협동에 의해 생성된다. 그래서 신뢰는 효율적 사회관계의 촉진과 집단적 갈등문제의 해결에 도움을 주는 기능을 담당할 수 있다. 사회자본인 신뢰의 증가는 정책의 협력적 네트워크를 촉진시킬 것이고, 협력적인 수평적 네트워크는 성공적인 정책 집행의 과정을 창출할 수 있을 것이다.

권위주의 사회에서의 사회적 자본의 부정적 영향에 관해 논의할 수 있다. Portes는 사회자본의 ① 배타성 ② 사회구성원에 대한 과도한 요구와 특혜 ③ 개인자유의 제한 ④ 하향식 평균화 규범 등의 네 가지 부정적 효과와 영향에 대해 언급하고 있다(Portes, 1998: 15 & 전오진, 2007: 24-27, 재인용).

첫째, 일반적으로, 권위주의 사회에서 강한 내부적인 네트워크에 근거한 외부인에 대한 배타성은 구성원간의 경제적 교환의 용이성과 효율성을 강화한다. 외부인에 대한 배타성은 부패의 논리를 설명하는데 이용되기도 한다(Warren, 2001: 8). 결합형 네트워크와 부패의 관계에서, 혈연과 지연으로 구성된 독점적 권력을 가진 국가가 사회자본 활용의 공공재에 대한 관심보다는 사유제의 주안점과 함께 비합리적인 정책들을 형성한다는 것이다. 특히, 권위주의 정당은 독점적 권력과 함께 사회 네트워크로서 기능을 담당하고 부패 교환의 보증자로서의 역할과 기능을 야기하기도 한다는 것이다(Warren, 2001: 9). 이와 같이 국가의 중추기관인 정당이 부패한 교환관계의 중심적 역할을 수행한다는 것이다. 결과적으로, 응집력이 높은 공동체 안에서 발견되는 특징 중에 하나는 과도한 요구를 관철시킬 수 있다는 점이다. 권위주의 사회에서 응집력이 높은 공동체 안에 있는 권력층 구성원간의 높은 폐쇄적 신뢰를 이용하여 온갖 불합리한 특혜와 특권을 요구하게 된다.

둘째, 공동체와 집단에 참여하는 것은 반드시 규범에 따를 것을 요구받는다(Portes, 1998: 16). 권위주의 사회는 폐쇄적 공동체 삶의 가치나 규범이 사회화·제도화되어 있고, 사회통제의 수준이 높은 반면 개인의 자유가 매우 엄격하게 제한을 받는다. 즉, 거주자간의 친밀하고 엄격한 연결망은 공동체적 삶의 고유 규범을 강요하게 만들지만, 한편으로는 사생활과 개인의 자율은 감소하게 된다.

셋째, 권위주의 사회자본은 하향식 평균화 규범(downward−leveling norms)을 만들어낸다(Portes, 1998: 17−18). 가령 경계집단(marginal group)의 경우 국제 사회에 대한 저항과 고립이 집단의 결속력을 견고하게 만든다. 장기간 폐쇄사회주의를 경험한 집단에서는 "비시장(non−market) 메커니즘"에 근거해서 개인주의 능력과 역량만으로는 신분상승이 어렵다는 신념을 가질 수 있다(Woolcock, 1998: 165). 이런 신념의 장기화는 집단의 계급 이동이 봉쇄될 수도 있다(Portes, 1998: 18). 이런 규칙과 규범은 법에 의해서 강제되는 규범이 아니라, 이념, 맹종, 충성심에 의해서 형성되는 특징이 있다.

연결망을 통해 불법적 정보를 얻거나, 네트워크에서의 신뢰를 이용하여 정보를 불법적으로 얻어, 부정한 거래에 이용하는 경우도 있을 것이다. 사회자본으로 사회의 공공성을 훼손하는 사적 이득을 취하는 것은 사회자본의 사유재로서의 부정적인 요소이며, 사회자본의 사유재로서의 사적 이해관계의 부정적 속성과 특징을 올바로 인식해야 한다. 사회자본은 공공재로서의 속성을 우위에 두고 다루어져야 할 것이고, 정부는 사적 이해관계에 대한 올바른 인식을 바탕으로 사유재적 속성이 갖는 부정적 효과를 통제해야 할 것이다. 결과적으로, 사회자본의 전략 개발과 정책제안 등의 연구에서 사유재 속성을 강조하는 개인적 도구주의로 떨어지지 않도록 해야 할 것이다.

4) 신뢰의 사회적 자본

신뢰의 사회적 자본에 영향을 주는 구성요소들에 대한 논의는 다양하지만, 일반적으로 네트워크, 시민적 협력과 참여, 제도, 상호성을 포함할 수 있다. 후쿠야마(Fukuyama)를 비롯하여 많은 학자가 신뢰를 사회자본의 핵심 구성요소로 널리 사용한다. 신뢰는 관점에 따라 사회자본의 원인요소, 구성요소, 결과요소 등으로 간주되고 있는 개념으로, 사회학, 정치학, 행정학에서도 독립적으로 다루어지고 있는 개념이다. 오스트롬(Ostrom)의 견해와 같이, 신뢰를 사회자본의 형태나 요소로 보기보다는 원인으로 보는 견해도 있지만, 많은 사회자본이론가에 의하면, 신뢰를 사회자본의 핵심 구성요소의 개념이다.

사회자본이론에서 신뢰의 개념은 개인적 신뢰, 경제적 신뢰, 사회적 신뢰로 구분해서 논의할 수 있는데, 개인적 신뢰의 관점에서, Putnam은 수평적 네트워크에 작동하는 일반적 신뢰(또는 포괄적 신뢰, generalized trust)와 수직적 네트워크에서 작동하는 구체적 신뢰(또는 균형적 신뢰, balanced trust)로 구분하고 있다(Putnam, 1993: 172－173). 경제적 신뢰의 증가는 시장체제에서 거래비용의 축소를 야기 시키며, 사회적 신뢰의 증가는 협력을 위한 가장 효과적인 수단으로 작용된다. 신뢰는 사회 구성원들의 보편적인 규범에 기초하여 규칙적, 윤리적, 협동적인 정책들을 도출하는데 기여하고 있다. 사회적으로 요구되는 형태의 신뢰란 혈연과 친분을 넘어설 수 있는 신뢰이며 사회적 협동을 가능케 하는 신뢰이다(김용학·손재석, 1998: 118). 개인주의 사회적 문화와 정치적 체제에서 건전한 개인들의 자아 정체성들의 형성은 효율적인 자유민주주의 정책을 위한 전제조건으로 사회 구성원들 사이에 협력적인 의사소통이 요구되어진다.

(1) 네트워크

네트워크는 자본의 측면에서 생산·투자·축적되는 토대로서 사회자본이 생성되는 배경 또는 원인의 성격을 가지며, 신뢰는 사회자본의 결과적 속성을 갖기 때문이다. 연결망의 밀도, 크기, 범위 등을 사회자본의 측정지표로 사용할 정도로 네트워크를 중요하게 다루고 있다. 합리적 선택론의 이론적 배경을 주장하는 학자들은 신뢰를 중시하고 있는데, 자신의 물질적, 사회적, 경제적 이익을 추구하는 것이 합리적 행동이라는 전제에서 출발한다. 사회자본의 한 요소로서의 네트워크를 분석하는데, 효용의 극대화의 측면에서 모든 인간의 연결망은 이기적 목적성과 관계될 수 있지만, 사회활동에서 인간 행동의 동기를 경제적·이타적 동인을 동시에 고려하는 네트워크의 분석이 필요하다.

(2) 시민적 협력과 참여

Putnam는 사회자본 측정에서 네트워크의 측정지표로 시민적 참여(civic engagement)와 자발적 결사체(voluntary association)를 사용한다. 그런데 시민적 협력과 참여는 신뢰와 마찬가지로 네트워크에서 생성되는 중요한 사회자본의 요소로, 신뢰가 "인지적 성격"이라면 참여와 협력은 "행동적 성격"의 구성요소이다. 네트워크는 사람과 사람, 사람과 집단, 또는 집단과 집단의 연계로 구성되는 연결망으로서, 사회자본이 생성·축적·투자되는 공간 중의 하나이다. 왜냐하면 사회자본은 사회적 연결망 이외의 사회구조 속에서도 생성·축적·투자될 수 있기 때문이다. 이와 같이, 포괄적 의미의 시민참여와 참여를 통한 협력이 사회자본의 중요한 구성요소이다. 협력은 호혜성의 형태로 설명될 수 있는데, 사람들의 협력하는 성향은 이기적·이타적 성향을 토대로 할 수 있으며, 사회 속에서 형성된 호혜성과 상호성의 특성을 보여주고 있다.

단순한 결사체 참여가 네트워크의 지표로서 간단히 설명될 수 없을 것이다. 사회적 연결망은 Putnam의 주장과 같이 자발적·시민적 결사체 참여로 단순하게 정의될 수 없다. 현대사회의 복잡성과 다양성은 개인들의 행위와 행태가 단순한 연결망의 관계로 평가될 수 없다. 인간행동의 동기는 경제적 혹은 비경제적, 이기적 혹은 이타적, 공동체적 혹은 개인적 행동의 행태가 포함되고, 구조적인 역사적, 환경적, 사회적 연결망 유형의 영향을 받는다.

(3) 제도

많은 학자들이 규범, 집단특성, 사회성, 권한부여, 정치효능, 정치지식, 시민적 의무, 결사체 활동, 삶에 대한 가치, 사회적 지지, 후원제도, 지역사회에 대한 친밀도 등을 사회자본의 구성요소로 거론하고 있다. 그런데 그 중 중요하게 거론될 수 있는 요소가 Ostrom에 의해 거론되는 제도이다.

Ostrom은 제도를 행동이나 결과의 허용과 제재를 명시하는 처방 또는 규칙이라고 정의한다. 즉 제도는 사람들이 고안해낸 게임의 법칙으로, 사회적 결과의 예측가능성의 증대를 위한 규범성, 명문화된 법, 행정규제, 법적 결정 등 공식적 규제를 말한다. 이러한 공식적 제도는 국가와 지역 수준에서 사회 협력을 유지하고 촉진하는 역할을 한다. 따라서 Ostrom (2008: 22−24)은 법치주의, 민주주의적 환경, 잘 구조화된 정부는 가치 있는 사회자본이라고 주장한다.

제도는 행위자의 태도와 행동에 영향을 미친다는 것이다(Giddens, 1984). 제도에 대한 신뢰는 일상적으로 공유하고 있는 상식과 일상생활에서 반복적인 경험과 관련이 있다. 즉, 제도에 대한 신뢰는 한 사회가 유지되고 발전하는데 필수적이다. Ostrom는 집합행동이론에서 집합행동문제 해결의 핵심 기제로 사회자본을 다루고 있는데, 다른 학자와 달리 신뢰를 사회자본의 구성요소가 아니라 집합행동의 문제와 사회자본의 관계를 이해하는 요소로 해석한다. 이에 따라 사회자본의 주요 구성요소로 신의, 네트워크, 제도를 들고 있는데, 특히 제도를 사회자본의 한 형태로 인식함으로써, 거시적 관점과 신제도주의적 입장에서 사회자본을 분석하고 있다(Ostrom & Ahn, 2008).

공적 제도는 사회자본에 강한 영향을 미치는 주요 요소로 사회자본의 구성요소로 포함시킬 수 있다. Uslaner(2003)의 연구에서 공적 제도와 신뢰의 강한 상호적인 인과관계를 논의하고 있다. 제도는 근대적 민주제도가 발달되지 못한 사회에서 사회자본에 부정적인 영향과 결과를 미친다는 관점에서 사회자본 연구를 위해 중요하게 고려해야 할 요소이다. 이와 같이, 제도적 관점(institutional view)에서 경제, 문화, 교육, 외교, 안보 정책은 "법적·정치적·제도적 환경의 산물"로 간주되고, 이들 정책들의 성공은 정부신뢰, 효율적 제도, 시민참여, 책임성에 의해 좌우될 수 있다.

(4) 상호성

상호성·호혜성의 규범은 신뢰의 중요한 형태로 간주될 수 있다. 사회 관계에서 사회구성원들의 관심사들은 경제적 재화, 정치적 권리, 사회적 지위 등이 포함된다. 따라서 인간의 많은 행동과 행위들은 사회 차원의 이익과 부합되도록 하는 데에 있으며, 개인들에게는 사회적 유대의 유지가, 그리고 부처들에게는 정책적 협력 관계를 유지하는 일은 중요한 것이다. 그런데 사회적 유대와 정책적 협력관계를 유지하는 일에 작용하는 원칙이 바로 상호성과 호혜성이다. 즉 호혜성은 사회적 의무를 수반하는 개념으로, 주고받는 의무와 권리로 사회적·정책적 협력들을 바탕으로 하는 규범으로 이해되어야 할 것이다.

신뢰에 대한 이론적인 분석틀을 통해 정책형성과정에 대한 몇 가지 중요한 이론적 함의를 도출할 수 있다. 첫째, 신뢰는 상호 협력의 발전 전략의 핵심요소로서 인식되어야 한다. 둘째, 신뢰 구축 과정에서 제도의 역할은 신뢰의 사회적 자본에 영향을 주고, 국가 정책의 투명성과 책임성은 사회적 자본의 증가를 야기하며 신뢰의 구축에 중요한 역할을 담당할 것이다. 특수신뢰 보다는 일반신뢰를 위한 이러한 자원을 대체할 수 있는 연결형의 네트워크의 발전이 필요하다고 본다. 셋째, 긍정적 사회적 자본을 형성함으로써 정책형성과정의 연결망을 투명성 있게 구축하는 것이 필요하다. 넷째, 정부정책의 결정과 집행이 집단의 이해관계, 제도, 네트워크의 사회적인 복합적인 구조 안에서 이해되어야 한다. 정책의 결정과 집행의 추진과정에서 정부의 공공선 정책의 증가는 신뢰의 사회적 자본의 증가를 유발할 것이다.

신뢰구축을 위한 전제조건은 특수신뢰 보다는 일반신뢰와 제도신뢰를 모색하여야 하며 제도신뢰 안에서도 공식적, 체계적, 규범적 신뢰와 같은 유형과 형태를 발전시켜야 한다. 결과적으로, 좋은 사회자본(good social capital)은 자유, 교육, 번영, 안전, 복지, 행복 등을 촉진하지만, 나쁜 사회자본(bad social capital)은 테러, 조직범죄, 후견주의, 고립주의, 불평등, 비능률성 등과 함께 부패를 수반하기도 한다(Warren, 2004: 328-343). Warren (2001)은 공공재(public goods)는 민주주의에 좋은 사회자본이고, 부정적인 사회자본은 저신뢰를 가져오며, 연결 사회자본은 긍정적 사회자본이고 결속 사회자본은 부정적 사회자본으로 설명할 수 있다.

Woolcock & Narayan(2000: 229-239)의 견해에서, 공동체적 관점(communication view)으로 사회자본은 태생적으로 좋은 것으로 보고, 본질적으로 사회 구성원들에게 혜택과 이익이 부여되는 것으로 가정한다. 따라서 사회내의 집단과 결사체 등 집단의 밀도와 수를 중시하며, 결사체가 많을수록 좋다고 보는데 폐쇄적 지역사회 속의 역기능을 간과하고 있다는 비판을 받는다. 신뢰는 사회능력과 국가능력을 결합하는 매개변수로 작동할 수 있고 신뢰의 연구에서 사회자본이 생성하는 긍정적·부정적 결과를 인식하여야 하고 유익한 사회적 자본의 구축이 정책에서 상호간에 네트워크를 구축할 수 있을 것이다. 결속형(Bonding) 사회자본 보다는 연결형(Bridging) 사회자본의 환경과 여건에서 Zucker의 제도기반 신뢰 (institutional-based trust) 이론, Shapiro의 일체감기반 신뢰(identity-based trust)이론, Yamagishi의 일반 신뢰 이론들을 적용할 수 있을 것이다.

정부의 성공적인 정책 집행을 위해 정부, 기업, 시민단체 간의 신뢰 및 네트워크 형성이 중요하며, 신뢰의 네트워크를 통한 민주적 참여와 투명성 확보가 행정의 효율성과 효과성을 증대할 것이다. 사회적 자본의 증대가 정책의 합리성, 민주성, 수용성의 증진에 기여하고, 정부의 공적 목표를 달성하기 위하여 마련한 장기적인 행동지침의 정책적 가치를 구현할 수 있을 것이다.

3 정책과 문화[8]

문화는 그 주관적인 측면에서 사회적인 생활로써 한 사회의 습관, 관습, 법, 도덕, 신념, 지식이다(Eckstain, 1992). 이 정의는 사회문화의 개념과 결부되어 진다. 보편적인 행정문화의 개념은 "행정인의 가치관, 태도, 사고방식, 의식구조나 신념체계"를 의미한다(김광웅, 1981). 구체적으로 행정문화는 "관료들의 통치적인 행동의 방법", "행정체제 구성원들의 태도와 행동", "사회문화의 하위체제"로 정의될 수 있을 것이다. 이와 같이, 행정문화는 "행정체제를 구성하는 사람들이 공유하는 생활양식 또는 행동양식의 총체"로 규정될 수 있다. 한편, 정치문화는 국가의 정치적인 이념, 정치적인 사건의 대중여론, 정치적인 스타일의 방법들의 표현으로 규명할 수 있는데, 구체적인 정치문화의 개념은 역사적인 과정에서 엘리트의 정치적인 행동의 방법, 집단적인 이성과 생각, 국민의 가치관과 생활방식, 국민의 정치적인 열정과 신념들에 의해 정의될 수 있을 것이다. 이와 같이, 보편적으로 정치문화는 광의의 개념을 포함하며, 행정문화는 협소한 의미의 개념을 함축하고 있다고 할 수 있다. 하지만, 광의의 행정문화는 "행정체제 내지 행정 관료제에 대한 국민의 가치관이나 인지 또는 평가적 태도" 등을 포함한다(백완기, 1982). 선진국의 행정문화는 "합리주의", "성취주의", "상대주의", "사실지향주의", "정치적 중립주의"의 용어로 설명되어지는 반면에 후진국의 행정문화는 "권위주의", "가족주의", "연고주의", "형식주의", "정적인간주의", "운명주의", "관직이권주의"의 형태로 정의되고 있다.

문화의 분석에서 상대적인 가치의 부여보다는 절대적인 가치를 발견하기 위한 베버의 분석과 상대적인 문화 가치들보다 보편적인 사실들을 묘사하는 베버의 접근은 보완될 필요가 있다. 이런 관점에서 베버는 서구의 행정문화를 현대적, 이성적, 합리적 문화로 평가하고 유교주의를 전통적, 비이성적, 비합리적인 문화로서 비판적 견해를 밝히고 있다. 인간 행위의 이해와 분석은 상이한 문화들에서 상대적인 가치의 분석이 절실히 요구된다. 다른 문화적인 요소들에 의해 원인되어진 상이한 행정시스템의 현상을 설명하기 위해 상대적인 가치의 문화적인 해석의 성찰이 필요하다. 다른 문화에 대한 상대적인 가치를 부여하는 다문화주의의 원칙은 상이한 문화들의 배제가 아닌 공존을 의미하다. 베버에 의하면, 행동의 주관적인 분석은 상대적인 가치보다는 중요한 사실들을 발견하는 것이다(Weber, 1978: 14). 자연과학이 가치보다는 사실들의 발견을 시도하는 동안, 사회과학의 분석은 사실보다는 상대적인 가치의 중요성을 포함하여야 한다. 한 사례를 들면, 베버는 유교주의와 같은 다른 문화 형태에서 행정발전에 순기능적인 상대적인 가치를 부여하는 것에 한계성을 보여주고 있다. 다시 말하면, 절대적인 문화적인 가치관에 의해 설명되어지는 서구 관념의 형태는 유교주의의 합리적인 발전을 설명할 수 없다. 이와 같이, 서구 문화에 대한 절대적인 가치의 부여는 논리적, 철학적, 방법론적 결함을 보여줄 수 있다. 베버의 관점은 다른 문화적인 사상들과 개념들에서 상대적인 문화적 가치를 등한시 한다.

정책학자에게 학제간의 연구의 경향에서, 현대의 행정현상은 복잡한 사회적, 정치적, 문화적 시스템 때문에 학제간의 연구가 아닌 한 단일 학문 분야의 분석은 정확성의 결여를 심화시킬 수 있다. 이와 같이, 학제간의 연구는 행정학, 정치학, 사회학과 함께 통합된 분석을 유도하고 있다. 정책학은 복잡한 행정현상을 분석하기 위해 정치학, 경제학, 역사, 사상, 철학, 사회학 등 학제 간 연구의 관련성을 시도하고 있다. 정책학의 연구는 제휴적, 분석적, 역사적인 관점에서 연구의 필요성이 제기되고 있다. 세계화 속에 비교행정의 문화적인 연구와 탐구는 행정학적인 연구가와 이론가들의 주요한 관심사일 수 있다. 행정과 문화 현상의 연구는 사회 의존적인 관계 때문에 전체적인 시스템의 연구 없이 불가능할 것이다.

행정문화변동을 설명하기 위한 효과적인 방법론적 가정의 필요성을 다섯 가지를 제안하고자 한다. 첫째, 행정적인 현상은 문화와 상호적인 관계의 결과라는 점에서 행정은 문화로부터 분리할 수 없다. 둘째, 문화적인 행동은 전통적인 문화로부터 파생된 관습과 정치적인 교리로부터 파생된 이념과 같은 집단적인 속성들, 그리고 신념·감정과 같은 개인적인 심리학적인 요소들에 의해 이해될 수 있을 것이다. 셋째, 세계화의 과정에서 서로 다른 행정문화와의 상호교류에 근거한 문화적인 변형은 전통문화와 이질적인 문화 사이에 변증법적인 상호작용에 의해 설명될 수 있을 것이다. 넷째, 상대적인 문화가치의 이해에 근거한 문화적인 개념은 자기 민족주의의 독단적인 표준 문화 규범을 묘사하는 문화가치에 의해 규명될 수 없다. 다문화주의는 포용, 상호존중, 인정, 관용의 정신을 전제로 실천될 수 있을 것이다. 다섯째, 문화의 형성 과정에서 문화를 독립변수와 종속변수로 가정하는 명백한 이분법적인 구분은 방법론상의 문제를 표출하고 있다고 할 수 있다. 행정문화를 발전시키기 위한 우리들의 시도들은 다섯 개의 가정들과 함께 모색될 수 있다.

문화는 고정된 것이 아니라 변화하는 것이다. 문화변화는 자기민족주의에 근거하는 한 독단주의와 배제주의에 의해 설명될 수 없다. 문화적인 변화에서 표준적이고 규범적인 단계와 패턴의 필요성은 강조되지 않는다. 다른 말로, 문화적인 정체성의 우위에 근거한 자기민족주의의 관점은 다른 문화 사이에 상호교류를 통한 문화적인 변형의 과정을 이해하는데 유용하지 않을 것이다.

문화 분석은 행정발전과 변화를 이해하기 위해 문화와 정책시스템의 관련성과 연관성을 규명하는 것이다. 구체적으로, 다원주의, 사회 조합주의, 국가 조합주의를 포함하는 다양한 정책시스템과 문화의 양자간의 관계의 역동성을 고찰해 보는 것은 중요하다고 본다. 다원주의, 사회 조합주의, 국가 조합주의를 포함하는 행정 관료시스템들은 상이한 행정문화 분석에 의해 설명될 수 있다. 예를 들면, 미국에서의 개인주의 문화는 다원주의 정책을 형성하는데 전반적으로 기여하고 있다. 미국과의 비교에서, 유럽의 상대적인 집단주의 문화는 계급주의의 의식과 함께 사회 조합주의 정책을 창출하였다. 다른 한편, 계급의식의 부재와 함께 한국에서의 유교주의 문화는 국가 조합주의의 행정시스템 형성에 상당부분 기여하였을 것이다. 이와 같이, 비교 문화적인 연구는 역사적인 문화 전통과 행정적인 시스템의 형성 사이의 관계를 심도 있게 분석하는 것이다. 전통적·사회적인 환경과 이념을 포함하는 사회 문화적 요소는 행정문화의 형성에 영향을 주어왔다. 문화적인 현상과 정책시스템의 관계의 분석에서, 사회적인 문화구조와 정책시스템의 본질적인 관련성을 이해할 필요가 있다.

다양성–발견 비교의 방법론은 민주주의 체제 안에서 다원주의, 사회조합주의, 국가 조합주의의 정책시스템을 설명하기 위한 유용한 방법론으로 인식될 수 있다. 다양성–발견 비교 방법은 국가 조합주의, 사회조합주의, 그리고 다원주의 정책시스템을 설명하고 그들 시스템에서 사회 구성원들 간에 유대감의 공통된 문화적인 가치를 발견할 수 있다. 미국의 다원주의는 극단적인 이념 투쟁 없는 비이념적인 문화적인 요소에 의해 발전되어 왔다. 유럽에서의 사회조합주의는 복지시스템 적용에 의해 사회구성원들 사이에 계급적인 긴장과 갈등의 감소를 추구하는 정책시스템이다. 한국에서 국가조합주의 관료체제는 사회구성원들 사이의 유기체적인 관계에 근거를 두고 있다. 이와 같이, 상이한 문화들은 실질적으로 다양한 정책적인 시스템의 형성에 영향을 주고 있다.

결과적으로 한 사회와 국가의 문화적인 속성과 특징은 정책의 결정과 형성에 영향을 주고 있는데, 일반적으로 개인주의 문화는 자유주의 시장원리에 근거한 정책을 선호하고, 집단주의 문화는 위계주의 문화의 관료제도와 함께 국가 주도에 근거한 중앙집권적 정책을 선호한다.

Hood, C.(1988)는 The Art of the State: Culture, Rhetoric, and Public Management에서 ① 위계주의 문화의 관료제도(hierarchical collectivism) ② 개인주의 문화의 시장경쟁(competitive individualism) ③ 평등주의 문화의 공동체적 상호성(sectarian egalitarianism) ④ 운명주의 무작위성(powerless fatalism) 등으로 구분한다.

후드(Hood, 1988)는 위계주의 문화의 관료제도, 개인주의 문화의 시장경쟁, 평등주의 문화의 공동체적 상호성, 운명주의 무작위성 등에 의해 문화의 모형 등을 구분하고 있다. 첫째, 위계주의 문화의 관료제도에서 규칙과 절차에 따른 국정관리가 강조되며 집단성의 우선을 강조하고 개인은 부차적인 존재임을 부각하고 있다. 미국의 윌슨주의 행정관계는 위계주의의 특성을 반영하는 것이면서도, 대의민주주의 정치의 틀 속에서 행정의 전문화와 중립성을 기하려는 점에서 이전의 위계주의 모형과는 차이가 있다. 둘째, 개인주의 문화의 시장경쟁의 모형은 원자화된 개인들 간의 경쟁과 타협을 강조하는 행정체제를 모색하는 것이다. 이 모델은 시장경쟁원리에 따른 정부운영을 제안하는 시카고 학파의 주장으로 행정문제 해결을 위해 이기적인 개인들의 합리적 선택행위를 활용할 것을 강조한다. 이 모델은 "시장경쟁의 원리 및 정보의 원활화"를 통해 문제를 해결할 것을 역설한다. 한마디로 이 "계몽된 자기이익의 추구"의 모형은 "개방형 계약제 공무원제도의 도입", "행정기구의 책임집행기관화(agencification)"나 "외부계약제(contracting out)" 등을 통한 정책집행업무의 시장화와 공기업의 자율경영촉진을 모색하는 것이다. 셋째, 평등주의 문화의 공동체적 상호성은 급진적으로 분권화된 "자기 관리적 조직(self-governing units)"의 형태로서의 "공동체주의(communitarianism) 및 참여조직(participative organization)"을 강조하고 신자유주의 국정개혁에 의해 초래될 시장실패와 같은 문제들을 보완하는 것이다. 평등주의적 국정관리의 원리는 보스중심주의(bossim), 선택주의(choicism), 기회주의(chancism) 대신에 집단주의(groupism)의 선호와 함께 집단의 자기관리(group-self-management)와 상호주의(mutuality)에 의한 행정관리를 의미하고 있다. 넷째, 운명주의 문화와 의도된 무작위성(fatalist syndrome)에서 인간의 길흉화복이 인간능력 밖의 힘에 의해 지배되고 결정된다는 믿음에 근거하며, 노예제도하에 있는 조직이나 식민지 통치하에 있는 사회가 그 전형적인 사례로 간주될 수 있다. 문화 유형에 따른 국정관리에 대한 문제 진단과 처방 안은 다음의 <표 12-3>과 같이 설명될 수 있다(Hood, 1998: 26 & 정용덕, 2001: 804).

표 12-3 국정관리 실패에 대한 문화 유형별 대응방법

운명주의적 대응	위계주의적 대응
강조 : 비예측성, 의도하지 않은 효과 진단 : '운명의 변덕', '혼돈이론'적 해석 처방 : 최소한의 기대, 사후 임시방편적 대응 표어 : '탄력성'	강조 : 전문성, 예측, 관리 진단 : 절차에의 비순응, 전문가적 기술 결여 처방 : 높은 전문성, 상세한 절차, 강력한 '통제' 표어 : '지휘'
개인주의적 대응	평등주의적 대응
강조 : 이기적, 합리적 선택, 행위자로서의 개인 진단 : 지나친 집합주의로 인한 유인체계 및 가격 신호 장치 결여 처방 : 시장 기제, 경쟁, 연합, 선택을 돕는 정보(예, 등급 체계) 표어 : '계몽된 자기 이익'	강조 : 집단과 권력구조 진단 : 고위직 지도자들의 권력남용, 체제의 부패 처방 : 참여, 공동체주의, 내부고발 표어 : '공동체 참여'

자료: Hood(1998: 26), 정용덕(2001: 804)에서 재인용

역사적으로 형성된 전통 및 관습의 행정문화는 계속적으로 지속될 수도 있고 혹은 변형되어질 수도 있다. 행위자들에 의해 이루어지는 사회화 과정은 구조와 행위자들의 상호작용의 과정에서 행정문화의 변화를 설명하기 위해 결정적인 요소일 수 있다. 사회화 과정은 행정문화를 변혁, 변화, 발전시키기 위해 개인들이 시민 문화를 습득해 가는 과정을 묘사하고 있다. 그 과정은 정부, 언론, 역사, 당, 학교, 가족 같은 정치적인 사회화의 행위자들에 의해 구체화되어 진다. 구시대의 생각들이 새로운 세대의 생활 규범과 패턴에 의해 대체됨으로써 문화의 변형은 발생되어 지고 있다. 사회화 과정은 가족, 동료, 직장 같은 작은 개인적인 그룹들, 매스 미디어, 조직과 단체를 포함하는 사회화의 행위자들의 선도적인 이념과 학교 교과과정에 의해 진행되고 있다(Dawson, 1977). 다시 말하면, 행정문화의 형성은 국가, 정부, 제도, 학교, 매스 미디어, 사회운동, 개인적인 행동을 포함하는 행위자들에 의해 유도되어진 사회화 과정에

의해 묘사될 수 있다.

　새로운 신생 국가의 탄생에서 행정문화의 변화를 위한 여러 가지 원인과 과정들을 설명할 수 있다. 신생국가에서 행정문화의 급속한 변화를 달성하기 위해서는 국가에 의해 지지되어지는 공식적인 사회화의 매체에 의해 사회화의 과정이 이루어지고 있다. 신생 국가의 역사에서, 새로운 태도의 창조를 위해 독립 혹은 혁명 전의 낡은 사고방식을 제거하는 것은 중요하다. 국가에서 사회화의 행위자들은 그들의 행정적인 규범과 가치들을 신세대와 구세대에게 전파하고 있다. 그들 자신의 행정적인 지배시스템은 사회화의 과정을 통해 유지되고 지속됨을 보여주고 있다.

　행정문화는 사회제도로부터 수동적으로 습득되어진 그리고 유전되어진 형태는 아니며, 인간행동에 의해 생성되어지고 끊임없이 재생산되어진다. 행정문화 변화의 과정은 문화 변혁의 "비급진화" 혹은 "급진화", 다른 문화의 "배척화" 혹은 "수용화", 새 문화의 "모델화" 같은 추세와 관련된다. 새로운 문화의 모델화의 사례를 들면, 권위에 대한 거부적인 경향은 유교주의와 자유주의 행정문화의 상호작용의 교류에서 발생되었음은 두 말할 나위가 없다. 개인주의적 문화에서 젊은 세대는 권위에 반대하는 서구 자유주의 가치를 수용하는 반면에, 기성세대는 권위를 수락하는 집단적인 의식에 근거한 전통적인 유교가치에 의해 영향을 받고 있음을 배제할 수 없다. 한국에서 권위에 반대하는 경향이 21세기의 행정문화 변동의 주요한 과정으로 대두되고 있다. 새 행정문화는 시민문화를 형성할 수 있는 행정적인 신념·감정·가치들의 새로운 유형과 함께 출현하고 있다. 질서정연화된 사회에서 가족의 영향은 초기 사회화 과정에서 지배적인 요소처럼 보여지며, 후기 사회화의 과정에서 교육 과정은 민주적인 가치들을 이끌어내는 주요한 절차로써 여겨진다. 이와 같이, 권위의 경향에 반대하는 사회화의 과정은 정치적인 제도, 언론, 이익 단체들, 학교 시스템, 가족 등의 다양한 에이전시들에 의해 전개되고 있는 실정이다.

　과거의 한국의 행정문화는 위계주의와 운명주의로 간주될 수 있으며,

실제 운영 면에서는 유교적 통치 및 일제 권위주의 통치방식이 대부분 지속되었고, 군사정권 하에서 권위적인 행정문화의 형태를 보여 주었다. 신자유주의 물결 속에 한국의 행정문화는 신공공관리라 불리는 "고객지향과 성과중심의 조직관리, 시장원리의 도입, 민영화, 민간위탁의 증가, 지방분권화" 등 새로운 제도들이 도입되고 있다. 관료주의적 행정패러다임(bureaucratic paradigm)은 "공익 지향적, 효율성의 중시, 행정이라는 개념에 입각, 통제 중심적, 행정책임의 강제, 규칙과 절차의 준수" 등으로 간주될 수 있고 새로운 행정 패러다임(post-bureaucratic paradigm)은 "국민이 가치를 인정하는 결과 지향적, 질과 가치의 중시, 생산이라는 개념에 입각, 규범의 자발적 준수 확보, 자발적인 행정책임 풍토의 조성, 행정과정의 지속적 개선" 등으로 인식될 수 있다(Barzelay, 1992). 한국의 행정문화의 형성에서 행위자의 역할을 분석하는 미시분석 방법론과 역사적인 전통을 분석하는 거시분석 방법론은 전통적인 행정문화의 변천과정과 형성을 이해하는데 크게 기여해 왔다고 본다.

한국의 행정문화변화의 과정에서, 국민의 가치와 생각은 자유주의와 유교주의의 행정문화의 상호작용에 의해 영향을 받는다. 행정문화발전의 과정은 전통과 현대가치의 결합에 기인한다. 결과적으로, 사회적인 운동을 조장하는 인간 활동은 서로 다른 문화들의 상호작용 과정에서 이질적인 요소들을 결합하고, 권위적인 문화를 변화시키고, 새로운 문화를 창조하는데 기여할 수 있을 것이다. 동시에, 인간 활동은 다른 문화들의 배척을 통해 전통적인 가치와 규범들을 지속시킬 수 있다. 인간행위가 전통적이고 권위적인 성향을 가질지라도, 사회적인 운동에 의해 형성된 시민적·행정문화는 민주적인 가치, 이념, 신념을 촉진한다. 한마디로, 행위자들의 사회적인 운동은 사회적인 구조를 변화시키고 건전한 시민문화를 형성할 수 있는 기능을 보여주고 있다. 결론적으로, 민주적인 혹은 권위적인 행정문화는 에이전시에 의해 창조될 수 있고 구조에 의해 영향을 받고 있다. 에이전시는 행정문화변화를 위한 인간행동의 지침과 이념을 마련하다. 인간행동은 결과를 창출하며 행정문화를 변화하는 것이다. 한 행정시스템은 인간역사의 과정에서 출현하는 사회적인 행동들의 축척된 결과들이다(Sztompka, 1993: 235).

행정문화의 형성은 사람들에 의해 유전되어진 가치와 전통들에 의해 습득된 이념들의 지속과 단절을 통한 인간 행동들의 결과물이다. 한편, 행정문화는 유전된 사회 구조의 속성과 경향에 의해 지속적으로 영향을 받는다는 것이다. 결과적으로, 행정문화의 변동은 구조가 문화에 영향을 미치는 구조주의 관점과 인간의 행위가 문화를 형성한다는 기능주의 견해에 의해 설명될 수 있고, 서로 다른 문화적인 요소와 환경들은 정책의 가치와 수단들에 영향을 미친다는 것이다.

제 13 장
정책과 공익

1 정   의

　민주주의 발달 과정에서, Jeremy Betham and James Mill은 방어적인 민주주의(protective democracy)의 지지자로, 여자를 위한 비투표권, 남성 40세 미만의 비투표권, 남성 40세 이상 중에 가난한 30%의 비투표권으로 연령과 성별에 근거해서 투표권의 제한을 논의하고 있다. J. S. Mill은 도덕 모델로써 개인적인 발달을 촉진으로 발전적인 민주주의(developmental democracy)를 주장하고, Joseph Schumpeter는 엘리트 사이에 경쟁을 통한 민주주의의 표현으로 균형 민주주의(equilibrium democracy)를 강조한다. C. B. Macpherson은 참여 민주주의(participatory democracy)를 강조하는데, "The life and times of liberal democracy"에서 소유적인 의식(possessive consciousness)의 축소와 협동적 자본주의(corporate capitalism)의 강조와 함께, 소유적인 개인주의의 축소(reduction of possessive individualism)를 통한 의식의 변화(change of people's consciousness), 경쟁적인 정당 시스템, 사회적 · 경제적 · 정치적 평등의 가치, 독점에 반대하는 순수경쟁의 강조를 통한 참여 민주주의를 논의하고 있다.

　정의(Justice)의 사전적 의미는 공평성과 공정성으로 해석되고, 개인 간의 올바른 도리 또는 사회를 구성하고 유지하는 공정한 도리로 여러 가지 측면에서 설명되고 있다. 칸트는 자유지상주의와 공리주의를 비판하는데, "쾌락을 준다는 이유만으로 옳다"고 할 수 없다는 것이다. 인간을 전체의 행복을 위한 도구로 보는 것처럼 인간을 수단으로 이용하는 것은 도덕적일 수 없다는 것으로, 인간의 존엄성 존중이라는 의미를 강조한다. 다시 말해 쾌락의 추구와 욕망의 자제를 통한 이성이 우리의 의지를 통치하게 될 때 우리는 자율적 존재로 인식될 수 있으며, 순수·실천이성이 참여할 때 도덕법을 정할 수 있다고 주장한다. 공리주의가 "경험의 철학"이었다면 칸트의 철학은 "이성의 철학"이라고 할 수 있다. 공리주의의 최대 다수 최대 행복의 칸트의 비판에서, 칸트는 결과를 중시한 공리주의와 정반대로 행위의 동기를 중시한다. 칸트는 인간에게 내면의 도덕률을 지키는 삶을 살아갈 것을 주장하고 있는데, 그 도덕률이 "정언명령"의 개념이다. 정언명령은 내면의 이성적인 도덕성으로, 선의의 거짓말은 자체가 이미 내면의 도덕률을 배반해서 어떤 것을 목적으로 사용하려는 것이기 때문에, 거짓말은 가언명령으로 나쁜 것으로 간주한다.

적절한 기회균등이나 공정한 상태가 어떠한 것인가에 대한 '존 롤스'의 논리는 누구도 우월한 위치에 있지 않는 원초적 평등한 상황을 의미한다. 즉 롤스가 주장하는 차등원칙은 자율과 호혜에 대한 도덕적 평가에 있어 중요한 기준을 제시해 주고 있다. 출생이라는 우연을 기준으로 소득, 재산, 기회, 권력과 같은 도덕적 임의성은 불공평을 조장하고, 더구나 혜택 받은 가정환경의 산물로서 우연의 영향을 받는다면 노력의 미덕도 인정치 않는다. 이러한 도덕적 임의성을 배제하고 엄격한 평등을 추구하여, 사회의 기본 구조를 조정해 우연한 차이가 행운을 타고나지 못한 사람들의 이익을 위해 쓰이도록 하는 차등원칙의 주장은 사회적 약자에 대한 배려를 설명하는 고귀한 도덕적 배경이 되어준다.

또한, John Rawls는 the political(정치적)과 the associational(자발적)을 구분하는데, 협회(Association)는 우애(friendship), 사회적 정신(social spirit), 애정(affection), love(사랑), trust(신임), 개인적인 성장(individual growth), 사회화(socialization in the scale of community), 문화 보존과 전수(cultural preservation and transmission), 인간 평등(human equality) 등의 사회적 자본의 가치들이 포함된다는 것이다. 롤즈는 정의론에서 정의를 위한 두 가지 원칙을 제시한다. 첫째, 모든 인간은 기본권을 존중 받는다. 둘째, 최소 수혜자에게 최대 이익이 돌아가게 한다(차등의 원칙). 기회의 평등은 실질적 불평등이라는 이야기인데, 100m 달리기를 하는데 한 쪽 다리가 마비된 사람과 정상인이 똑같은 출발점에서 시작하면 공정하지 못하다는 것이다. 하지만 기회의 평등은 똑같은 출발선에서 출발하는 것이니까 이처럼 기회의 평등은 실질적 평등이 되는 것은 아니라는 것이다. 롤즈의 정의론은 기존 자유주의자들이 가지고 있던 (예를 들어 아담 스미스의 시장만능주의) "기회의 평등만 주어지면 모든 것은 정의롭다"라는 사상을 부정함과 동시에 사회적 약자에게 실질적 평등을 주장하게 되는 것이다.

구체적으로, 정의론(A Theory of Justice)과 정치적 자유주의(Political Liberalism)에서 존 롤즈(John Rawls)는 자유주의 1원칙으로 개인의 자유와 공동체주의 2원칙으로 분배를 강조하는데, 롤즈는 의무론적 자유주의자로 인식되고 있다.

"원초적 입장에 처한 개인의 특징"은 다음과 같다. 원초적 상태(original position)는 "공정성을 부여하기 위해, 모든 개인들에게서 그들이 태어나면서부터 지니게 될 특성에 대한 모든 정보를 제거함으로써 모든 사람들의 원초적 상태를 가정"한다. 개인들은 "자유롭고 평등한(free and equal) 존재"로 자발적인 결정권과 의사 결정에서 동등한 결정권을 가지고 있고, 합리적(rational) 존재로 "수단과 목표와의 관계에서 최적의 방안"을 채택한다.

상호무관심의 존재(mutually disinterested)는 시기심의 문제 배제, 이타심의 문제 배제, 무지의 장막(veil of ignorance) 등이 포함된다. 무지의 장막은 "자신의 가치관, 사회적 위치, 심리적 경향을 알 수 없는 상태"이고, "자신의 가치관이나 사회적 위치를 아는 상태에서 정의의 원칙을 합의할 때 각 당사자는 자신에 유리한 사회정의의 원칙을 고집"하는데 공정한 합의를 어렵게 만들 수 있다. 정보 차단의 의미는 "정의의 원칙을 합의하는데 있어 공정성을 보장하기 위한 장치"이다. 공정으로서의 정의(justice as fairness)는 "정의의 합의과정에서 편파성의 배제"와 "불편부당성(impartiality)의 배제"이다.

정의론에서 롤스(John Bordley Rawls, 1921~2002)는 "타인들의 커다란 선을 위하여 소수의 자유를 뺏는 것을 정의라고 보지 않고", 다수의 전체 이익을 위하여 소수에게 희생을 강요하는 것을 용납할 수 없다." 절차적 정의와 투명성에서, "어떤 사람이 추첨에 의해 1억원을 받게 되었다고 할 때 공정한 절차만 지켰으면 어느 누구도 그 결과에 대해 전혀 불평을 하지 않고", 케이크 분배에서 가위, 바위, 보의 절차적 정의가 있다면 문제될 것이 없다.

"절차의 공정성을 기하기 위해서 계약 당사자들이 자신이 특수한 여건에 의해 영향을 받지 않는 원초적 입장(original position)의 가상적인 상황"이 필요하다. 자신의 특수한 여건에 의해 영향을 받는다면 순수한 절차적 정의가 확보되지 않고, 어떤 사람이 법률을 만들 때, 자신이 건설회사 사장이라면 건물주인보다는 건설회사에 유리한 법률을 만들 수 있고, 자신이 변호사라면 의뢰인보다는 변호사에게 유리한 법률을 만들 수 있기에, 공정한 절차를 마련하려면 그런 특수한 여건을 배재해야 한다. 계약 당사자들이 자신이 어떤 위치에 있고 무슨 직업을 가지고 있는지에 대해서 전혀 모르게 만드는 무지의 베일(the vail of ignorance)이 필요하다. 자기가 갖게 될 케이크 조각이 어떤 것이지를 몰라야 케이크 자르는 사람이 케이크를 공정하게 자르지 않겠는가? 무지의 베일을 쓴 상태에 있는 사람은 원초적 입장에 서 있는 사람이고, 합리적인 사람들이 원초적 입장에서 공정한 절차에 의해 사회제도나 규칙을 결정한다면 비록 그 결과가 부당하더라도 결과를 수용할 수 있다.

질서정연한 사회는 "상대적인 동질성이 존재하며 the good life의 합의된 사회"이다. 민주적 사회에서 종교적, 철학적, 도덕적 신념의 다원성을 통해 통합된 사회는 아니며 정치적 정의관에 통합된 사회이다. 질서정연한 민주적 사회는 협회와 공동체의 속성을 지니고 있다. 공동체란 공유된 포괄적인 윤리적, 합리적, 이성적 교리에 의해 지배되고 있는 사회로 협회적인 것(the associational)은 자발적이며 정치적인 것(the political)은 자발적이 아니다.

보수주의적 자유주의인 노직(Nozick)은 개인의 자연권적 자유를 옹호하는 자유지상주의자이지만 사회적 자유주의인 존 롤즈(Rawls)는 사회경제적 정의의 실현을 위해 복지국가적 평등주의를 강조하고 있다. 롤즈는 포스트 모더니즘의 상반된 견해로 자유적 평등주의(liberal equality)를 강조하고, 계약론적 전통의 연장선상에서 고전적 공리주의의 입장을 비판하기에, 하세이니(John C. Harsanyi)와 같은 공리주의자들로부터 비판을 받고 있고 자유지상주의(libertarianism) 이론가로 대표되는 노직의 입장과는 대조된다. 최소국가(minimal state)를 넘어서는 복지국가의 지향은 개인 인권의 보장을 위반하는 것이다. 옳음(the right)을 좋음(the good)으로써 파악하는 공리주의를 비판하고, 나쁨의 문제와 독립하여 옳고 그름이 존재한다는 의무론적 입장이다.

노직(Nozick)은 Anarchy, State, and Utopia에서 "증가되는 조세부담, 복지국가의 현실에 대한 좌절, 비효율적인 정부활동" 등의 큰 정부의 폐해를 논의하고, 확대국가의 국민의 권리 침해를 비판하고 다원주의적 국가관의 지지와 함께 최소국가의 정당화를 논의하고 있다.

자유지상주의(libertarianism)의 권리론은 다음과 같이 요약될 수 있다. 첫째, 최소국가의 도덕적 정당성에 관한 논의에서, 최소국가를 넘어서는 확장된 국가는 어떠한 국가라도 도덕적으로 정당화 될 수 없다. 둘째, 소유권리론(entitlement theory)으로 대변되는 분배정의에 관한 논의로 확장된 국가는 개인의 권리를 침해한다. 셋째, 최소국가가 개인적 이상추구의 틀로서 기능한다. 도덕적으로 유일하게 용인될 수 있는 국가가 여러 다양한 개인의 이상적 열망을 가장 잘 실현한다.

노직의 최소국가론은 계약이 없는 자연상태 이론(state–of–nature theory without the social contract)으로, 로크의 견해에서 국가의 탄생이 계약의 결과이지만, 노직의 관점에서 최소국가의 출현은 의도된 계약의 결과가 아니다. 최소국가의 도출은 의도적 개입을 전제로 하지 않은 일련의 사건의 전개과정으로, 보이지 않는 손에 의한 설명(invisible-hand explanation)될 수 있다. 보이지 않는 손에 의한 설명은 누군가의 의도적 계획으로 보이는 것이 누구의 의도에 의한 것도 아니라는 것을 설명으로, 미시적 차원에서 합리적 선택의 결과가 의도하지 않은 거시적 결과로 최소국가를 형성한다는 것이다.

최소국가론의 전개 과정은 자연상태, 상호 보호협회, 지배적 보호협회, 극소국가, 최소국가 등으로 발전한다. 1단계는 권리를 가진 개인들이 자연 상태에 살고 있다는 것이다. 2단계는 개인들이 자신들을 보호하기 위하여 자발적 협회를 형성한다는 것이다. 3단계는 협회들은 지역적으로 나뉘어지게 되고, 각 지역에서 지배적인 형태로 발전하고, 극소국가(ultraminimal state)를 형성하고, 극소국가에서는 이에 가담하고 비용을 부담하는 자만이 보호를 받게 되며, 그렇지 않은 자는 보호를 받지 못한다. 4단계는 위의 3단계의 극소국가는 각자의 독립적 영역에 남아 있는 독립인에게 보상을 함으로써 모든 개인들을 흡수하여 최소국가를 형성한다는 것이다.

노직의 자연 상태의 개념은 로크의 견해와 같이, 강요, 절도, 사기, 계약의 강제 등으로부터의 보호와 같은 협소적 기능에만 한정된 최소국가가 정당화되고, 강제력의 독점(the monopoly of force)과 모든 사람에 대한 보호서비스의 공급(the provision of protection services to all)인 지배적 보호 기구는 국가라고 할 수 없다. 노직의 소유 권리론은 세 가지의 분배 정의의 원칙인 최초 획득에 있어서의 정의원칙(the principle of justice in acquisition), 이전에서의 정의원칙(the principle of justice in transfer), 교정의 원칙(the principle of rectification of violation of the first two principles) 등이 포함된다.

자유주의에서 자유개념은 개인이 가치관을 자유롭게 설정하고, 모든 인간이 동일한 생각과 가치관이라면 인간의 자유의 영역은 사라지고, 자유의 의미는 상이한 가치관으로 개인의 고유성을 의미하고, 개인의 의미는 다르게 사고할 수 있는 능력과 다른 가치관을 가진다는 것이다. 상이한 가치관은 개인 상호간의 상이한 가치관과 인생관에 대하여 중립성을 부여하는데, 중립성이란 상이한 가치관에 대하여 어떤 가치관이 다른 가치관보다 우월하다는 주장을 거부한다. 철학적 중립성은 어떤 인생방식이 다른 인생방식보다 우월하다는 입장을 거부하고, 국가 중립성은 국가는 마땅히 시민들로 하여금 보다 나은 인생을 영위하도록 강요해서는 안되며 어떤 인생방식을 다른 인생방식보다 더 촉구하는 어떤 행위도 안된다는 것이다. 자유주의는 개인의 자유를 우선적 가치로 간주하는데서 출발하고 이러한 자유의 우선성은 다원주의로 연결되며 다원주의를 지탱하고 있는 것은 정치적 중립성이다.

이처럼 도덕적 판단이나 정의에 대한 판단을 위해서 우리가 생각해야 하는 요소는 실로 다양하다. 특정 이데올로기나 관념에 입각하여 상이한 정의를 주장할 수 있다. 정의로운 사회는 행복을 극대화하거나 선택의 자유를 확보하는 것만으로 만들 수도 없으며, 진정한 삶의 의미 추구와 서로의 이견을 수용하는 문화를 요구한다는 것이다. 정의에 대한 생각의 다양성들 중에서, 오늘의 현대사회에서 판단의 중요한 개념으로 사용되고 있는 공리주의, 칸트의 순수실천이성, 존 롤스의 차등원칙, 노직의 자유(지상)주의에서 정책의 차이점이 상존한다는 것이다.

2 행정의 정신과 가치

시민의 대표로서 공공 관리자인 행정 관료의 공익정신은 강한 국가의 전제조건으로, 공공정책을 위한 행정 관료의 역할과 기능은 필요하다는 것이다. 국가의 역량은 관료의 공익적인 가치와 신념에 의해 결정될 수 있다. 관료와 시민의 관계에서 공익의 정신은 사회적인 민주성과 공정성의 표현으로 공공관리자는 공익의 가치를 추구하는 것이다. 공공관리자가 시민을 대표하는 모델로 엘리트주의와 다원주의 모델에서 민주적 시민과 공익적 관료의 역할을 강조하고 있다.

프레드릭슨(Frederickson, 1997)은 행정모델과 시민의식의 관계를 높은 시민의식(high citizenship)과 낮은 행정(low administration), 높은 시민의식(high citizenship)과 높은 행정(high administration), 낮은 시민의식(low citizenship)과 높은 행정(high administration), 낮은 시민의식(low citizenship)과 낮은 행정(low administration)의 네 가지를 구분해서 논의하고 있는데, 프레드릭슨은 높은 시민의식과 낮은 행정의 예로 스위스 보다는 고대 아테네를, 높은 시민의식과 높은 행정의 사례로 스칸디나비아의 민주주의보다는 고대 로마를, 낮은 시민의식과 높은 행정의 예로 구소련보다는 고대 이집트를 낮은 시민의식과 낮은 행정의 사례로 미국을 논의하고 있다.

표 13-1 정부에서 행정참여와 시민의 모델

high Citizenship

low administration	high citizenship (높은 시민의식) low administration (낮은 행정) Ancient Athens	high citizenship (높은 시민의식) high administration (높은 행정) Ancient Rome	high administration
	low administration (낮은 행정) low citizenship (낮은 시민의식) Modern America	high administration (높은 행정) low citizenship (낮은 시민의식) Ancient Egypt	

low Citizenship

자료: Frederickson(1997: 213)

1) 고대 아테네의 높은 시민의식(high citizenship)과 낮은 행정(low administration)

기원전 5세기 경 시민참여를 강조하는 아테네의 행정모델로, 아테네의 민회는 그 지역 내의 모든 시민들을 포함했다. 500인회는 민회의 집행위원회 역할을 했고, "amateur 위원회"라고 명명한 행정적 관리 장치가 구성되어 있었다. 각각의 위원회는 도량형 검사, 양곡 매입, 공공 제전 개최 등 기술적인 기능을 담당하고, 독립된 위원회를 가지고 있었다. 아테네에서 행정가들의 역할은 인력, 금융, 건축을 담당하는 임원뿐 이었다. 보수가 지급되지 않는 위원회 멤버는 시민들 속에서 추첨을 통해 뽑았다. 위원회의 임기는 1년이고, 같은 위원회에 재임할 수 없었다. 아테네인들은 그들의 정부를 효율적으로 운영하는 것보다 자신들의 요구가 반영되는 것이 더 중요하다고 생각했다.

고대 아테네의 행정가들의 역할과 기능을 필요로 하지 않았는데, 감독할 공유지도 없었고, 규제할 농토의 집중도 없었으며, 관리할 만한 사회복지제도도 없었다. 정부의 역할은 대부분 방어적인 군사적 역할에 한정되었다. 교육은 사립학교에서 담당했고, 최소한의 치안기능이 제공되었으며, 공공시설과 공적 업무는 개인업자와의 계약에 의해 해결되었다. 심지어 세금징수까지도 개인 사업자에게 일임하였다. 이러한 환경과 상황의 아테네 사회는 예술가, 조각가, 건축가, 수사학자, 시인, 극작가, 철학가 등의 아테네의 문화적인 지적 리더십을 생산하였고, 아테네 민주주의에서 시민의 역할이 행정가의 역할보다 중요하였다.

2) 고대 이집트의 낮은 시민의식(low citizenship)과 높은 행정(high administration)

고대 이집트 행정 계급은 주요한 역할과 기능을 담당하였다. 이집트 행정가는 피라미드의 건설과 나일 강을 이용하는 대규모 공공사업의 정책 결정과 집행을 추진하였다. 이집트에서 높은 보수가 보장되는 공무원은 사회에서 가장 선호되는 직업이었고, 높은 수준의 관리들이 강사로 있는 왕실학교는 기술공무원을 양성하기 위해 설립되었다. 이러한 교육 프로그램은 자유주의 교육과 함께 정부 실무를 학생들에게 가르치고, 미래의 이집트 관리자 교육과 지적발달을 위해 설계되었다.

3) 고대 로마의 높은 시민의식(high citizenship)과 높은 행정(high administration)

고대 로마의 높은 시민의식과 높은 행정 모델은 효율적인 행정 유형으로 인식될 수 있다. 로마의 공무원들은 국정 운영과정에서 상당히 전문적인 지식을 갖추고 있었고 로마시민의 의식은 문명화된 서방세계의 선망의 대상이었다. 본래 로마의 법은 오직 그 도시 거주자에게만 한정되었지만, 로마 정치의 권력과 부의 성장으로 인해 외국인 거주자들이 증가함으로써, 로마에 거주하는 외국인의 요구는 정의와 평등에 근거한 공식적인 법을 같이 만드는 것이었다. 이와 같이 국제법은 모든 사람에게 공통으로 적용되는 것으로 평등을 강조하였다. 동시에 자연법의 스토아 학파의 자연법적인 관점으로서 이 법은 장려되었고, 전 세계적인 인간의 형제애에 대한 관점으로 스토아 학파는 사람들을 선천적으로 동등하다고 생각하였다. 그럼에도 불구하고 인종, 계급, 부의 차이가 있었지만, 오히려 시민의식은 갈등과 이기심보다는 우정의 유대관계인 시민관계의 공동체의 믿음의 바탕이 우선 되어야 한다는 것이다.

아리스토텔레스에 의한 시민의식은 오직 평등 사이에서만 존재하지만, 아리스토텔레스의 관점에서 사람은 동등하지 않기 때문에 높은 시민의식은 선택된 집단에게만 상존한다는 것이다. 반면에 키케로는 모든 시민은 하나의 법의 대상이기 때문에 모두 평등하다고 언급하고, 높은 시민의식은 현실보다는 도덕적 기대라는 것이다. 이러한 관점에서 정부는 도덕적인 공동체로 사람들의 관계인 "국가(res publica)"로 정의된다는 것이다. 또한, 로마의 시민들은 의회로부터 거부권을 가질 수 있고, 로마의 행정관례는 시민권의 법에 근거를 두고 있었다. 치안판사의 영장은 법이었고, 고대 로마의 법의 집행자로서 치안 판사는 종종 "정의의 성직자"라고 지칭되었고, 법에 충실한 존재로서 정의와 평등을 정의하는데 상당한 재량을 가졌으며, 행정가는 도덕적인 법에 복종하는 의무가 있었다.

4) 낮은 시민의식(low citizenship)과 낮은 행정(low administration)

공공행정은 도덕, 윤리, 시민권, 자비, 정의, 공정을 추구해야 하지만, 사리사욕의 문제가 발생할 수 있다는 것이다. 로마의 행정관은 위신과 명망의 평판으로 인식되고 있지만, 낮은 시민의식과 낮은 행정의 사회에서 관료제의 병리를 일으킬 경향이 있다는 것이다. 로마인의 시스템이 시민의 전통을 강화하는 스토아 학파의 철학에 근원을 두고 있다는 것이다. 스토아 철학자는 로마 법학 가치에 정의, 공평, 애국심, 자비의 사상의 기초를 형성시켰다. 정치와 행정의 이분법은 공무원이 정치적 권위에 수동적으로 순종해야 한다는 것은 아니고, 시민을 대표하는 관료들은 정의와 공평의 정신들을 추구해야 한다는 것이다. 아테네는 시민참여 정신에 의해 발전하였고, 이집트는 전문 직업의식의 정신 하에 발전하였지만, 현대 미국 공공 행정의 현상은 아테네의 사례인 높은 시민의식과 이집트의 사례인 높은 행정과 관리의 유형이 아닌 것으로 인식될 수 있다.

미국의 민주 정부의 체제는 개인 권리의 보장, 저소득 계층의 배려, 자선적인 공공 행정의 특별한 책임감을 요구하는데, 낮은 공공 행정에서 법의 공정성을 정당하게 할 수 있는 능력이 미흡할 수 있다. 특히, 전통 의회 관리자들은 행정국가에 저항하는 경향이 있는데 해밀턴 공공 행정의 정신이 요구된다. 지금까지 미국인들은 자신의 환경과 제도의 변화하는 요구 사항에 높은 적응을 해왔고, 미국 공공 행정이 높은 시민의식의 방향과 발달된 사회의 도덕적 정책 수단이 요구되어 진다는 것이다.

정부의 역할은 소비자로서의 이익, 시민으로서의 이익, 기업으로서의 이익들의 권리의 보장을 목적으로 하는 합법적으로 구성된 이익집단 관계들을 조정하는 것이다. 국가의 본래적 목적인 공공적 서비스를 위한 기능을 수행하는 것은 정부이다. 정부는 "권력에의 영원한 권리"를 가지는 것이 아니라 시민의 요구를 수용함으로써 정부에 대한 시민의 신뢰를 통해 국가의사의 형성이나 집행을 추구하는 것이다. 정부가 이기적 이익 집단들의 이익을 초월하여 국민의 공통의 필요를 충족하기 위한 정책결정과 집행을 수행하는 것이다. 프레드릭슨(1997)은 능률성과 경제성에 근거한 관리주의(managerialism)의 강조와 함께 행정에서 공공(public)이라는 개념이 사라지고 있다고 지적하고 있다. 좁은 의미의 행정학은 능률성을 관리의 핵심가치로 들 수 있겠지만, 정책학에서는 능률성과 경제성 외에도 민주성, 공정성, 형평성, 윤리성, 합법성 등의 정책 수단들을 통한 공익성 · 공공성의 행정의 정신과 가치들이 강조되고 있다.

3 관료의 행정윤리[9]

왈도(Waldo, 1955: 2)에 의하면 행정은 두 가지 개념으로 설명될 수 있다. 첫째, "행정은 정부의 목적을 성취하기 위해 인간과 물적 자원을 조직하고 관리"하는 것으로 정의될 수 있다. 이 개념에서 행정은 관리의 의미로써 기술적인 것으로 이해되고 있다. 호지킨슨(C. Hodgkinson, 1978: 5)에 의하면, 행정은 인간적인 요소에 의해 이루어지며 조직의 목표 형성과 연관되어 있다는 것이다. 반면에 관리는 좀 더 일상적이고 명확하고, 프로그램화 되어 있으며, 정량적 방법에 적합한 그러한 측면들과 관련되어 있다고 지적하고 있다. 호지킨슨은 "행정은 목표 지향적이며, 관리는 수단 지향적이다. 순수한 행정인은 철학자이며, 순수한 관리자는 기술자이다"라고 언급하고 있다. 둘째, "행정은 국가의 업무에 적용되는 관리의 예술이며 과학"이라고 규명하고 있다. 행정은 기술적인 의미에서 합리적이고 과학적인 활동과 더불어 기예라는 것이다. 이와 같이, 행정은 행정인의 창조적인 속성, 관리자의 가치판단, 지도자의 리더십과 같은 기예의 방법이 포함한다(Waldo, 1955). 행정의 핵심적인 사항은 기예의 방법으로써 도덕적 우월성을 수반하는 것이다(C. Hodgkinson, 1978: 96). 궁극적으로 행정은 두 가지 관점을 포함하는 것으로 공공서비스의 개선을 통한 국민의 삶의 질의 개선을 위한 도덕성에 근거한 것이다. 결과적으로, 행정은 사회구성원들 간에 인간 공동체를 구현하기 위한 인간 노력의 산물인 것이다.

왈도는 민주주의적인 행정이론의 발전에 대한 가장 큰 장애는 능률성에 대한 지나친 강조에 있는 것이 아니라 인간 조직에 관한 권위주의적 이념들의 체계가 갖는 힘에 있을 것이라고 지적하고 있다(Waldo, 1952: 98). 좋은 행정은 "능률성의 도덕화(moralisation of efficiency)"를 통해 인간 중심적인 가치체계의 행정경영을 이룩하기 위해 노력하고 있다. 능률성의 도덕화를 통한 행정경영은 공무원이 준수하여야 할 올바른 선택과 판단의 행동규범을 통한 부정부패의 해소이다. 이 행정경영은 일반적인 국민의 삶의 질의 향상을 위한 행정의 의무와 목적을 추구하는 것이다. 행정윤리는 공무원이 지켜야 할 도덕과 규범으로 국민에 대한 행정책임성을 구현하는 것이다. 개인의 권리, 자유, 정의를 보호하는 민주적인 가치 행정의 추구, 인간 경영 조직의 신뢰성의 향상을 통한 도덕성의 발달, 사회적 형평성 등의 추구는 행정의 주요한 개혁과정과 내용이다.

화이트는 변증법적 조직: 관료제에 대한 The dialectical organisation: an alternative to bureaucracy(1969)에서 공공 조직에서 추구하여야 할 네 가지 원리를 설명하고 있다.

첫째, 관료조직은 대 고객 관계에서 고객을 수직적 관계보다는 수평적 관계의 이해를 통해, 문제해결에 있어서 객관적 상황과 처리가 우선이지만, 도구적인 차원에서 고객을 대하기보다는 약간의 공정성이 침해되더라도 지속적인 도움과 협조의 인간적인 문제해결의 추구를 도모하는 것은 필요할 것이다(White, 1969: 36).

둘째, 관료 행정구조는 위계적인 계층질서에 근거한 중앙집권적 관료제도가 아니고 비계층성의 관료구조를 표명하고 있다. 관료들의 역할과 임무는 기능적으로 분권화 되어 있고 책임감 있는 권위를 부여받는 것으로 권위 관계는 수직적인 것이 아니라 수평적인 것으로 평가될 수 있다. 정책 의사결정은 상위층에서 이루어지는 것이 아니라 수평적으로 이루어지는 관료조직과 분권화 권력의 균형에 그 근거를 두고 있다. 이 과정은 관료조직 활동의 동질성보다는 이질성을 모색함으로써 창의적인 개혁안을 마련하는 것이다. 명령에 대한 순응과 같은 관료조직에 지배와 통제라는 개념을 배제하는 것은 필요할 것이다(White, 1969: 38-39).

셋째, 화이트는 그리스 신화의 아폴로와 디오니소스를 비교하는데 전통적인 관료제는 아폴론적인 이데올로기를 특징으로, 목표의 달성을 포기하더라도 조직 자체의 생존을 제일 우선적으로 주장하는 것에 반해, 조직의 사명은 디오니소스적 이데올로기를 근거로 하는 목표의 성취에 있음을 강조하였다(White, 1969: 40).

넷째, 화이트는 전통적 관료조직을 지배하고 있는 정신성을 1차적 정신성이라 하고 공공 조직의 정신성을 2차적 정신성이라 구분한다. 1차적 정신성이 지배하는 조직에서 구성원들이 경쟁의 승리를 통해 자기실현을 추구함으로써 적대적 협동으로 인식되는 반면에, 2차적 정신성은 타인과의 협동과 조화에 근거해서 자아실현을 모색함으로써 책임과 동의에 바탕을 둔 협동성의 원칙을 역설하는 것이다(White, 1968: 41).

공평성, 민주성, 중립성의 행정윤리는 지속적으로 인사행정개혁, 재정개혁, 대 국민 서비스 개혁분야에서 적용되고 있다. 사회적 형평성의 개념을 통해서 프레드릭슨은 시민의 요구에 대한 수용적인 정책, 시민들의 의사결정과정에의 지속적인 참여, 서비스 제공에 대한 행정의 책임성, 다양한 서비스 제공을 통한 시민들의 선택가능성 확대 등을 강조한다(Frederickson, 1980: 35). 시민을 자율적인 존재로 인식함으로써 강제보다는 의견수렴을 통해서 정책을 수립하고 집행하는 것이다.

4 복지의 정책10)

정부는 형평성과 공평성의 정책 모색으로 복지정책을 추진하고 있는데, 자유주의적 다원주의 시각(liberal-pluralist perspective), 구조주의적 맑스주의 시각(structural-Marxist perspective), 권력자원 이론적인 시각(power resources perspective), 국가 중심적인 시각(state-centered perspective)에 따른 복지정책들을 구분해서 논의할 수 있다.

1) 자유주의적 다원주의 시각(liberal-pluralist perspective)

산업혁명 초기에 영국은 "새로운 도구, 새로운 제조공정, 새로운 원료, 새로운 농작물, 새로운 기계"의 기술과 산업혁명을 유도하였다. 생산성 혁명에 의해 20세기 중반에 중산층 부르주아를 형성하는 과정에서 영국은 산업혁명의 진원지로써 노동계급의 최초의 출현과 중간계급이 최초로 형성된 국가로 간주된다.

복지국가에서도 개인적 혹은 집단적 문화의 차이와 정도에 따라 상이한 복지정책 성격을 규명할 수 있다. 생산 수단의 사회화와 국유화는 사회주의 복지정책의 근본적인 성격으로 간주된다. 반면에, 경쟁, 우경화, 개인주의 등은 자유주의적 다원주의 복지정책의 특징으로 규정할 수 있다. 이와 같이, 복지정책의 형성과 발달과정은 상이한 문화와 전통들의 관련성과 연관성의 분석을 배제할 수 없다.

자유주의적 다원주의 견해에서 성장을 통한 부의 분배, 시장 경제의 원칙, 강한 부르주아와 중간 계급, 사회적인 다원주의와 광범위한 중간 그룹의 존재는 자유주의적 복지정책 발전의 주요한 요소들이다. 자유주의적 다원주의 시각에서 복지정책은 시장의 경쟁원리에서 파생된 불평등을 완화하는 것이었다.

초기의 복지주의 정책에서 부르주아는 복지정책에 저항하는 세력이 되었고 노동계급의 정치적 통합을 저지하는 중심세력의 하나였지만 복지주의의 도입이라는 결과에 간접적인 기여를 한 점은 부인하기 어렵다(Rueschmeyer, 1992). 다른 한편, 보편적인 이론은 복지정책의 추진세력은 중간계급이 아닌 노동계급의 역할에 주안점을 두고 복지주의 추진세력의 계층은 부르주아지였다는 주장과 배치되는데, 영국 복지주의 발달 과정에서 사회계급의 역할과 기능을 포함하는 개념이다. 궁극적으로, 사회계급의 분석과 함께 시민 문화의 성장은 영국 복지국가의 추구를 위한 중요한 요소로 간주될 수 있다. 조화, 자유, 정의의 시민 문화의 고유한 속성들은 합리적인 사회의 설립의 기본욕구로써 복지주의 개념에서 강조된다. 자유민주주의 체제는 시장경제에 의해 왜곡되어진 부의 재분배를 위해 노력해 오는 과정에서 복지정책과 같은 보완 시스템을 창출하고 있다.

2) 구조주의적 맑스주의 시각(structural-Marxist perspective)

자유주의적 다원주의 시각에 반대하여, 구조주의적 맑스주의는 자유주의 이론에서 계급갈등과 투쟁의 개념을 등한시하는 이론적인 가정에 이의를 제기한다. 자본가들은 자본가 계급의 생산의 확대를 통한 자본축적 과정의 장기적인 모색과 노동계급의 사회적 조절과 통합을 위해 복지정책을 수용하였다. 이 관점에서 실업 보험은 자본계급과 노동계급 사이에 강력한 투쟁과 갈등을 완화하는 중재적인 정책으로 간주된다. 이 구조주의적 맑스주의 시각은 시장주의에 의해 원인되어진 자본가와 노동 계층의 불평등한 관계의 부각을 통한 계급의식을 강조하고 있다. 19세기 후반 산업발전은 노동계급의 소외와 불평등을 유발하였고, 시장원리에 의해 파생된 불평등의 관계는 시장체제의 구조적인 분석에 의해 설명된다. 구조주의적 관점에서 자유주의 시장원리의 개념은 불평등의 과정에 근거한 것이고, 시장시스템의 전체적인 절차와 과정은 비합법적인 것이다.

복지정책의 추구에 관해 맑스주의자들은 자유주의자나 보수주의자들과 다른 견해들을 도출해 내고 있다. 보수주의자의 견해에서, 복지정책은 시장 경제의 왜곡으로써 경제 회복의 장애로 인식되고 있는데, 지나친 복지정책의 확대로 개인의 노동의욕 감퇴, 복지정책에 대한 의존심리 증대, 탈산업사회 시대의 사회 발전에 필요한 자기책임성과 창의성 상실로 경제적 측면뿐만 아니라 도덕적 차원에도 위기감이 조성되고 있음을 지적하고 있다(Cox 1998). 자유주의자 이론가들을 위해 복지정책은 산업사회의 필수 불가결한 정치적인 제도와 장치로 당위론적인 의미를 갖는 반면, 맑스주의자들의 관점에서의 복지정책은 자본주의의 생존에 결정적인 요소로 작용하고 있음을 부각하고 있다.

3) 권력자원 이론적인 시각(power resources perspective)

구조주의적 맑스주의 시각이 복지정책 발전을 설명하기 위한 구조주의자들의 분석으로 간주되어지는 반면에 권력 자원 이론적인 시각은 자발적이고 기능적인 분석으로 인식된다. 이 개념 안에, 복지정책은 사회적 관심들 중에 다양한 갈등과 투쟁의 산물이며, 사회 그룹과 단체들의 갈등관계 속에서 권력배분의 반영으로 인식되고 있다. 이 이론의 시각에서 노동운동의 강화는 복지정책 출현을 조장하였다. 조직화된 노동조직은 노조 구성원들의 조직화와 노동운동의 응집력을 통한 정치적 영향력을 행사함으로써 복지정책의 발전에 기여하고 있다는 점을 강조한다. 노조는 농민이나 화이트칼라 노동자들과 동맹과 협력을 추구함으로써 자신들의 정치적 영향력을 증대시켜 왔다(Esping-Andersen, 1985, 1990). 다시 말하면, 권력자원 이론적인 시각은 정치적인 동원화의 강조와 함께 노동운동과 정당의 노조운동의 활성화는 복지정책의 확대와 증대에 기여하고 있음을 강조하고 있다.

4) 국가 중심적인 시각(state-centered perspective)

국가 중심적인 시각의 이론가들에 의하면, 행정 구조들과 경영들은 상대적으로 사회로부터 자율적인 조건과 현상에 근거하고 있다. 행정 관료들은 복지정책을 수행하는 자율성에 근거한 이성적인 행위자로 간주된다. 행정 관료들은 사회단체와 이익단체로부터의 압력 없이 실업보험, 건강보험, 연금보험과 같은 복지정책들을 추진하는 역할을 하는 자율적인 정책 행위자로 인식된다. 이 시각은 구조주의적 맑스주의자의 해석과 다르게 제도주의의 개념으로 간주되고 있다. 이 제도주의는 관료와 행정가들에 의해 자율적인 복지정책의 수립을 통해 정책제안에서 복지주의의 역할의 강조와 복지정책 결정의 지속적인 관심을 모색한다. 결과적으로, 이 시각은 사회의 동의와 반대에 상관없이 국가 관료들은 그들의 선호에서 복지 프로그램을 제안, 결정, 집행하는 자율성에 근거한 기능적 제도주의적 개념으로 통용되고 있다.

　자유주의적 다원주의 이론, 국가 중심적인 이론, 권력자원적 이론을 포괄하는 기능주의자의 주장과 맑스 구조주의자들의 견해들은 복지정책의 모색에 관한 상이한 동기와 의미를 부여하고 있다. 기능주의자들의 관점에서 복지정책은 경제적인, 정치적인, 사회적인 구조의 영향에 의해 형성되어진 불평등한 관계를 개선하기 위한 행위자의 역할에 초점을 두고 있다. 구조주의자의 관점에서 복지정책은 행위자의 영향보다는 경제적인, 정치적인, 사회적인 구조의 영향에 의한 시장경제 체제의 생존을 위한 필수 불가결한 정책으로 추진되어져 오고 있다. 일반적으로, 자유민주주의 국가에서 사회 균열과 사회적인 투쟁을 해소하기 위한 복지정책은 성장을 통한 분배의 정책지침으로 다원주의적 자유주의 시각의 복지정책의 모색과 특성으로써 통용될 수 있다.

　복지분배정책은 사회적 화합과 신뢰를 위한 자유주의적 다원주의 시각에서 필요한 정부 정책일 것이다. 하층민을 위한 분배정책은 "소비를 위주로 하는 정책"으로 간주되지만 중산층을 위한 정책은 "생산을 촉진하는 정책"으로 인식되고 있다. 생산성의 증대 없는 소비자원의 복지분배정책은 결국 한계점에 봉착하게 되고 성장에도 부정적인 결과를 야기할 수 있다. 현 수준의 국민소득과 사회 구성원 간의 부의 격차에서 분배정책이 필요하겠지만, 국민소득이 정체되어 있는 상태에서는 성장을 통한 국민소득의 증가를 통해 성장과 분배정책의 모색이 필요할 것이다. 복지분배정책은 "표적집단정책(target-group policy)"에 근거하지만, 성장을 통한 분배정책은 "거시경제정책(macro economic policy)으로 중산층 육성 정책의 일환으로 인식되고 있다. 이상주의적인 베버리지 복지 프로그램과 케인즈 경제정책의 결합이 한계에 봉착함으로써 자유주의 정부의 모색은 자유주의적 경제정책과 통화주의 정책의 접근이었다. 복지정책의 성격은 "일자리 창출의 복지 프로그램(welfare to work)"으로 실업자에게 실업수당을 주는 복지에서 고용을 창출하거나 고용을 유지시켜 주는 복지의 전환을 의미한다. 이 복지정책은 "생산적 복지 혹은 적극적 복지

(positive welfare)"의 정책으로써, 교육 훈련과 평생 교육 프로그램의 강화를 통한 인적기능 개발을 강화하는 복지정책을 내포하고 있다. 이 정책들은 일자리 창출을 위한 전략산업지원, 중소기업지원, 벤처기업 및 창업지원 등을 위해 재정 지출의 정책과 함께 성장을 통한 분배정책으로써의 정책적 의미를 함축하고 있다고 할 수 있다.

5 큰 정부와 작은 정부의 정책과 공익

1) 큰 정부

큰 정부의 개념은 케인스(John M. Keynes: 1883-1946) 학자가 이론적 근거를 제시한 것으로 정부의 역할과 기능에서 국방과 치안, 의료, 교육, 고용 등의 분야에서 적극적인 시장 개입을 강조한다. 큰 정부의 지지자들은 개인이나 기업은 사익을 추구하기에 효율적 자원배분이라는 공익을 기대하기 어려우므로, 정부의 역할과 기능이 필요하고, "시장개입을 보이는 손(visible hand)"이라 인식하고 있다. 큰 정부의 개념은 시장실패를 바로잡기 위해서는 정부의 시장개입이 필요하다고 주장하며 국가가 소득 재분배 등의 경제정책에 더 관여해야 한다고 본다.

정부의 역할이 제한적인 작은 정부와 달리 큰 정부는 그 역할과 기능을 확대하는 것이다. 국방과 치안, 의료, 교육과 같은 기본적인 정부의 역할은 물론 적극적인 시장개입도 허용된다. 큰 정부는 기본적으로 케인즈의 이론에 기초한다. 큰 정부의 지지자들은 대다수 민간 재화의 공급이 독과점 형태의 기업을 통하여 시장의 가격결정이 이루어질 수 있는데 시장의 자유경쟁 체제를 신뢰하지 않는다. 정부가 시장에 적극적으로 개입해 독과점 기업을 규제해야 한다는 것이다. 큰 정부 체제에서의 정부는 공무원과 공기업의 수를 늘려 고용 창출에 적극적으로 기여하여야 하며, 공기업의 수가 늘어나면 정부가 직접 공급하는 서비스가 늘어나므로 공공성과 공익성이 강화된다. 의료보험과 교육 역시 정부가 감시 및 규제를 해야 한다는 것이다.

　이처럼, 큰 정부는 시장 경제에 정부가 적극적으로 개입하는 것으로, 큰 정부의 정책은 사회간접자본의 확충, 국민복지 향상, 불평등한 소득 분배 구조의 개선, 완전고용 구현을 위한 정책을 추진하는 것이다. 19C 말 이전 정부의 소극적 역할을 강조하는 야경 국가론은 자유방임주의와 순수경쟁 자본주의 이론으로 인식되는 "아담 스미스(Adam Smith: 1723-1790)의 보이지 않는 손"의 개념에 근거하고 있다. 하지만 경제 상황과 여건이 시장경제의 자동조절 능력 약화 및 빈부격차 심화 등의 문제점들이 발생되었고, 1930년대 세계적으로 직면한 경제적 공황을 계기로 큰 정부가 등장하였다. 총 수요보다 총 공급이 증가함으로써 "유효수요 및 소비의 부족"으로 인하여 공황이 발생했다. 유효수요의 부족 현상은 "기계화로 인한 노동자 계급의 빈곤"으로부터 발생하였다. 미국의 경기 후퇴와 불황은 무역에서 수입의 감소를 야기하여 유럽과 아시아 국가들의 수지를 악화시켰고 보호 무역주의가 대두되면서 "세계 전체의 무역량은 1/3 수준으로 감소"하였다. 케인즈는 자유로운 경쟁이 대공황의 원인이며, 정부 재정지출의 증가를 통해 완전 고용을 달성해야 한다는 것이다. 케인즈는 정부가 공무원 등 직접 고용을 통해 일자리를 창출해야 하며, 국가사업으로 재정의 적극 지출을 통해 시장의 수요를 확대할 필요가 있다고 주장하였고, 이는 뉴딜정책의 기본 이념이 되어 대공황을 극복하는 데 큰 공헌을 하였다고 평가되고 있다.

　"정부의 지나친 경제 개입과 간섭으로 정부실패가 발생"하면서, 정부실패 현상을 극복하기 위해 "시장체제를 강조하는 작은 정부로 회귀하자는 주장"이 대두되었다. 정부실패란 정부가 민간부문에 적극적으로 개입하여 경제발전과 복지사회를 달성하려는 정부의 기대목표를 달성하지 못하는 상태를 의미한다. 정부실패는 정부의 시장에 대한 과도한 개입이 시장 경제의 효율성을 떨어뜨리는 현상으로 정부실패의 원인으로는 시장의 효율성과 능률성을 저해하는 근시안적인 규제, 시장 상황과 문제에 대한 정확한 지식과 정보 결여, 정부 독점의 서비스로 인한 경쟁력 저하,

과도한 세금으로 인한 국민생활의 압박, 시장경제와 같은 이윤 동기 부족, 이익 집단의 압력에 의한 공공지출 확대, 관료 집단의 폐단과 이기주의, 정경유착과 부정부패, 권력과 특혜로 인한 분배적 불공평 등이 포함될 수 있다.

정부의 시장개입의 정당성은 기업의 독점적 시장지배와 기업 간 부당거래 방지와 함께 공정경쟁 환경 조성과 소득분배의 형평성 구현과 함께 빈부격차의 심화 방지 및 시민들을 위한 공공재 공급의 목적으로 인식될 수 있다. 하지만 시장의 실패를 방지하기 위한 "최적의 자원배분과 공정한 소득분배를 실현"하려는 과정에서 정부의 시장개입이 정부의 목표들을 달성하지 못하였을 때 정부실패가 발생한다. 이처럼 정부실패란 "시장에 대한 정부의 개입이 자원의 최적 배분 등 본래 의도한 결과를 가져오지 못하거나 기존의 상태를 오히려 더욱 악화"시키는 것을 의미한다.

2) 작은 정부

작은 정부는 "시장의 보이지 않는 손(invisible hand)"의 아담 스미스 (Adam Smith)의 개념을 추종했던 하이에크(Friedrich Hayek: 1899-1992) 학자가 이론적 근거를 제시하였다. 이 개념은 자유주의 이론으로 경제활동 참가자의 자율성은 최대한으로 보장되어야 하고, 정부가 시장에 깊이 관여하는 것은 개인 자유의 침해라고 인식하고 있다.

1900년대 초반 세계 경제는 대공황을 맞이하였다. 그 전까지 세계 경제는 "아담 스미스가 「국부론」에서 주창한 보이지 않는 손"의 개념에 근거해서 정부가 개입하지 않고도 시장이 알아서 가격을 책정해 소비자와 판매자가 모두 만족하는 가격대에 이르게 된다는 의미이다. "보이지 않는 손"이란 사람들이 개개인의 이익만을 추구하는 활동들은 결과적으로 사회 공동의 이익을 향상시킨다는 주장이다. 이 주장은 자유로운 경쟁을 전제로 하는데, 자유로운 경쟁을 보장하기 위해서 국가의 규제는 철폐하여야 하며, 시장에 정부개입 역시 최소화해야 한다는 것이다. 이 주장에 따라 국가의 간섭과 개입은 국방과 치안 등 행정 업무에만 치중하여야 하고, 의료 및 교육 역시 민간이 운영하는 비율을 증가하여야 한다는 것이다. 스미스의 이론을 추종하던 하이에크의 개념은 단기적 경기 부양에는 정부의 시장개입이 효과적일 수 있지만, 장기적으로는 시장의 효율성과 기업의 성장동력을 감소시키는 요인으로 작용하는데, 작은 정부 이론의 사상적 기반이 되었다. 결과적으로, 작은 정부는 일반적으로 자유방임형 정부 형태라 인식할 수 있다.

작은 정부는 자유방임주의에 기초해서 "최소의 정부가 최선의 정부"라는 개념에 근거해서, 최대한으로 개인의 경제 활동의 자유를 보장하고, 국가의 개입을 가능한 한 축소하려는 정책으로 공기업 민영화 및 규제 완화 등의 시장 경제 체제를 지지하는 것이다. 작은 정부의 한계는 시장 기능의 문제점으로 자유방임 자본주의 시절 시장 가격 시스템이 경제의 모든 문제를 해결하고 시장의 균형을 이룰 것이라는 낙관적인 견해와 다르게, 자원배분의 비효율적인 시장실패가 일어날 가능성이 있다는 것이다. 시장 기능의 한계로 공공재 생산의 부족, 독과점 기업 등 자율경쟁 저하, 노사 간의 대립 심화, 소득 불균형, 실업 발생, 주기적인 경제 공황 등의 문제가 발생할 수 있다.

대부분의 경제 선진국에서 1970년대 이후 국가 경쟁력의 상실로 인해 1980년대부터는 정부 지출 감소 및 정부 능률성 증대를 위한 공공부문 개혁의 필요성이 제기되었다. 국가 경제의 어려움을 극복하려는 전략으로 공공부문의 개혁을 추진하게 되었고, 공공지출에 대한 감축은 공공 관리의 능률성을 강조하는 것이다. 이러한 요구에 따라 신보수주의와 신자유주의의 시장중심주의 원칙에 의해 기업가적 정부 형태를 제언하였다.

기업가적 정부에서 기업가란 생산성과 효율성을 극대화하기 위하여 적은 비용으로 더 많은 생산을 이루는 사람을 의미한다. 기업가적 정부란 고객을 만족시키는 공공서비스를 더욱 저렴한 비용으로 제공하기 위해 정부 행정에 기업가적 경영원리를 도입하고자 하는 정부 형태이다. 효율적인 공공서비스를 제공하기 위한 창조적 아이디어들이 지속적·효율적으로 실행되는 정부의 형태를 의미한다. 이러한 기업가적 정부의 행정

구조는 비위계적, 평면적, 경쟁적으로 행정관료에게는 집행자로서의 역할보다는 분석가, 사업평가자, 계약협상자의 역할이 더욱 강조된다.

세계적으로 행정의 패러다임은 지속적으로 변화하여 왔다. 특히 1929년 경제 대공황을 통한 시장실패의 경험 이후 정치행정일원론에 입각한 행정 국가화 현상이 두드러지기 시작하였다. 그러나 최근에는 민간부문과의 비교에서 공공부문의 생산성이 높지 않으며 공공부문의 영역이 너무 확대되었다는 비판이 강하게 제기되고 있다. 한정된 재원을 효율적으로 배분하기 위해서는 국가재정 사용의 주체인 정부 부문의 구조조정이 무엇보다 필요하고, 향후 점차 심각한 정부 재정 부족 현상이 예상되는데, 국제화 추세에 따른 상품, 자원, 정보, 인력 등의 국제교류 증가라는 환경변화에 적극적으로 대처하는 것이 요구된다. 이러한 현상은 세계적으로 신자유주의와 신공공관리론의 대두와 함께 정부의 생산성과 효율성에 대한 비판이 제기되고 있고 행정서비스의 효율화가 강조되고 있다. 따라서 민간부문의 경쟁력 강화를 뒷받침하기 위한 정부 부문의 생산성 및 공공서비스 향상을 이루어야 한다는 것이다. 궁극적으로, 정부 형태에 시장주의적 경영원리를 도입하여 능률적으로 정부의 생산성과 효율성을 극대화할 수 있는 기업가적 정부를 추구할 필요성이 있다는 것이다.

기업가적 정부를 통한 공공 부문의 개혁은 정책 목표의 효율성과 민주성의 두 가지 개념을 추진하기 위한 작은 정부의 행정체계를 수립하고자 하는 방향이었다. 이를 위한 방안으로 기업형 정부, 공공조직의 슬림화를 통한 정비, 성과관리의 확립이라는 방향으로 개혁을 추진해 나가고 있다. 기업가적 정부의 목표는 첫째 성과주의, 둘째 투명한 행정, 셋째 조직원의 창의성 극대화를 목표로 한다. 각 기관에서는 공공부문 개혁을 위해서 이제까지의 통제 중심적인 국가운영에서 성과 중심적인 국가경영으로 전환하여야 함을 강조하고 있다. 정부 부문에 시장 메커니즘을 적용하려 하고, 행정체계에 있어서도 공급자인 공무원 중심에서 벗어나 수요자인 고객 중심으로 전환하고자 하고, 예산 운영에서 성과관리 예산을 중시하여 결과 중심의 행정을 추구하며, 공공서비스를 독점적으로 공급하며 운영하던 원리를 경영평가를 통해 민간부문에 이양하는 효율적인 경쟁체제를 구축하려는 노력을 추진하는 것이다.

3) 큰 정부와 조합주의

조합주의는 1970년대 자본주의 국가에서의 경제 불황 및 인종 차별 등 다양한 사회문제가 심화되면서 국가기관과 이익집단 간의 새로운 관계 설정이 필요했고 이러한 배경에서 등장하게 되었다. 조합주의는 중앙화된 정부 구조와 함께 "정부 관리와 주요 이익집단의 대표들이 정책개발과 정책집행 및 관리에 있어서 협력"하는 "협의(concertation)나 사회적 파트너쉽"의 정책형성의 과정이다. 조합주의는 국가가 주도적으로 사회문제에 개입하여 국가의 이익 확대와 질서유지의 역할을 하기 위한 정부의 역할을 강조한다. 조합주의 이론의 대표적인 학자들은 슈미터와 렘브러시이고, 조합주의의 사상적 배경은 플라톤이나 아리스토텔레스의 국가론으로 인식되고 있다. 정부관리와 주요 이익집단의 대표들이 정책개발, 정책집행, 정책관리에 있어 협력하는 과정에서 이익집단이 국가에 통합된 것으로 인식하고 정부가 주도적으로 사회문제에 개입을 하고 민간부문에 대한 정부의 적극적인 개입을 강조한다.

전통적인 관료제 정부는 투입 중심예산과 지출지향, 명령과 통제, 사후대처를 중시하는데 직접 정부가 직접적·독점적으로 서비스를 제공하고 관료 및 행정기관 중심의 행정을 시행한다. 전통적인 관료제 정부가 추구하는 행정가치는 형평성과 민주성이며 법령과 규칙을 중심으로 하여 정부의 기능과 역할을 확대한다. 이 정부는 민간경제에 대한 정부 제재와 간섭을 강화하고 시장에 대한 재정지출을 증가하는 형태의 복지국가 및 행정국가 형태를 추진한다.

조합주의는 노동과 자본에 대한 국가의 통제 방식으로, 조합주의 이론은 파시즘 국가들과 사회민주주의 이론에도 영향을 주었다. 우익 조합주의는 전형적인 파시즘의 형태로 민족주의를 고취하여 자본가와 노동자를 국가가 통제할 수 있게 국가의 독재 도구로 활용되는 경우도 있는데,

우익 조합주의의 형태로 파시스트 국가나 독재국가들이 해당된다. 진보적인 조합주의에서는 국가, 자본가, 노동자의 권위가 동등한 상태에서 서로 입장과 이익을 도출해 내는 과정으로, 노동자 대표, 기업가 단체의 대표, 정부 대표의 3자 협의 체제의 노·사·정 위원회를 통한 협동조합적인 성향을 가지고 있는데, "진보적 조합주의 또는 사회적 조합주의"로 지칭된다.

슈미터는 조합주의를 산업별 이익대표 체제의 유형으로 설명하고 있다. 국가는 사회에 이익이 되는 대표 단체를 강제적으로 제한하여 몇 개의 조직체로 편성하여 특정 정해진 분야에서는 국가기관의 허가를 받은 조직만이 그 분야의 이익을 대표할 수 있게끔 독점권을 부여한다. 이것은 국가가 각 특정 분야를 대표하는 조직체의 지도자를 선정하고 그들의 요구와 지지하는 내용 등을 통제하는 체제이다. 국가가 사회 구성단위를 직업별, 산업별, 부문별로 조직하여 기능적으로 독립되어 국가의 정책결정에 참여하도록 하고 국가의 전체 이익을 위해서 이들을 조정하고 통제하는 것이다.

조합주의란 정책 결정이 정부와 이익집단들의 협치에 의하여 결정되는 것으로 노사정 간의 협조체제에 근거하고 있다. 조합주의는 "정부와 민간 부문의 이익집단 간의 합의를 통한 정책 결정을 중시하는 자본주의 체제"로 국가가 주도적으로 사회문제에 대해 개입하는 정부의 역할을 강조한다. 조합주의 특성은 국유화 정책으로부터 국가의 조세 정책까지의 복지정책을 추구하며 완전고용 창출을 위한 국가의 간섭을 지지하는 케인즈주의와 불평등 감소를 위한 사회 안전망을 구축하는 베버리지주의를 포함하고 있다.

조합주의는 사회 조합주의와 국가 조합주의로 분류될 수 있다. 사회 조합주의 체제는 정부와 시장을 협력관계로 간주한다. 사회 조합주의 체제는 계급 간 갈등의 조정을 통해 협력체계로 구성되고 국가와 사회관계를 수평적 협조체제로 본다. 사회 조합주의 체제의 특징은 상대적인 집단주의 문화를 바탕으로 하며 복지정책을 국유화 정책으로부터 국가의 조세 정책으로 변화시켰다. 또한 케인즈주의와 베버리지주의를 사회 조합주의의 정책으로 간주하고, 케인즈주의는 완전고용 창출을 위한 국가 간섭을 지지함으로써 국가에서 완전고용의 달성과 베버리지주의는 불평등 감소를 위한 사회 안전망을 구축하기 위해 증세를 통해 복지정책을 추진하는 것이다.

사회 조합주의는 사회적·경제적 위기를 해소하고자 정부와 시장은 상호협력하는 관계로 보고, 정부, 기업, 노동자 대표 3자가 모여 물가인상률과 임금인상률 등의 결정에 합의를 구하는 과정이다. 사회 조합주의 형태는 민주복지국가의 국가형태를 지향하며, 선진자본주의 추구, 이익집단 활동, 노동계급 성장 등이 특징으로 인식되고 있다. 사회 조합주의는 민주적 체제로 사회 조합주의에서 관료와 이익단체는 상호적 신뢰 관계로 선진자본주의국가에서 경기침체의 해결과 사회적 통합의 향상과 함께 계급 갈등은 조정과 협력으로 해결하고 국가와 사회관계는 수평적 협조체제이다.

반면에, 국가조합주의 체제는 관료중심주의 원칙으로 행정이 모든 것을 관리, 통치, 설계한다. 국가조합주의 체제는 전통적 행정학의 성격을 띠고 권위주의 국가에서 나타나며 국가와 사회관계를 수직적 위계체계로 본다. 국가조합주의 체제의 특징은 집단주의 문화를 바탕으로 하며 엘리트주의, 국가 중심주의, 경제성장주의가 포함된다. 국가조합주의는 권위주의 또는 반자유주의 등으로 부르는 과거 이탈리아의 파시즘이나 독일의 나치즘에서 그 기원을 찾을 수 있다. 국가조합주의는 산업발전과 국가발전을 중점으로 관료가 국가를 이끄는 형태를 볼 수 있다. 국가조합주의는 권위주의적, 위계적, 전통적 독점자본주의의 특성으로 전통적 행정학의 성격을 가진다. 국가조합주의는 기업가가 권력가에 복종하는 관계로 설명할 수 있다. 행정부의 권력은 독점적이고, 이익단체는 국가에 복종적 의존적인 관계로 이루어져 있다. 대표적인 국가조합주의의 이론으로는 관료주의 이론으로 설명할 수 있다. 국가조합주의 개념으로 전통 행정학은 국가의 관료들이 모든 것을 결정하는 것으로 권위주의 국가이다.

이처럼, 국가조합주의는 과거의 정통적인 행정학의 모델로 국가와 사회의 관계를 수직적으로 국가는 이익집단을 통제하면서 참여시키거나 배제 시킬 수 있다. 국가조합주의에 특성은 엘리트주의와 국가중심주의으로 엘리트주의는 소수의 국가 관료가 모든 것을 통치하는 것이고 국가중심주의는 정부가 시장보다 우위에 있어 국가나 관료가 주도적인 역할과 기능을 한다는 것이다. 엘리트주의의 특성으로, 국가조합주의는 국가의 배타적 권위에 근거한 국가의 불균형적 개입이 나타난다. 이처럼, 시장보다는 정부가 모든 걸 통치하고 결정하기 때문에 국가와 사회관계는 수직적 위계 체제이다.

결과적으로, 작은 정부를 추구하는 다원주의에서는 다양성을 인정하고 다양한 의견의 존중과 함께 개인주의와 시장을 중시하는 경향이지만, 조합주의에서는 중앙집권화의 정책 과정을 추구하면서 정부의 역할과 기능의 중요성을 강조하는 경향이 나타난다. 조합주의는 국가 조합주의와 사회조합주의 두 가지 형태로 구분될 수 있는데, 국가조합주의는 파시즘의 조합국가이론으로부터 도출된 개념으로 자유주의 사상과 개념을 거부하고 경쟁과 갈등보다는 강제적, 집합적, 위계적 조직을 강조하는 정부주의 개념이다. 국가조합주의는 권위주의적 성격을 가지고 국가와 사회의 관계가 수직적인 위계체제에 있으며 국가 중심주의 개념이다. 사회조합주의는 국가와 사회 관계에서 수평적인 협조체제에 있으며 불평등 감소와 완전고용의 창출을 위해서 정부의 개입을 통한 복지정책을 주장한다. 사회조합주의는 정부가 조세제도를 통한 복지정책을 주도적으로 추진하고, 고용 창출에 적극적으로 기여하며, 사기업에 비해 공기업의 역할을 강조하면서, 사회보장 제도 확대를 추진하게 된다.

사회조합주의 국가로 분류되는 네덜란드의 경우를 살펴보면, 2차 세계대전 이후 네덜란드의 대부분의 기간 산업이 파괴되었고, 네덜란드는 수출 이외에 성장 전략이 없었다. 전후 네덜란드 경제적 번영의 기반은 사회적 합의의 전통에 근거한 저비용 경제체제였다. 네덜란드의 사회적 합의 전통의 역사는 1927년 단체 협상의 법적 지위를 인정하는 단체협약법 제정을 필두로 견고한 합의구조를 갖추었다. 1945년에는 노동재단과 1950년에는 사회경제협의회를 설립하여 정책결정 과정에서 노동자, 기업, 정부의 3자 합의구조를 유지해왔다.

1970년대에 천연가스의 발견이 에너지 수입의존도를 낮추고, 공공지출이 크게 확대되었다. 그러나 석유파동에 의해 네덜란드의 사회적 합의에 의한 전통이 붕괴된다. 이때 네덜란드는 생산성이 낮거나 투자 비용이 많이 드는 노동력을 사회보장제도로 넘기는 전략을 추진하였다. 그러나 이러한 정책은 노동력의 감축으로 인한 실업자의 증가로 사회보장비용이 증가하는 악순환을 낳았다. 이는 결국 노동 기피로 이어졌는데, 이 위기에 빠져 있었던 네덜란드는 1983년 이래로 고용 창출이 매년 평균 1.6% 증가하였는데, 이러한 경제회복이 일어날 수 있게 된 배경과 원인은 세 가지로 서술할 수 있다(류만희, 2002).

첫 번째, 사회적 합의의 부활이다. FNV(네덜란드 노동조합연맹)의 대표가 노동재단과 사회경제협의회에서 탈퇴하게 되고, 새로이 구성된 급진적 집행부는 임금인상과 사회보장제도의 확대를 주장한다. 이렇게 사라진 합의구조를 되살리고자 네덜란드에서는 노사정 3자가 현실에 대한 인식을 공유하도록 했다. 그 결과로 1982년 노사 양측 대표가 임금 억제와 노동시간 단축을 교환하는 것으로 노동비용 안정화와 실업률 안정을 목표로 하는 바세나르 협약을 체결하게 된다.

두 번째, 시간제 노동 중심의 성공적인 일자리 창출 정책이다. 네덜란드에서는 시간제 노동의 집중적 창출을 시도하였다. 네덜란드의 보수적 사회 분위기는 여성의 노동을 억제하였다. 그러나 1970년대에 들어 여성의 노동시장 참여율이 증가하였는데, 여성의 노동을 중심으로 1983년 이후 창출된 일자리 중 3/4가 시간제 노동이었고, 퇴직 연령층과 실업자들이 시간제 노동을 통해서 노동시장에 재진입하게 하는 정책에도 성공하였다.

세 번째, 사회보장제도의 감축이다. 사회보장제도 개혁의 방향은 급여 삭감 및 동결, 급여 수급 범위를 엄격히 하고 근로 유인 체계를 도입하는 것이었다. 대표적으로 장해급여, 상병수당, 실업보험제도의 개편이 있다. 1996년 사회부조법을 통해 수급자의 자산소득 등에 관해 보다 세부적인 정보와 구직활동 요구가 엄격해지고 구직 실패의 경우 재제도 강화되었다. 또한 장해급여와 상병수당에 대한 접근권을 제한하였으며, 1996년에는 상병수당 제도를 폐지하기에 이른다. 이러한 급여의 소득대체율을 낮추는 것을 통해 네덜란드는 복지 예산을 감소시킬 수 있었다. 네덜란드의 사회보장제도 감축은 당시 네덜란드의 거대 양당에서 경제적 필요에 의해 복지정책 후퇴가 용인되었기 때문에 이런 정책의 추진이 가능한 점도 있었다. 사회보험 기여 중 고용주 부담분을 낮추고 저임금 노동자의 소득세를 낮추는 등의 정책도 시행하였다. 개혁 정책 과정에서 사회보장제도의 감축 정책에서, 각종 급여와 노동자에 대한 소득세 감소와 함께 엄격한 급여 수령 조건 심사를 통해 급여만으로 생활하기 어렵게 만들어 직접 노동시장에 참여하도록 하였다. 이러한 정책 때문에 정부에 대한 일부 복지 수혜자들의 지지가 감소할 수도 있지만, 결과적으로 시장 참여자의 증가로 인한 경쟁의 활성화로 국가의 발전에 기여할 수 있었다.

4) 작은 정부와 다원주의

다원주의는 철학적으로 자유주의에 기초하고 있으며, 다원주의에서 정부의 역할은 주도적이 아니라 소극적 조정자와 심판자이다. 이 체제는 최선의 정부는 최소의 정부라는 작은 정부론과 연결되고, 자본주의 발전의 원동력은 자유 경쟁이고, 국가의 우위성과 절대성을 인정하지 않는다. 공화국 형태의 정부는 정치적 지배자들의 구성에 있어 집단들이 자유로운 경쟁하에서 민주적 선거에 의해서 구성되고, 입법, 사법, 행정의 권력분립과 상호견제를 통해 특정 집단이 독점적 지배력을 행사하지 못하도록 하고 있다.

다원주의는 개인이나 집단이 추구하는 가치관과 목표 등이 다른 점을 인정하고, "둘 이상의 근본적인 원리"로부터 사회를 설명하려는 입장이라 서술할 수 있고, 정치학적으로는 시민들의 "사상·언론·집회·결사 등의 자유를 허용하는 체제"이고, 사회학적으로는 개인 또는 집단들이 추구하는 가치와 목표 등이 "서로 다를 수 있다는 전제하에 사회현상을 설명"하려는 견해이다. 다원주의의 특징은 개인주의 문화의 강조와 국가 권력의 절대성을 부정하고, 다원주의적 정부관은 홉스, 로크 등의 고전적 국가관과 사회계약론에 기원을 두고, 메디슨과 토크빌의 사상에 의해 발전되어 왔다.

다원주의의 특성으로는, 첫 번째 개인주의 문화이다. 개인 권리의 보호와 함께 개인의 경제와 사회활동에 대해 정부가 직접적·적극적으로 개입하지 않는다는 것이다. 다원주의는 사회가 소수 집단에 의해 운영되는 것이 아니라 집단 내에서의 경쟁, 갈등, 협력 등에 의해서 사회가 운영된다고 보는 사상으로 정부보다는 시장체제를 지향한다. 두 번째, 정책 결정 과정에서 이익집단의 역할이 중요하며 정부와 이익집단 사이의 갈등이 조정된다는 것이다. 다원주의에서 주로 강조하는 내용은 개인 권리의 보호와 함께 정치적 영향력이나 권력 등이 다양한 소수 계층, 개인, 집단에게 넓게 분산돼 있다는 것을 가정하고 있다. 민주주의 체제의 국가에서는 이익집단이 사회의 중요한 행위자로, 다원주의는 이익집단들이 스스로 조직되어 서로 간의 자유로운 경쟁을 통해 각자만의 이해관계를 실현하는 체제이다. 이 과정에서 정부의 역할은 최소화되며 다양한 이익집단의 역할과 기능이 중요한데, 정부와 이익집단 사이의 갈등과 조정의 정책 과정이 이루어지는 것이다. 다원주의 체제는 민영화와 분권화를 강조하며 시장 체제 중심의 작은 정부를 추구하는 체제로 정부가 주도적으로 정책을 제시하는 것이 아니라 시민의 요구를 수렴하여 정책을 제시한다.

이처럼, 현대 사회의 다원화된 사회에서 정책은 다양한 집단 간의 타협과 협의에 따라 점진적으로 이뤄진다. 다원주의 사회는 집단의 경쟁과 협력에 의해 민주주의적으로 운영되는 것으로, 다원주의는 권력 엘리트와 소수의 지배집단에 의해 정책 결정과 집행이 이루어지는 것이 아니라 다양한 이익집단과 시민의 의사가 반영되는 과정을 보여주고 있다. 결과적으로, 다원주의 체제는 국가권력을 부정한다는 것이다.

"다원주의는 미국 헌정주의 사례"에서 볼 수 있는데, 미국 헌정주의는 일반적으로 "공화국 형태의 정부, 권력분립의 연방주의, 개인의 인권보호" 등이 포함되고 있다. 공화국 형태의 정부는 정치적 지배자들의 집단에서 "자유로운 경쟁하에서 민주적 선거에 의해 구성"되고, 입법, 사법, 행정의 권력분립과 상호견제를 통해 특정 집단이 독점적 지배력을 행사하지 못하도록 하는 시스템이다. 연방주의 시스템은 중앙정부의 독점적인 권력남용의 방지와 개인의 인권 보호와 함께 정부의 개입과 통제를 최소화하고자 하였다.

대표적인 다원주의 체제의 국가는 미국을 예시로 들 수 있다. 다원주의는 작은 정부를 지향하고 정부는 시장에 대해 최소한의 개입만을 허용한다고 본다. 작은 정부의 정책들은 시민의 편익을 극대화하기 위해 공공부문의 시장 경제화, 정부 규모의 축소, 재정지출의 축소, 민간의 자율성 향상 등이 포함되고, 신자유주의 개념에 근거해서 자유화, 탈규제, 민영화 등을 강조하고 있다. 신자유주의 이론은 자유방임주의를 지향하여 조직의 비능률을 해결하고 시장경쟁의 효율성과 국가경쟁력을 강화시키기 위해 시장의 자유경쟁과 규제 완화를 제시하고 있다.

하지만, 다원주의의 극단적인 측면들이 문제점으로 제기될 수 있는데, 다원주의의 극단적인 예로는 이유 없는 폭력 행사 및 위법 행위 등을 들 수 있으며 종교적인 측면에서는 아주 과격한 이슬람 근본주의 등의 테러를 예시로 들 수 있다. 다양한 문화나 종교 등을 인정하는 다원주의지만 개별성과 다양성보다 존중되어야 하는 것은 자유, 인권, 평등이다. 이러한 극단적 다원주의의 대안으로는 민주주의를 수호하기 위한 방어적 민주주의가 필요하다는 것이다. 다원주의는 정책결정 과정에 영향력 있는 지역사회의 엘리트를 중심으로 실증적인 조사 결과에 근거하여 로버트 달(Robert Dahl: 1915-2014)은 다원론을 주장하였다. 다원주의에서 권력을 관계로 파악해 권력 분산과 다원적 엘리트가 존재하고, 그들 사이의 협력 가능성으로 민주주의가 가능하다는 것이 다원주의로 정의된다. 즉, 권력구조의 다원성을 강조하는 것이다.

결과적으로, 다원주의 사회는 다수의 이해집단으로 구성되며, 집단 간의 협상과 타협 과정에 의해 의사결정이 추진된다. 정책결정자들이 자신들의 정치적 지위 유지를 위해서는 자신들을 지지해주는 시민의 요구에 민감하게 반응해야 한다. 다원주의의 예로는 신공공관리론, 공공선택론, 민영화 정책, 분권화가 있다. 특징으로는 개인주의 문화, 다양한 이익집단 역할, 이익집단 사이의 갈등과 조정의 정부 역할이 필요하고, 이때 정부는 공정한 중립적인 심판자의 역할을 하며 시장체제를 중시한다는 것이다. 다원주의의 특징은 개인에게 국가가 어떤 것도 강요하지 않고 개인의 안전과 행복을 최고의 가치로 두는 개인주의를 바탕으로 하며, 국가의 권력을 부정하고 시민들의 요구에 대응하는 것이다. 이처럼 다원주의는 시장주의 체제를 지지하며 정부의 개입보다는 시장의 기능을 중요시하고 정부는 단지 이익집단들 사이의 갈등을 조정하는 역할만을 한다. 다원주의는 작은 정부의 형태를 지지하고 민영화, 분권화, 탈규제화를 주장하는 신공공관리론과 흐름을 같이한다.

신공공관리론은 시장주의와 신관리주의가 결합하여, 정부 조직에 기업체의 경영 방식을 도입하자는 주장이다. 신공공관리론은 '작지만 강하고 효율적인 정부'를 지향한다. 신공공관리론에 근거해서 영국의 Next Step 이나 시민헌장제도, 미국의 경쟁입찰제도 등 세계 각국에서는 지속적인 행정개혁을 단행해왔다. 신공공관리론은 민간기업에 적용되는 운영방식을 행정 부문에도 도입하여 성과와 실적을 강조하고, 기업가적 정부로 고객지향적인 행정관리와 총체적 품질관리를 통하여 정부실패를 방지하기 위한 이론이다. 신공공관리론은 고객 중심적, 결과 중심적, 경쟁 유도적인 정부를 지향하고, 정부의 경쟁력과 생산성을 향상시키기 위해서 공공부문의 시장화를 추구한다. 즉, 외부적으로는 시장주의를 도입하여 고객 위주의 행정을, 내부적으로는 정부관료에게 재량권과 자율성을 부여하여 성과에 대한 책임을 고려하는 신관리주의인 성과주의 행정을 추구한다.

신공공관리론은 정부실패를 방지하기 위한 전략으로 "작지만 효율적인 정부"를 추진하는 것이다. 신공공관리론의 장점으로는 "시장 지향성, 경쟁 지향성, 업무 지향성, 성과 지향성, 고객 지향성"등이 포함된다. 첫째, 시장 지향성은 공공서비스의 공급과 생산을 비효율적인 관료체제에 의존하지 않고" 정부 간섭과 규제의 최소화와 함께 자유주의 시장체제에 의존"하는 것이다. 둘째, 경쟁 지향성은 "관료체제의 비능률을 제거"하기 위해 정부 기관 간 또는 정부 기관과 민간 기업 간의 경쟁을 유도한다는 것이다. 셋째, 업무 지향성은 신공공관리론에서는 조직의 목표 및 조직의 임무를 중요시하는데, 조직의 목표와 임무를 명확히 설정하고 업무를 수행하는 것이다. 넷째, 성과 지향성은 결과 또는 성과를 중요시하는데, 경쟁 지향성 수단을 통한 정책들은 실적주의, 성과급제, 성과주의 예산제도 등이 포함된다. 다섯째, 고객 지향성은 고객의 만족을 지향하는 것으로, 기업이 고객을 최우선으로 중요하게 인식하듯이 정부도 국민이 만족하는 공공서비스를 제공해야 한다는 것이다.

5) 시장과 정부

큰 정부와 작은 정부의 개념에 대한 탄생 배경은 다음과 같이 논의될 수 있다. 과거 고대사회에서는 왕이 통치를 하는 시대였고, 그 당시에는 왕이 권력을 가지고 독재를 하는 방식으로 정치가 이루어졌다. 하지만 프랑스 시민혁명을 통해 왕정이 무너졌고 그 후로 등장한 것이 공화정이다. 이때 시민들은 정부가 사회에 지나친 간섭과 권력을 행사하는 것을 원하지 않았고 자연스럽게 정부는 작은 정부의 형태로 최소한의 역할만 수행하면 된다고 생각했다. 큰 정부가 등장한 이유는 1930년대 대공황의 원인으로 시장실패를 경험하였는데, 1929년 뉴욕 월가의 뉴욕주식거래소 주가의 대폭락이 세계공황으로 이어졌고, 미국의 루즈벨트 대통령은 뉴딜정책을 시행하였다. 작은 정부에 반대하였던 케인스가 주장한 큰 정부 이론을 바탕으로 시행된 뉴딜정책은 결과적으로 대공황을 해결하는데 큰 역할을 하였다.

이와 같이, 정부의 역할과 관련된 작은 정부와 큰 정부 개념은 1900년대 초반 대공황 시기에 등장하였다. 대공황 이전까지는 아담 스미스의 자유 경제 철학이 대표적인 경제 이론으로 작용하였다. 아담 스미스는

"사람은 모두 이성적이므로 자신의 이익만을 추구하는 활동을 할지라도 이러한 활동은 결과적으로 사회 공동의 이익을 증가시킨다"고 주장했다. 여기에는 자유로운 경쟁이 전제이고, 이 자유로운 경쟁을 보장하기 위해서는 국가의 규제나 개입을 최소화해야 한다고 말했다. 그러나 대공황 이후 케인스는 자유로운 경쟁으로 인해 대공황과 경제 불황이 발생했다고 보며, 정부의 재정지출을 확대해서 완전고용을 이루어야 한다고 주장했다. 케인스는 정부의 시장개입과 함께 정부 재정지출을 통해 수요를 늘리고 직접 고용을 증가하여 경기를 회복해야 한다고 주장했다. 반면 아담 스미스의 주장을 따랐던 하이에크는 정부개입은 장기적으로 보았을 때 시장 효율성을 저하시키고 기업의 성장 동력을 잠식하는 것이라 주장했다. 하이에크의 작은 정부 이론은 신자유주의의 인식론적 기반을 제공했다.

케인스와 하이에크가 주장한 큰 정부와 작은 정부 개념에서, 큰 정부를 지지하는 사람들은 시장실패의 요인들인 독과점, 정보 비대칭성, 공공재, 외부효과 등의 시장의 구조적 결함을 근거로 시장의 자유경쟁 체제를 비판한다. 일반적으로 작은 정부에서 인정되는 정부의 역할에 추가로 적극적인 시장개입을 통해 사회의 공공선을 달성하여야 한다는 것이다. 반면 작은 정부는 신자유주의 이론에 근거해서 자유방임형 정부 형태로 인식될 수 있다. 자유방임형 정부의 역할과 기능은 매우 제한적인데, 정부의 사회적 책임 역시 외국의 침입에 대비해 국방력을 강화하거나 국내 차원에서 치안 관리를 하는 정도로 정부의 역할과 기능을 강조하고 있다.

1775년 영국의 식민통치에서 벗어나기 위해 싸웠던 미국의 독립전쟁과 1789년 지배계층에 대한 반발과 전 국민의 자유롭고 평등한 권리를 주장한 프랑스 혁명을 계기로 자유주의가 발전되었다. 신자유주의는 2차 세계 대전 이후에 케인스주의와 함께 출현한 현대 복지국가를 비판하면서 등장하였다. 신자유주의는 자유시장경쟁, 규제완화, 사적 재산권을 중시한다. 신자유주의론은 국가권력의 시장개입과 간섭을 전적으로 부정하지는 않지만 정부의 시장개입은 경제의 효율성, 경제성, 형평성을 악화시킨다고 주장하고, 국가 개입의 축소와 시장 자유의 확대를 강조하는 '대처리즘'과 '레이거노믹스' 개념을 지지한다. 신자유주의자들은 시장개방을 주장하는데 자유무역과 국제적 분업과 함께 세계무역기구(WTO)의 다자간 협상을 통한 세계화나 자유화의 개념을 강조한다.

1776년 "아담 스미스(Adam Smith)는 <국부론>에서 보이지 않는 손"을 근거로 시장에 대한 정부의 개입과 간섭을 최소화하고 시장의 자율적인 기능에 맡길 것을 주장했다. 아담 스미스의 사상을 계승한 이들을 고전학파라고 하며, 이들의 자유방임주의적인 이론과 주장이 과거에는 한동안 전 세계에서 정치경제학적 주류 이론으로 인정되었다. 하지만 1930년대 대공황이 발생하면서 시장의 자율적인 기능, 즉 보이지 않는 손의 기능에 의문을 제기하며 고전학파의 주장이 힘을 잃게 되었다. 대공황의 원인은 과잉공급, 즉 공급이 수요를 넘어선 것인데 이로 인해 실업이 대거 발생하고 수많은 기업들의 부도 사태 등으로 이어졌다. 이전까지 "고전학파는 세이의 법칙(Say's law)"을 근거로 공급은 그 스스로의 수요를 창출하기 때문에 공급 과잉이란 없다고 주장해왔지만, 대공황의 발생으로 인해 이는 무너지게 되었다. 이 시기에 시장에 대한 정부의 주도적인 개입의 필요성을 주장한 케인즈의 이론이 주목을 받게 되는데, 미국 루즈벨트 대통령은 공급에 비해 수요가 부족했던 당시 상황에서 뉴딜정책을 통해 정부가 직접 인프라 사업에 투자하여 도로를 건설하는 등 시장이나 기업이 아닌, 국가가 직접 수요를 창출하는 국가 주도적 성장으로 대공황을 극복할 수 있었다.

결론적으로, 여전히 고전학파와 케인즈학파는 각자의 한계점의 보완을 거듭하여 이들을 계승한 새로운 이론들이 등장하고 있고, 아담 스미스를 계승한 고전학파는 이후 신고전학파와 새고전학파로, 케인즈의 이론을 계승하는 케인즈학파가 새케인즈학파로 발전하며 지금까지도 두 이론은 서로의 한계점을 지적하고 그 대안을 제시하고 상호 대립하며 발전해오고 있다. 이들의 상반된 주장은 국가의 역할과 정책의 기조에도 영향을 미친다. 아담 스미스의 이론을 계승한 고전학파 학자들은 시장의 자율성을 강조하기 때문에 주로 작은 정부를 선호하며, 케인즈를 중심으로 한 케인즈학파는 시장에 대한 정부의 주도적인 개입의 필요성을 주장하며 큰 정부를 선호한다. 시민들이 경제정책이나 사회정책에서 요구하는 정책들은 시대와 상황에 따라 차이가 있을 수 있다. 큰 정부의 이론으로 케인스주의 이론과 사회민주주의 개념에 기초하여, 경제정책에서 고용의 창출과 사회정책에서 사회의 안전 장치망 확충에 정부가 주도적인 역할을 해야 한다는 견해가 있다. 반면에, 미국과 영국의 신보수주의 '작은 정부'론으로 경제활동은 가능한 시장에 맡기고 사회정책에서 개인의 책임과 의무의 중시와 함께 정부의 역할과 기능을 제한해야 한다는 의견이 있다.

6) 국가의 범위와 능력

신공공관리론, 기업가적 정부모형, 신관리주의 모형에서 경쟁의 원칙들은 논의되는데, 개인주의의 강조와 함께 경쟁지향, 성과지향, 고객지향들을 추구하는 반면, 뉴거버넌스이론, 네트워크이론, 조합주의이론에서 협력과 협조의 원칙들은 논의되어지고 집단주의의 특성을 강조한다.

미국의 기업가적 정부모형은 최소국가론, 탈규제 정부모형, 정부재창조 모형들을 주창하고, 최소국가론은 정부간섭에 대한 부정적 입장으로 정부의 기능은 공공재 공급에 한정하고 시장의 원리로 경쟁적 체제를 강조하고 있다. 탈규제 정부모형은 "민영화와 규제완화"를 추구하고, 정부재창조 모형은 "공공무문에 민간부문의 기업가적 정신을 결합하여 참여형과 팀형의 조직형태"를 추진하는 것이다. 한편, 영국연방의 신관리주의모형의 정책들은 "민영화, 인력감축, 재정지출의 억제, 에이전시의 도입, 규제완화" 등이 포함되고 있다.

"강대국의 흥망과 성쇠"의 저자 폴 케네디(Kennedy)의 견해에서 "자본주의와 자유무역의 이론적 토대를 제공했던 아담 스미스와 자본주의에서 경제의 도덕성을 강조한 아담 스미스의 견해와 모순"될 수 있다고 지적하고 있다. 애덤 스미스는 '국부론'에서 "보이지 않는 손이란 인간의 이기적인 욕망에 따라 시장이 자율적으로 작동한다는 원칙"을 논의하고 있고, 동시에 도덕 감정론에서 개인이 시장을 악용할 가능성들을 지적하고 경제엘리트의 도덕성의 중요성을 기술하고 있다. 완전한 자유방임 경제의 조건과 여건들의 부재에서 "경제적 능력이 안되는 사람에게 무작정 서브프라임 모기지(비우량주택담보대출)를 제공"하는 것은 시장 경제의 도덕성을 강조한 아담 스미스의 견해와 모순된다는 것이다.

다른 한편, 신자유주의 정책에 반대해서, 조지프 슘페터(Joseph Schumpeter: 1883~1950)는 단기적인 불황의 시기가 지나면 새로운 자본주의의 형식이 출현할 수 있고, 정부의 역할과 기능을 통해 불황의 시기를 극복하고, 기업들은 새로운 경제질서와 체제를 만들어 갈 수 있다는 것이다. 존 케인즈(Keynes: 1883~1946)는 소비와 투자의 촉진과 함께 고용 창출을 위해 정부개입과 공공지출의 확대가 요구된다는 것이다. 금융위기의 과정에서 케네디 교수는 "증세, 정부의 적극적인 시장개입, 금융시장에 대한 국제적 감독 강화" 등이 필요하고 슘페터와 케인즈의 이론과 개념의 적용이 필요할 수 있다는 것이다.

하지만, 후쿠야마(Francis Fukuyama)는 큰 정부와 작은 정부의 국가기능 범위의 논의보다는 국가의 제도 능력이 중요하다고 분석하고 있다. 후쿠야마의 "State Building"에서, 국가 활동의 범위, 국가권력의 힘, 국가의 능력은 다른 개념으로 인식되고 있다. 국가 활동의 범위는 국가가 담당하는 다양한 기능과 목표로 인식되고, 국가권력의 힘은 정책을 입안·시행하고 법을 깨끗하고 투명하게 집행하는 능력으로, ① 정책을 확정하고 시행하며 법률을 제정하는 능력 ② 최소한의 관료제로 효율성 높게 국정을 관리하는 능력 ③ 독직, 부정부패, 수뢰 등을 감시하는 능력 ④ 제도 내에서 높은 수준의 투명성과 책임감을 유지하는 능력 ⑤ 법을 집행하는 능력 등이 포함된다(Fukuyama, 2004).

국가의 힘은 사분면 1과 2에서 강하고, 국가 기능의 범위는 사분면 2와 4에서 강하다. <표 13-2>에서 사분면 1과 3에서 관세장벽완화, 공기업 민영화, 국가보조금 감축, 규제 철폐 등의 정책이 포함된다. 한 사례로, 미국은 ① 국가 활동의 범위를 한정하는 작은 정부 체제 ② 작은 정부 범위 내에서 효과적으로 법과 정책을 수행 ③ 집행하는 능력 면에서 강력한 국가로 간주될 수 있다.

표 13-2 ▋ 국가의 힘과 기능

국가의 힘		국가의 기능	
		약함	강함
국가의 힘	강함	사분면 1 미국	사분면 2 프랑스(유럽)
	약함	사분면 3 저개발국가	사분면 4 개발도상국

자료: Fukuyama(2004)

　성공적인 민영화 정책의 전제조건은 국가 기능 범위의 축소와 높은 수준의 국가 역량을 필요로 하고, 러시아의 민영화의 실패 사례는 민영화된 자산의 상당수가 생산성을 높일 수 있는 기업가의 손에 들어가지 않는 사태에 기인한다. 경제적 효율성 관점에서 국가기능의 축소와 국가의 역량을 증가시키는 것이 필요하고, 거시적인 관점에서 국가제도의 능력이 국가기능 범위보다 더 중요하다. 남미보다 동아시아의 우월성은 국가 범위의 차이점이 아니라 국가 제도의 탁월성으로, 강한 시민 사회를 만들어 내지 못했지만 국가의 역량을 강화하였다. 정통파 자유주의 경제학자 밀턴 프리드먼(Milton Friedman: 1912-2006)은 국가기능 범위보다 국가 능력을 우선시 한다(Fukuyama, 2004).

　후쿠야마의 강한 국가의 네 가지 요소들은 ① 조직 설계 및 관리 ② 정치 체제 설계 ③ 합법성의 토대 ④ 사회적·문화적 구조적 요소 등이 포함되고, 선진국의 조직설계 및 관리와 정치체제 설계의 이전은 용이하지만, 구조적 요소의 사회적·문화적 가치관의 형성과 변화는 장기간의 시간이 요구되므로 이전이 용이하지 않다는 것이다.

표 13-3	강한 국가의 네 가지 요소	
요소	학문분야	이전가능성
조직 설계 및 관리	경영학, 공공행정, 경제학	상
제도 설계	정치학, 경제학, 법학	중
합법성의 토대	정치학	중하
사회적 문화적 요소	사회학, 인류학	하

자료: Fukuyama(2004)

후쿠야마는 "강한 국가의 조건"에서 21세기 현재 국제 사회에서 가장 큰 문제는 "약하고 실패한 국가"라고 말한다. 약한 국가란 국가의 능력이 약해서 개별집단을 통제하지 못하고 허약한 지자체에 책임 없는 권한, 특정 시민집단이나 노동집단에게 국가 권한을 일임하는 국가이다. 즉, 국가의 지침(행정력, 조세력, 국방력, 치안력)이 통제되지 않는 국가이다.

정통성이 인정되는 민주주의의 우월성이 강한 국가의 조건이라는 것이다. 정통성이란 국가의 효과적인 역량으로 민주적인 정통성이다. 국가기능은 일반적으로 순기능과 역기능으로 구분될 수 있는데, 순기능은 국가의 권력이 재산권의 보호와 공공의 안전을 위한 공익을 추구하는 것이고, 역기능은 국가의 권력이 개인의 권리의 침해와 시민이 양도한 권리를 남용하는 것이다. 따라서 정책학의 목표는 국가의 권력남용의 방지와 공익을 위한 가치 있는 정책을 추진하는 것이다. 후쿠야마는 강한 국가의 필요성을 강조하면서 큰 정부 혹은 작은 정부에 근거한 보편적인 모델을 제시하기보다는 "각 나라의 사회문화적 배경에 맞는 조직과 체제"에 근거해서 국가의 효율적인 수행과 집행 능력을 보여주고 있다. 1970년대 전체주의에 기반한 국가 개입의 확대가 초래한 경제적 비효율성과 비효과성의 경제 실패들을 대처하기 위해 레이건주의와 대처주의가 대두되었다. 자유주의가 1980~1990년대를 주도하게 되었으며, 일부 국가의 적절한 제도적 장치 없는 경제 자유화 개혁은 경제 상황과 여건을 악화시켰다.

제도적 수요 측면에서 강한 국가는 국민의 신뢰성과 수용성이 높을 때 이루어질 수 있다는 것이다. 선진국들은 법과 정책을 결정·수행하는 과정에서 효율적인 집행 능력이 강한 나라이다. 국가의 활동 범위와 국가권력의 힘이 증가할 때 반드시 국가 능력이 향상되는 것은 아니며, 국가의 활동 범위, 국가권력의 힘, 국가의 능력을 확실히 구분하는 것이 필요하다. 약한 국가란 정부 기능의 범위가 좁다는 의미가 아니라 정부의 힘이 약하다는 뜻이다. 정책을 구현하고 집행하는 제도적 역량이 부족한, 정치 체제 전반의 역량이 결여된 국가를 말한다. 강한 국가란 정부 기능의 범위는 좁지만 확고한 정통성 하에 법과 정책을 만들고 수행하는 능력이 우수한 국가를 말한다. 국가 활동의 범위는 국가의 목표와 정부의 기능에 대한 영역이며, 국가권력의 힘이란 정책 입안과 시행 그리고 법을 투명하게 집행하는 능력을 말한다. 그러므로 제한된 범위 내에서의 국가기능과 강력한 제도적 효율성이 조화를 이룰 때 가장 최적의 국가적 역량을 갖추게 된다.

국가의 발전과정에서 사회와 경제발전을 위해 시장에 대한 정부의 간섭은 공공재 서비스를 위한 중요한 역할과 기능으로 작용될 수 있다. 발전과정에서 시장의 기능과 정부 역할의 균형적·상호적인 작용이 요구될 수 있는데, 개발도상국은 선진국과 같이 공정한 시장시스템의 기능이 미흡하다는 관점에서 공정한 시장질서와 체제를 위해 시장시스템에 정부의 간섭과 규제가 요구될 수 있다. 한국의 경제성장과 산업화의 과정에서 정부의 역할은 중요하였고, 시장과 정부의 균형적인 상호작용과 기능에 의해 발전을 달성하였다. 이와 같이, 개발도상국의 발전과정은 전통적 행정학과 신공공관리론의 이분법적인 원칙에 의해 설명될 수 없고 정부와 시장의 상호작용의 역할에 의해 분석될 수 있을 것이다.

하지만, 정부와 국가는 구별되어야 하고, 공공선이라는 국가의 목적은 정부의 활동과 일치하지 않을 수도 있다. 정부의 활동이 공공선을 위한 국가의 본래의 목적에 부합되지 않을 수 있고, 국가의 목적이 시민들에게 유용하다고 해서 정부의 활동이 항상 국민들에게도 유용하다고 할 수 없다. 정부가 공공선이라는 국가의 목적을 왜곡하거나 일탈하는 행위를 할 수 있다는 것이다. 결과적으로, 국가 범위의 논쟁보다는 국가 능력의 강조와 함께 정부의 정책 결정과 집행 과정에서 공정성, 투명성, 책임성, 합리성의 정책 수단들을 통해 국가의 본래 목적인 공공선의 가치들을 구현하여야 할 것이다.

〈논문 인용〉

1) 윤은기. (2004). 자유주의적 다원주의 시각에 근거한 영국 복지정책에 관한 연구와 고찰.「세계지역연구논총」. 22(2): 263 – 267 & pp.273 – 275. & 윤은기. (2005). 영국의 반부패 사회와 문화.「한국부패학회보」. 10(1): 96 – 98.

2) 윤은기. (2008). 영미 신공공관리론의 철학적 기원: 로크의 사회계약론 재해석을 중심으로.「행정논총」. 46(3): 27 – 36. & 윤은기. (2005). 반부패의 사회인 영국과 캐나다의 책임운영기관의 분석을 통한 신공공관리론의 적실성에 관한 연구.「한국부패학회보」. 10(2): 66 – 68.

3) 윤은기. (2003). 캐나다의 정치경제학 이론의 분석을 통한 발전전략의 고찰. 「세계지역연구논총」. 21(4): 102.

4) 윤은기. (2010). 대만의 중소기업육성정책의 신제도주의와 신국가주의의 전략.「한국정책연구」. 10(2): 180 – 182.

5) 윤은기. (2010). 대만의 중소기업육성정책의 신제도주의와 신국가주의의 전략.「한국정책연구」. 10(2): 182 – 183.

6) 윤은기. (2007). 부패방지를 위한 GAO(Government Accountability Office) 의 행정통제에 관한 연구.「한국부패학회보」. 12(4): 97 – 98 & 110 – 111.

7) 윤은기. (2013). Trustpolitik: 박근혜정부의 국가안보전략 – 이론과 실제탐색 연구 – 통일연구원.

8) 윤은기. (2005). 행정문화변동연구의 방법론적 고찰.「행정논총」. 43(3): 55, 59, 64 – 68.

9) 윤은기. (2002). 행정윤리를 통한 캐나다 개혁정책의 고찰.「한국정책연구」. 2(2): 16 – 17.

10) 윤은기. (2004). 자유주의적 다원주의 시각에 근거한 영국 복지정책에 관한 연구와 고찰.「세계지역연구논총」. 22(2): 261 – 263 & 279 – 280.

참고문헌

강근복. (2008). 「개정판 정책분석론」. 서울: 대영문화사.

강수택. (2003). 사회적 신뢰에 관한 이론적 시각들과 한국사회. 「사회와 이론」. 1(3): 157－210.

구현우 · 김행범. (2014). 「정책학 －이론과 사례의 통합－」. 부산대학교 출판부.

권기헌. (2008).「정책학」. 서울: 박영사.

권용현. (1995). 배우자상속과세정책의 변동에 관한 연구. 서울대학교 대학원 박사학위논문.

김강립. (2012). 「보건사업론」. 서울: 수문사.

김광웅. (1981). 「행정과학서설」. 서울: 박영사.

_____ 외. (2006). 「정책사례연구」. 서울: 대영문화사.

김동윤 · 오소현 역. (2008). 「사회자본: Social Capital: A Theory of Social Structure and Action」 서울: 커뮤니케이션북스.

김명수. (2003). 「공공정책평가론」. 서울: 박영사.

김양희. (2003). 「여성정책 네트워크에 관한 연구: 해외사례 및 국내도입을 위한 제언」. 서울: 한국여성개발원.

김용학. (2004). 「사회연결망이론」. 서울: 박영사.

김용학 · 손재석. (1998). 미시적 신뢰와 거시적 위험. 「계간사상」. 가을호: pp.115－132.

김태룡. (2007). 「행정이론」. 서울: 대영문화사.

김태룡 · 윤영진. (2002). 「새행정이론」. 서울: 대영문화사.

김형렬. (2000). 「정책학」. 서울: 법문사.

김호진. (1990). 「한국정치체제론」. 박영사.

_____. (1997). 「정책결정론」. 서울: 대영문화사.

남기범. (2009). 「현대 정책학개론」. 서울: 조명문화사.

남궁근 외. (2005). 「정책분석론」. 서울: 법문사.

노시평 외. (2007). 「정책학의 이해」. 서울: 비앤엠북스.

_____. (1999). 「정책학」. 서울: 학현사.

노화준. (2012). 「정책학원론」. 서울: 박영사.

_____. (2007). 「정책학원론」. 서울: 박영사.

_____. (2006). 「정책분석론」. 서울: 법문사.

_____. (2003). 「정책학원론」. 서울: 박영사.

류만희. (2002). 네덜란드의 기적의 실체와 그 의미. 상황과 복지. 12: 255 – 278.

류지성. (2008).「정책학」. 서울: 대영문화사.

박동서 · 안해균. (1999). 「행정통제론」. 한국방송통신대학교 출판부.

박병식. 무의사 결정전략 사례. 정책사례연구.

박성복. (2000). 「정책학강의」. 서울: 대영문화사.

_____. (1993). 「정책학원론」. 서울: 대영문화사.

박성복 · 이종렬. (2005). 「정책학강의」. 서울: 대영문화사.

_____. (2003). 「정책학강의」. 서울: 대영문화사.

_____. (2001). 「정책학강의」. 서울: 대영문화사.

박호숙. (2008). 「정책결정과 정책집행」. 서울: 조명문화사.

백승기. (2009). 「개정판 정책학 원론」. 서울: 대영문화사.

_____. (2003). 「정책학원론」. 서울: 대영문화사.

_____ 외. (2007). 「정책학원론」. 서울: 대영문화사.

백완기. (1982). 「한국의 행정문화」. 서울: 고려대학교 출판부.

성경룡 · 김태성. (2000). 「정책학의 주요 이론」. 서울: 법문사.

안병영 · 정무권. (2007). 민주주의, 평등, 그리고 행정: 한국행정 연구를 위한
    이론적 · 경험적 함의를 찾아서. 「한국행정학보」. 41(3): 1 – 4.

안해균. (2003). 「정책학원론」. 서울: 다산출판사.

_____. (1998). 「정책학원론」. 서울: 다산출판사.

_____. (1986). 「정책학원론」. 서울: 학산출판사.

양봉민. (1999). 「보건경제학」. 서울: 나남출판.

양승일. (2013). 정책과정론. 한국행정학회.

_____. (2012). Hall의 패러다임 변동모형. 한국행정학회.

_____. (2004). 「정책변동론: 이론과 적용」. 서울: 박영사.

이광석. (2009). 영국 복지행정의 이념과 실용주의: 이념의 굴절을 중심으로.
「한국 행정학보」. 43(1): 41－68.

이달곤 외. (2015). 「새 테마 행정학」. 서울: 법우사.

_____. (2002). 「e－행정학」. 서울: 범우사.

_____. (1997). 「테마 행정학」. 서울: 법우사.

이달곤·김판석·김행범·김철회. (2007). 「테마 행정학」. 서울: 법우사.

이병길. (1992). 정책변동의 요인과 과정에 관한 연구. 서울대학교대학원 박사
학위논문.

이상현. (2005). 남북한 정치·군사적 신뢰구축을 위한 정책방향. 「군사논단」.
제41호(한국군사학회. 2005). pp.25－39.

이성복. (1993). 「도시행정론」. 서울: 법문사.

이승종. (2000). 행정통제. 한국행정학회 추계학술대회 발표논문.

이종수. (2007). 「새 행정학」. 서울: 대영문화사.

이종수·윤영진 외 공저. (2005). 「새 행정학」. 서울: 대영문화사.

이원근. (1998). 국회내 역학관계의 변화와 행정적 대통령 전략의 재정립.
「한국행정학보」. 32(3): 1－16.

오석홍·김영평 편저. 「정책학의 주요 이론」. 바크라흐와 바라츠의 권력 양면성
이론.

유훈. (2002). 「정책학원론」. 서울: 법문사.

____. (1999). 「정책학원론」. 서울: 법문사.

____. (1995). 「지방재정론」. 서울: 법문사.

윤은기. (2015) 보건산업 육성과 발전 전략에 관한 담론. 「한국거버너스학회보」.
22(3): 435－461.

_____. (2013). Trustpolitik: 박근혜정부의 국가안보전략 - 이론과 실제탐색 연구 - 통일연구원.

_____. (2010). 대만의 중소기업육성정책의 신국가주의와 신제도주의 이론. 「한국정책연구」. 11(3): 15 - 35.

_____. (2010). 대만의 중소기업육성정책의 신제도주의와 신국가주의의 전략. 「한국정책연구」. 10(2): 179 - 199.

_____. (2008). 영미 신공공관리론의 철학적 기원: 로크의 사회계약론 재해석을 중심으로. 「행정논총」. 46(3): 27 - 50.

_____. (2007). 보건의료진흥사업의 평가와 정책적 함의. 「한국공공관리학보」. 21(2): 117 - 141.

_____. (2007). 부패방지를 위한 GAO(Government Accountability Office)의 행정통제에 관한 연구. 「한국부패학회보」. 12(4): 95 - 114.

_____. (2005). 행정문화변동연구의 방법론적 고찰. 「행정논총」. 43(3): 53 - 73.

_____. (2005). 영국의 반부패 사회와 문화. 「한국부패학회보」. 10(1): 87 - 104.

_____. (2005). 반부패의 사회인 영국과 캐나다의 책임운영기관의 분석을 통한 신공공관리론의 적실성에 관한 연구. 「한국부패학회보」. 10(2): 65 - 88.

_____. (2004). 자유주의적 다원주의 시각에 근거한 영국 복지정책에 관한 연구와 고찰. 「세계지역연구논총」. 22(2): 259 - 283.

_____. (2003). 캐나다의 정치경제학 이론의 분석을 통한 발전전략의 고찰. 「세계지역연구논총」. 21(4): 93 - 117.

_____. (2002). 행정윤리를 통한 캐나다 개혁정책의 고찰. 「한국정책연구」. 2(2): 15 - 35.

위계점 · 이원희. (2008). 「알파플러스 행정학」. 서울: 고시연구사.

전오진. (2008). 사회자본이 부패에 미치는 영향에 관한 연구: 연고주의를 중심으로. 박사학위논문.

정용덕. (2001). 「현대국가의 행정학」. 서울: 법문사.

_____. (1999). 「합리적 선택과 신제도주의」. 서울: 대영문화사.

_____ 외. (1999). 「신제도주의 연구」. 서울: 대영문화사.

정우일. (1995). 「행정통제론」. 서울: 박영사.

정절현. (2003). 「행정이론의 발전 −베버에서 오스본까지−」. 서울: 다산 출판사.

정정길. (2007). 「정책학원론」. 서울: 대명출판사.

_____. (2004). 「정책평가: 이론과 적용」. 서울: 법영사.

_____. (1999). 「정책학원론」. 서울: 대명출판사.

_____. (1991). 대통령의 정책결정 − 경제정책을 중심으로. 서울대학교 행정 대학원. 「행정논총」. 29(2): 52−77.

정정길·최종원·이시원·정준금. (2007). 「정책학원론」. 서울: 대명문화사.

_____. (2003). 「정책학원론」. 서울: 대명문화사.

최병선. (1997). 「정부규제론」. 서울: 법문사.

최신융 외. (2005). 「행정기획론」. 서울: 박영사.

최정규. (2009). 「이타적 인간의 출현」. 서울: 뿌리와 이파리.

한국언론학회. (2005). 「언론학 원론」. 서울: 범우사.

황윤원. (2006). 「재무행정론」. 서울: 법문사.

Axelrod Robert. (1984). The Evolution of Cooperation. New York: Basic Books.

Anderson, L.M. (1979). Induction of reproductive system tumors in mice by N6−(methylnitroso)−adenosine and a tumorigenic effect of its combined precursors: 115. International Journal of Cancer, 24(3): 319−322.

Andy Smith. (2010). Jossey−Bass. The dragonfly effect.

Bachrach, P. & Baratz, M. (1962). "Two Faces of Power." APSR 56.

_____. (1970). Power & Poverty: Theory & Practice.

N.Y.: Oxford University.

Barber, James David. (1972/1992). The Presidential Character: Predicting Performance in the White House. Englewood Cliffs. NJ: Prentice – Hall.

Barton, C. R. and Chappell, William. (1985). Public Administration: the Work of Government. Glenview: Scott. Foresman.

Barzelay, Michael. (1992). Breaking Through Bureaucracy: A New Vision for Managing in Government. Berkeley: University of California Press.

Becker, Lee B. (2005).Evolution of Key Mass Communication Concepts. Hampton Press.

Bentley, A. (1967). The Process of Government. Cambridge Massachusetts: Belknap Press of Harvard University Press.

Bentley Arthur. (1908). The Process of Government: A Study of Social Pressures. Chicago: University of Chicago Press.

Betham, Jeremy. (2010). A Fragment on Government. BiblioBazaar.

Braithwaite V. & Levi M. (1998). Trust and governance. New York: Russell Sage.

Brewer, Garry D. and Deleon, Peter. (1983). The Foundation of Policy Analysis. Homewood: Dorsey Press.

Bullock, Charles S, Lamb, Charles M. (1984). Implementation of civil rights policy. Montere. Journal of Policy Analysis and Management. Wiley – blackwell.

Bullock, Charles S. and Rodgers, Harrell R. (1976). Coercion to Compliance: Southern School Districts and School Desegregation Guidelines. The Journal of Politics. Southern Political Science Association.

Burns, James MacGregor. (1978). Leadership. New York: Harper and Row.

Caiden, Gerald E. (1971). The Dynamics of Public Administration: Guidelines to Current Transformation in Theory and Practice. New York: Holt, Rinehart, and Winston. (1982). Public Administration. Pacific Palisades. California: Palisades Publishers.

Campbell, Colin. (1998). The Crisis of the US Presidency. New York: Oxford University Press.

_____. (1986). Managing the Presidency: Carter, Reagan, and the Search for Executive Harmony. Pittsburgh: University of Pittsburgh Press.

Campbell, Colin and Bert Rockman (eds.). (1996). First Appraisal: The Clinton Presidency. Chatham: Chatham House.

Charles E. Lindblom. (1959). The Science of Muddling Through. Public Administration Review, 19(2): 79−88.

Coleman J. (1990). Foundations of Social Theory. Cambridge. Mass.; Belknap Press of Harvard University Press.

_____. (1988). Social Capital in the Creation of Human Capital. American Journal of Sociology, 94: 95−120.

Dahl, Robert Alan. (1996). Some Explanations in Political Opposition in Western Democracies. edited by Robert A. Dahl. 348−386. New Haven: Yale University Press.

_____. (1985). A Preface to Economic Democracy. Cambridge: Polity Press.

_____. (1982). Dilemmas of Pluralist Democracy. New Heaven.: Yale University Press.

_____. (1971). Polyarchy: Participation and Opposition. New Haven: Yale University Press.

_____. (1961). Who govern? Democracy and Power in an American City. New Haven: Yale University Press.

Dawson, R.E, Prewitt, K and Dawson, K.S. (1977). Political socialisation. Boston: Little Brown.

Dilulio, John, Gerald Garvey, and Donald Kettl. (1993). Improving Government Performance: An Owner's Manual. Washington, DC: Brookings Institution.

Domhoff, G. William. (2013). Who Rules America?: Power and Politics. Hill Education Charles Wolf. 1988. Markets Or Governments: Choosing Between Imperfect Alternatives. MIT Press.

Dunn, William N. (1981). Public Policy Analysis. Englewood Cliffs. N. J.: Prentice-Hall, Inc.

_____. (1968/1983). Values, Ethics, and the Practice of Policy Analysis. Massachusetts: Lexington Books.

Durrant R. F. & Diehl P. F. (1989). Agenda, Alternatives and Public Policy: Lessons from the U.S. foreign policy arena. Journal of Public Policy, 9(2): 179-205.

Duverger, Maurice. (1954). Political Parties: Their Organization and Activity in the Modern State, New York: Wiley.

Dye, Thomas R. (1978). Understanding Public Policy. Englewood Cliffs, N.J.: Prentice-Hall.

_____. (1976). Policy Analysis Alabama: The University of Alabama Press.

_____. (1966). Politics, Economics, and the Public Policy Outcomes in Fifty States: Chicago: Rand-McNally.

Easton D. (1975). A re-assessment of the concept of political support. British Journal of Political Science, 5(4): 435-457.

Eckstein, Harry. (1988). Culturalist Theory of Political Change. American Political Science Review, 82(3): 789-804.

Edwards, George III. (1983). The Public Presidency: The Pursuit of

Popular Support. New York: St. Martin's Press.

Edwards, George III & Ira Sharkansky. (1978). The Policy Predicament: Making and Implementing Public Policy. W.H.Freeman & Co Ltd.

Esping－Andersen, Gosta. (2002). Why We Need a New Welfare State. New York: Oxford University Press.

_____. (1999). Social Foundations of Postindustrial Economies. New York: Oxford University Press.

_____. (1990). The Three Worlds of Welfare Capitalism. Princeton: Princeton University Press.

Frederickson, H. George. (1997). The Spirit of Public Administration. San Francisco: Jossey－Bass.

_____. (1996). The Spirit of Public Administration. San Francisco: Jossey－Bass.

_____. (1980). New Public Administration. Alabama: The University of Alabama Press.

Richard F. Elmore. (2007). Restructuring Schools (Hardcover).

_____. (1978). Organizational Models of Social Program Implementation. Public Policy, 26(2): 185－228.

Etzioni, Amitai. (1967). Mixed－Scanning: A "Third" Approach to Decision－Making. Public Administration Review, 27(5): 385－392.

Fukuyama, Francis. (2004). State Building.

_____. (1996). Trust: The Social Virtues and the Creation of Prosperity New York: The Free Press.

_____. (1995). Social Capital and the Global Economy. Foreign Affairs, 74(5): 89－103.

Gambetta, Diego. (2000). Can We Trust?. in Gambetta. Diego (eds.). Trust: Making and Breaking Cooperative Relations. Electronic Edition. Department of Sociology. University of Oxford. chapter 13. pp.

213 – 237.

_____. (1993). The Sicilian Mafia. Cambridge MA: Harvard University Press.

George, Vic & Paul Wilding. (1994). Welfare and Ideology. London: Harvester Wheatsheaf.

Gerston, Larry N. (1997). Public Policy Making: Process & Principles. N. Y. : M. E. Sharpe, Inc.

Giddens, A. (2000). The Third Way and its Critics. Cambridge: Polity Press.

_____. (1998). The Third Way: The Renewal of Social Democracy. Cambridge: Polity Press.

_____. (1994). Beyond Left and Right: The Future of Radical Politics. Cambridge: Polity Press.

_____. (1990). The Consequence of Modernity. Stanford. CA: Stanford University Press.

_____. (1984). The Constitution of Society: Outline of the Structuration. CA: University of California Press.

Granovetter M. S. (2007). The Social Construction of Corruption. Stanford: Stanford University Press.

_____. (1973). the Strength of Weak Ties. America Journal of Sociology, 78(6): 1360 – 1380.

Hall, Peter A. (1993). Policy Paradigms, Social Learning, and the State: The Case of Economic Policymaking in Britain. City University of New York. Comparative Politics, 25(3): 275 – 296.

Hall, P. and R. Taylor. (1996). Political Science and the Three New Institutionalisms. Political Studies, XLIV: 936 – 957.

Hargrove, Erwin. (1975). The Missing Link. Washington, DC: Urban Institute.

Harris, Joseph P. & Egger, R. (1963). The President and Congress. Greenwood Press.

Harmon, Michael M.(1981). Action for Theory Public Administration. New York: Longman.

Hetherington Marc J. (1998). The Political Relevance of Political Trust. American Political Science Association. American Political Science Review, 92(4): 791−808.

Higginson, M. V. (1966). "Management Policies I : Their Development as Corporate Guides." New York: American Management Asan.

Hobbes, Thomas. (1968). Leviathan. edited by Macpherson. Crawford Brough. London: Penguin Books.

Hofferbert, Richard. (1974). The Study of Public Policy. Indianapolis: Bobbs−Merrill.

Hogwood, B. W. & Peters, B. G. (1983). Policy Dynamics. New York: St. Mar−tin's Press.

Hood, C. (1998). The Art of the State: Culture, Rhetoric and Public Management. Oxford: Clarendon.

_____. (1991). A Public Management for All Seasons? Public Administration, 69(1): 3−19.

Howlett, Michael and Ramesh, M. (1998). "Policy Subsystem Configurations and Policy Change." Policy Studies Journal, 26(3): 466−481.

Hume, David. (2006). Hume: Political essays. Cambridge University Press.

Huntington, Samuel P. (1968). Political Order in Changing Societies. New Haven: Yale University Press.

Inglehart, Ronald. (1999). Trust, Well−being and Democracy. In Demo−cracy & Trust. edited by M. E. Warren. New York: Cambridge University Press.

_____. (1997). Modernization and Postmodernization: Cultural,

Economic, and Political Change in 43 Societies. Princeton NJ: Princeton University Press.

Keeling, Desmond. (1972). Management in Government. London: George Allen & Unwin Ltd.

Kingdon, John W. (1984). Agenda, Alternative, and Public Policies. Boston: Little.

Kligarrd, Robert. (1999). Controlling Corruption. Berkley: University of California Press.

Lasswell, Harold D. (1951). "The policy orientation." in the policy sciences: recent development in scope and methods. Lasswell and Daniel Lerner. edited. Stanford: Stanford University Press.

Levi Magaret & Laura Stoker. (2000). Political Trust and Trustworthiness. Annual Review of Political Science, 3: 475－507.

Lin Nan & Cook KS & Burt RS. (2001). Social Capital Theory and Research. New York: Aldin De Gruyter.

Lindblom, C. (1979). Politics and Markets. N.Y: Basic Book.

_____. (1959). "The Science of Muddling Through." Public Administration Review, 19(2): 79－88.

Linder, Stephen H. & Guy Peters, B. (1998). "The Study of Policy Instruments: Four Schools of Thought." in B. Guy Peters, Frans K. M. van Nispen. Public Policy Instruments. Northampton: Edward Elgar Publishing, Inc.

Lipset, Seymour M. (1960). Political Man: The Social Bases of Politics. Sage Publications, Inc.

Lipsky. M. (1995). Nonprofits for Hire: The Welfare State in the Age of Contracting Harvard University Press.

Locke, John. (1993). Two Treatises of Government. edited by Goldie. Mark. London.

_____. (1967). Two Treatises of Government. edited by P. Laslett.. Cambridge.

Lowi, Theodore J. (1972). Four systems of policy, politics, and choice. Public Administration Review, 32(4): 298−310.

_____. (1971). The Politics of Disorder. W.W.Norton & Company.

Lowndes, Vivien(1996). Varieties of New Institutionalism: A Critical Appraisal. Public Administration, 74(2): 181−197.

Macpherson, C. B. (1977). The Life and Times of Liberal Democracy. Oxford University Press.

_____. (1962). The Political Theory of Possessive Indivi− dualism: Hobbes to Locke. New York: Oxford University Press.

Marsh, D. & Rhodes, R. A. W. (1992). Policy Networks in British Government. Oxford: Clarendon.

Mazmanian, Daniel A. and Paul A. Sabatier. (1983). Implementation and Public Policy. Glenvier: Scott.

McGregor, D. (1960). The Human Side of Enterprise. N. Y.: McGraw− Hill.

Mcquail, Denis. (2005). McQuail's Mass Communication Theory. London: Sage Pubs.

Mishler William and Richard Rose. (2001). What are the Origins of Political Trust?: Testing Institutional and Cultural Theories in Post Communist Societies. Comparative Political Studies, 34(1): 30−62.

Nachmias, David. (1993). Public Policy Evaluation. New York: St. Martin's Press.

Nakamura, Robert T. and Frank Smallwood. (1980). The Politics of Policy Implementation. New York: St. Martin's Press.

Nathan, Richard. (1986). The Administrative Presidency. New York:

Macmillan.

Neustadt, Richard. (1990). Presidential Power and Modern Presidents: The Politics of Leadership from Roosevelt to Reagan. New York: Free Press.

Newton Kenneth. (1997). Social Capital and Democracy. The American Behavioral Scientist, 40(5): 575－586.

_____. (2004). Social Trust: Individual and Cross－National Approaches. Portuguese Journal of Social Science, 3(1): 15－35.

North Douglass C. (1990). Institutions, Institutional Changes and Economic Performance. Cambridge: Harvard University Press.

Nozick, Robert. (1977). Anarchy, State, and Utopia. New Jersey: Basic Books.

Offe C. (1999). How can we trust our fellow citizens? Democracy and trust. Cambridge: Cambridge University Press.

Olson, Mancur. (1968). The Logic of Collective Action. Harvard University Press.

Osborne, David & Peter Plastrik. (1997). Banishing Bureaucracy. Reading. MA: Addison－Wesley.

_____. (1992). Reinventing Government: How the Entreprenurial Spirit is Transforming the Public Sector. New York: Addison－Wesley.

Ostrom, Elinor. (1990). Governing the Commons: The Evolution of Institutions for Collective Action. Cambridge: Cambridge University Press.

Ostrom E & Ahn T. K. (2008). Foundations of social capital. USA.; Edward Elgar Publishing.

O'Toole, J. C. (1987). Conceptual and simulation modeling in plant breeding.

Peters B. Guy. (1996). The Future of Governing. Lawrence. Kansas.; the University Press of Kansas.

Pfiffner, James. (1994). The Modern Presidency. New York: St. Martin's Press.

_____. (ed.). (1991). The Managerial Presidency. Pacific Grove: Brooks/Cole.

Portes A. (2000). The Two Meanings of Social Capital. Sociological Forum, 15(1): 1 − 12.

_____. (1998). Social Capital : Its Origins and Applications in Modern Sociology. Annual Review of Sociology, 24(1): 1 − 24.

Powell, M. (2005). The Third Way in P. Alcock (et al.) (eds.). The Student's Companion to Social Policy. Oxford: Blackwell Publishing.

Pressman, Jeffrey L. and Wildavsky, Aaron. (1984). Implementation: How Great Expectations in Washington Are Dashed in Oakland; Or Why It's Amazing That Federal Programs Work at All university of California press Berkeley. Los Angeles. London.

Presthus, Robert (1975). Pubic Administration, 6th ed. N.Y.: Ronald Press.

Putnam, R. (2000). Democracies in Flux: The Evolution of Social Capital in Contemporary Society. Oxford: Oxford University Press.

_____. (2000). Bowling Alone: The Collapse and Revival of American Community. New York: Simon & Schuster.

_____. (1995). Bowling Alone: America's Declining Social Capital. Journal of Democracy, 6(1): 65 − 78.

_____. (1993). Making Democracy Work: Civic Traditions in Modern Italy. Princeton: Princeton University Press.

Rawls, John. (1993). Political Liberalism. New York: Columbia University Press.

_____. (1971). A Theory of Justice. Cambridge: The Belknap Press of Harvard University Press.

Ripley, Randall B. and Grace A. Franklin. (1987). Congress, the Bureaucracy and Public Policy. 4th Edition. Homewood, Illinois: The Dorsey Press.

_____. (1982). Bureaucracy and policy implementation. Homewood, Il: The Dorsey Press.

Ripley, R. & Franklin, G. A. (1980). Congress, the Bureaucracy and Public Policy. 2nd ed. Homewood, Il: The Dorsey Press.

Rose—Ackerman, Susan. (1997). The Political Economy of Corruption in Kimberly Ann Elliot, ed. Corruption and Global Economy. Washington D.C.: Institute for A Study in Political Economy.

Rose, Richard. (1976). The Dynamics of Public Policy. Beverly Hills: Sage Pub.

Rosen, Bernard. (2007). Holding Government Bureaucracies Accountable (Paperback / Reprint Edition). Santa Barbara: Greenwood Pub Group.

Rothstein, Bo and Dietlind Stolle. (2003). Social capital, impartiality and the welfare state: An institutional approach. In M. Hooghe and D. stolle (Ed.). Generating social capital. New York: Palgrave MacMillan.

_____. (2001). Social Capital in Scandinavia. Scandinavian Political Studies, 26(1): 1−26.

_____. (2001). Social Capital and Street—Level Bureaucracy: An Institutional Theory of Generalized Trust. ESF (European Consortium for Political Research) Conference papers. Social Capital: Interdisciplinary Perspectives. in Exeter. 15−20. United Kingdom. September.

Sabatier, D. (1989). Role des oiseaux frugivores terrestres dans la dynamique forestiere en Guyane francaise. Proc, Int, Orn, Congr,

19: 803-815.

Sabatier, P. and Mazmanian, D. (1980). Conceptual Framework: The Implementation of Public Policy: A Framework of Analysis. Policy Studies Journal, 8(4): 538－560.

Sabatier, Paul A. (1988). An Advocacy Coalition Framework of Policy Change and the Role of Policy－oriented Learning therein. Policy Sciences, 21(2－3): 129－168.

Salisbury, Robert H. (1968). "The Analysis of Public Policy: A Search for Theories and Roles." In Austin Ranney.(ed.). Political Science and Public Policy. Chicago: Markham.

Schattschneider, E. E. (1935). Politics, Pressures, and the Tariff. New York: Prentice－Hall.

Schumpeter, Joseph A. (2010). Capitalism, socialism and democracy. New York: Taylor & Francis.

Schmitter, P. C. (1979). Still the Century of Corporatism? Schmitter, P. C. and Lehmbruch, G. (eds.). Trends Towards Corporatist Intermediation. London: Sage.

Shapiro, Debra L., Blair H. Sheppared, and Lisa Cheraskin. (1992). In Theory: Business on Handshake. Negotiation Journal, 8(4): 365－377.

Sharkansky, I. (1982). SUNY Series in Israeli Studies: Ancient and Modern Israel: An Exploration of Political Parallels. Albany, N.Y.: state univ. of New York Press.

Siebert, Fred S. & Theodore Peterson & Wilbur Schramm. (1963). Our Theories of the Press: The Authoritarian, Libertarian, Social Responsibility and Soviet Communist Concepts of What the Press Should Be and Do. Urbana: Illini Books.

Simon, H. (1997). Administrative Behavior: A Study of Decision－Making Processes in Administrative Organization－ 4th ed. The Free Press.

Simonton, Dean. (1992). East Asia's Economic Success: Conflicting Perspectives. Partial Insights. Shaky Evidence. World Politics, 45(2): 270-320.

_____. (1987). Why Presidents Succeed. New Haven: Yale University Press. Wade, Robert.

Smith, M. J. (1990). Pluralism, Reformed Pluralism and Neo Pluralism: the role of Pressure Groups in Policy-Making. Policy Sciences. 23.

Spitzer, Rober J. (1983). The Presidency and Public Policy. Alabama: The University of Alabama Press.

Stolle, Dietland & Lewis, Jane. (2002). Social Capital-an Emerging Concept. In B. Hobson, Jane Lewis & Berte Siims (eds.). Contested Concepts in Gender and Social Politics. pp.195-229. Cheltenham: Edward Elgar.

Suchman, E. A. (1967). Evaluative Research: Principles and Practice in Public Service & Social Action Programs. New York: Russell Sage Foundation.

Sztompka, Piotr. (1993). The Sociology of Social Change. Oxford: Blackwell. State University of New York Press.

Thurow, Lester C. (2004). Do Only Economic Illiterates Argue that Trade Can Destroy Jobs and Lower America's National Income?. Social Research, 71(2): 265-278.

Triepel, Heinrich. (1941). Die Hegemonie - Ein Buch von führenden Staaten. Tübingen: Mohr Siebeck GmbH & Co. KG.

Truman, David. (1951). The Governmental Process: Political Interests and Public Opinion. New York: Knopf.

Uslaner, Eric M. (2005). Trust and Corruption, Lambsdorf, Johann Graft, Taube, Markus, and Schramm, Matthias (eds.). The New Institutional Economics of Corruption. New York: Routledge.

_____. (2002) Moral Foundation of Trust. New York: Cambridge University Press.

Uslaner, Eric M. and Conley. (2003). Richard S. Civic Engagement and Particularized Trust : The Ties That Bind People to Their Ethnic Communities. American Politics Research, 31(4): 331−360.

Van Meter, Donald S. and Carl E. Van Horn. (1975). The policy implementation process: A conceptual framework. Administration and Society, 6(4): 445−488.

Vedung. (1997). Public policy and program evaluation. New Brunswick, NJ: Transaction Publishers.

Waldo, Dwight. (1980). The Enterprise of Public Administration. Novato, CA: Chandler & Sharp Publishers, Inc.

_____. (1977). The Prospects of Public Organization. The Bureaucrat, 6(3): 101−113.

Warren M. E. (2006). Democracy and Deceit : Regulating Appearances of Corruption. American Journal of Political Science, 50(1): 160−174.

_____. (2004). What Does Corruption Mean in a Democracy?. America Journal of Political Science, 48(2): 328−343.

_____. (2001). Social Capital and Corruption. Exeter: University of Exeter.

Wayne, Stephen. (1978). The Legislative Presidency. New York: Harper and Row.

Weber, Max. (1949). Methodology of the Social Science. New York: Free Press.

_____. (1948). From Max Weber: Essays in Sociology. translated and edited by Gerth, H. & Mills, C.W. New York: Oxford University Press.

_____. (1930). The Protestant Ethic and the Spirit of Capitalism.

translated by Parsons. Talcot. New York: Routledge.

Weiss, Carol H. (1972). Evaluation Research. Englewood Cliffs. N.J.: Prentice‒Hall, Inc.

Wholey, Joseph S. (1979). Evaluation: Promise and Performance. Washington, D.C.: The Urban Institute.

_____ et al. (1976). Federal Education Policy. Washington, D.C.: The Urban Institute.

_____. (1975). Evaluation: When Is It Really Needed?. Evaluation, 2(2): 89‒93.

Wilson, James Q. (1995). Political organizations. Princeton University Press.

Woolcock, Michael. (1998). Social Capital and Economic Development: Toward a Theoretical Synthesis and Policy Framework. Theory and Society, 27(2): 151‒208.

Woolcock, Michael and Deepa Narayan. (2000). Social Capital: Implications for Development Theory, Research, and Policy. World Bank Research, Observer. 12(2): 225‒250.

Yamagishi, Toshio and Yamagishi, Midori. (1994). Trust and Commitment in the United States and Japan. Motivation and Emotion, 18(2): 29‒166.

Yamagishi, Toshio, jin, Nobuhito, and Miller, Allan S. (1998). In‒group Bias and Culture of Collectivism. Asian Journal of Social Psychology, 1(3): 315‒328.

Yishai, Y. (1992). From an Iron Triangle to an Iron Duet? Health Policy Making in Israel. European Journal of Political Research, 21(1‒2): 91‒108.

Zucker L. G. (1986). Production of trust: Institutional sources of economic structure 1840‒1920. Research in Organizational Behavior, 8(1): 53‒ 111.

찾아보기

(E)

E. Mayo 177

E. Weidner 177

ecological approach 35

economy 41

effectiveness 41, 109

efficiency 10, 41

egocentrism 70

entitlement theory 244

entrepreneurial government model 181

entrepreneurial initiative 113

equal opportunity 42

equilibrium democracy 240

Esping—Anderson 74

even—percentage—cuts—across—the—board 166

exchange model 132

executive leadership 108

existential 70

external control 213

external effects 14

externality 16

extrarational factors 92

extreme pluralism 130

(F)

F. S. Sibert 133, 136

F. W. Taylor 148, 177

facilitating agency 132

fascist parties 130

feasibility 45

Finer 215

firm model 81, 96

Fitzpatrick 160

fluid participation 98

formal agenda 47

formal rationality 43

fragmentation of authority 174, 178

Frederickson 209, 247

free market place of idea 134, 135

Friedrich 215

Fukuyama 226

(G)

G. Mosca 64

G. T. Allison 93

garbage can model 81, 98

general public 59

generalized trust 226

genetic explanations 33

gentlemen's agreement 117

George & Wilding 11

getting ahead 219

getting by 219

Golembiewski 8

good social capital 230

governed interdependence 203

government system approach 8

governmental agenda 47

Grace A. Franklin 26

Granovetta 222

grassroots democracy 100

Great Society 145

guideline development 150

(H)

H. A Simon 8, 43, 57, 103, 109

multi−organizational arrangements 174, 178

mutually disinterested 242

mysticism 92

(N)

(O)

(P)

Randal B. Ripley　26
rational actor model　93
rational model　81
rational－bureaucratic imperative　150
rational－comprehensive model　91
reciprocity　217
reciprocal consent　203
redistributive policy　27
reduction of possessive individualism　240
regulating agency　132
regulatory policy　27
relief allowance system　78
repetitive type　164
resources distribution　150
restrictive agency　132
Ripley & Franklin　28, 53
Robert Presthus　115
Robert Tannenbaum　64
romanticism　93
Rose　171
routinized decision　85

(S)

Salisbury　30
Samuels　203
Sartori　130
satisficing model　81, 84
Schattschneider　120
sectarian egalitarianism　234
sectarianism　219
self－renewing system　182
Shapiro　220, 221
Sharkansky　172

short type　165
social democracy　10
social effectiveness　174
social network　202
social responsibility theory　133, 134, 135
socialist parties　130
socialization of conflict　132
societal system approach　8
socio－cultural approach　211
sociocentric　70
soft power　217
soviet communist theory　133, 136
spiral of silence theory　138
stage type　165
standard scenarios　97
standing operating procedure　96
state－capability　203
state－centered perspective　256
state－of－nature theory without the social contract　244
steering　195
Stigler　177
strategic delay　154
structural－Marxist perspective　255
sub－government model　48
suboptimization　31
substantive rationality　43
substructure of policy　168
sunk cost　83
sunset laws　166
supply of public service　174
Susan Rose－Ackerman　209
system analysis　31, 32

(Z)

〈저자 약력〉

University of Toronto에서 정치학학사(B.A)를 취득하였고, University of Missouri에서 정치학박
사과정을 거쳐, University of Birmingham에서 정치학박사학위(Ph.D)를 취득하였다. 현재는 동
아대학교 행정학과 교수로 재직하고 있다.

주요관심 분야는 정책학, 행정문화와 이론, 부패, 비교발전행정 등이며, 주요 논문으로는
"Administrative System and Culture in East Asia, Europe, and USA: A Transformation of
Administrative System through the Mutual Mixture of Cultures"(SSCI), "A Structuration Theory
for the Transformation of Administrative Culture in South Korea with the Comparative Method
of Huge Comparison"(Scope), "A Comparative Analysis of Corruption in Canada and South Korea:
Focusing the Effect of Corruption on Social Development and Social Capital" (SSCI) 등이 있고,
한국행정학보와 한국정책학회보를 비롯한 주요 학회보에 다수의 논문들이 게재되었다.

주요한 학회 활동으로는 한국지방정부학회 회장, 한국부패학회 회장, 한국행정학회 부회장,
한국정책학회 부회장을 역임하였다. 대표적 정부위원회 활동으로는 감사연구원과 통일연구원
자문위원회 자문위원, 통일부 부산통일교육센터 사무처장, 행정자치부와 행정안전부 정책자
문위원회 위원, 국회윤리심사자문위원회 자문위원, 대통령 소속 지방자치발전위원회 실무위
원을 역임하였다.

정책학 담론

초판인쇄	2016년 2월 18일
초판발행	2016년 2월 28일
증보판발행	2022년 9월 5일
지은이	윤은기
펴낸이	안종만 · 안상준
편 집	양수정
기획/마케팅	정성혁
표지디자인	이솔비
제 작	고철민 · 조영환
펴낸곳	(주) **박영사**
	서울특별시 금천구 가산디지털2로 53, 210호(가산동, 한라시그마밸리)
	등록 1959. 3. 11. 제300-1959-1호(倫)
전 화	02)733-6771
f a x	02)736-4818
e-mail	pys@pybook.co.kr
homepage	www.pybook.co.kr
ISBN	979-11-303-1617-8 93350

* 파본은 구입하신 곳에서 교환해 드립니다. 본서의 무단복제행위를 금합니다.
* 저자와 협의하여 인지첩부를 생략합니다.

정 가   20,000원